Annalena Scholl

Die Reform des belgischen Mobiliarkreditsicherungsrechts

Annalena Scholl

Die Reform des belgischen Mobiliarkreditsicherungsrechts

Eine rechtsvergleichende Betrachtung unter besonderer Berücksichtigung der Registerpublizität

Würzburg
University Press

Dissertation, Julius-Maximilians-Universität Würzburg
Juristische Fakultät, 2018
Gutachter: Prof. Dr. Eva-Maria Kieninger, Prof. Dr. Florian Bien
Eingereicht unter dem Titel: Die Reform des belgischen Mobiliarkreditsicherungsrechts aus
rechtsvergleichender Sicht unter besonderer Berücksichtigung der Registerpublizität

Impressum

Julius-Maximilians-Universität Würzburg
Würzburg University Press
Universitätsbibliothek Würzburg
Am Hubland
D-97074 Würzburg
www.wup.uni-wuerzburg.de

© 2018 Würzburg University Press
Print on Demand

Coverdesign: Jule Petzold

ISBN: 978-3-95826-082-5 (print)
ISBN: 978-3-95826-083-2 (online)
URN: urn:nbn:de:bvb:20-opus-162253

Vorwort

Als erster EU-Mitgliedstaat hat Belgien zum 1.1.2018 ein Mobiliarsicherungs-recht eingeführt, das vom funktionalen Ansatz des Art. 9 Uniform Commercial Code inspiriert ist, der wiederum Vorbild für Buch IX. des Draft Common Frame of Reference und das UNCITRAL (United Nations Commission on International Trade Law) Model Law on Secured Transactions gewesen ist. Aus der Perspektive des deutschen und europäischen Privatrechts ist damit die belgische Reform von höchstem Interesse, bietet sie sich doch geradezu als mögliche Blaupause für ein gemeineuropäisches Mobiliarsicherungsrecht sowie nationale Reformen in Mit-gliedstaaten an, die bislang noch kein Registersicherungsrecht kennen. Aus deut-scher Sicht ist das Thema zudem schon deshalb von Interesse, weil sich die Frage der Anerkennung und des Fortbestands von in Deutschland begründeten Siche-rungsrechten nach einem Grenzübertritt des Sicherungsguts nach Belgien auf-grund der Regeln des Internationalen Sachenrechts nach belgischem Recht rich-tet. Die vorliegende Arbeit von Annalena Scholl ist die erste deutschsprachige Monografie zum neuen belgischen Recht. Neben der wechselhaften Vorge-schichte des Reformgesetzes stellt die Verfasserin vor allem das Registrierungs-system, die Folgen von Weiterveräußerung und –verarbeitung für das Schicksal des Sicherungsrechts sowie die Sonderrolle des Eigentumsvorbehalts dar und setzt das neue Recht in Beziehung zu internationalen Vorbildern und Modellge-setzen.

Die Doktorarbeit ist allen zur Lektüre zu empfehlen, die sich in Praxis und Wissenschaft mit dem neuen belgischen Recht befassen, sowie allen, die eine Re-form des deutschen Mobiliarsicherungsrechts, das mit seinem völligen Verzicht auf Publizität immer mehr in eine Außenseiterrolle gerät, in Betracht ziehen.

Würzburg, 16. August 2018   Eva-Maria Kieninger

Danksagung

Mein besonderer Dank gilt meiner Doktormutter, Frau Professorin Dr. Eva-Maria Kieninger, die mich bereits seit Beginn meines Jurastudiums gefördert und mich zum Schreiben der Doktorarbeit ermutigt hat. Ich bin dankbar für die Ausbildung und Mitarbeit an ihrem Lehrstuhl sowie für die sehr gute und immer anregende Betreuung der Doktorarbeit.

Bedanken möchte ich mich auch bei meinen Eltern, die mir sowohl während meines Studiums als auch während des Anfertigens der Doktorarbeit mit Rat und Tat zur Seite gestanden haben.

Taipei, 22. August 2018   Annalena Scholl

Inhaltsverzeichnis

Einleitung

Beim Haus- und Autokauf des Normalverbrauchers, bei der Anschaffung neuer Maschinen für Unternehmen oder gar der Finanzierung ganzer Staatsapparate: Überall wird Kredit benötigt. Er muss jedoch gewährt werden – hierbei kommt das Kreditsicherungsrecht ins Spiel. Es soll einen rechtlichen Rahmen bieten, der die Kreditgeber gegen Risiken absichert und damit den Zugang zu erschwinglichem Kredit für die Kreditnehmer ermöglicht.

Die Auswirkungen der Weltwirtschaftskrise ab 2007 sind auch in Belgien zu spüren gewesen und haben den Anstoß für eine Generalüberholung des Mobiliarkreditsicherungsrechts gegeben[1]: Am 11. Juli 2013 hat das belgische Parlament ein Gesetz verabschiedet, das zu mehr Rechtssicherheit und Effizienz und dadurch zu einer Ankurbelung der Wirtschaft führen soll.[2]

Eine Auseinandersetzung mit dem neuen Gesetz ist insbesondere aus zweierlei Gründen auch für den ausländischen Rechtswissenschaftler von Interesse:

Im Zuge der belgischen Reform ist die komplette Neuordnung des Mobiliarsicherungsrechts[3] vorgesehen. Das lang erwartete[4] Gesetz sieht Änderungen vor, die in ihrem Umfang und ihren Auswirkungen weitreichender sind als die Reformen anderer europäischer Länder (Frankreich, Niederlande) in den letzten Jahren.

Die Einführung der wichtigsten Neuerung, eines zentralen elektronischen Mobiliarsicherheitenregisters, verzögert sich allerdings immer wieder. Sah der Gesetzesentwurf ursprünglich Ende 2014 als Zeitpunkt des Inkrafttretens vor[5],

---

[1] Loof/Berlee, Case Study: Harmonizing Security Rights, Maastricht European Private Law Institute Working Paper No. 2014/15, 19 (abrufbar unter http://ssrn.com/abstract=2462137).

[2] La loi du 11 juillet 2013 modifiant le Code civil en ce qui concerne les sûretés mobilières et abrogeant diverses dispositons en cette matière, Moniteur Belge vom 2.8.2013. Deutsche Übersetzung vom 14.8.2013 (abrufbar unter www.juridat.be). DOC 53 2463/001 umfasst Kommentar, Gesetzestext und Meinung des Staatsrats. Der dem Gesetzesentwurf vorangestellte Kommentar wird im Folgenden als „Exposé des Motifs" zitiert.

[3] Dirix, Mobiliarsicherheiten in Belgien, ZEuP 2015, 273 f. Faber, Entwicklungslinien und Entwicklungsperspektiven im Mobiliarsicherungsrecht (im Erscheinen, als Habilitationsschrift im November 2014 vorgelegt), 258.

[4] Cattaruzza, Les grands axes de la réforme des sûretés mobilières, Droit bancaire et financier 2013, 183.

[5] Dies ergibt sich zudem aus den Festlegungen des Gesetzes in Art. 109.

so wurde die Inbetriebnahme des Registers inzwischen bis Januar 2018 verschoben.[6]

Dies wird vor allem mit Schwierigkeiten bei der technischen Umsetzung begründet.[7]

In der Zwischenzeit haben sich Wissenschaft und Praxis in Belgien intensiv und kritisch mit den neuen Vorschriften beschäftigt. Die Legislative hat sich mit ihren Reaktionen auseinandergesetzt – ein Prozess, der zu zahlreichen nachträglichen Ergänzungen geführt hat.

Nicht wenige Rechtssysteme haben ein Mobiliarkreditsicherungsrecht, das die Kreditbasis mangels besitzloser Sicherungsrechte nicht vollständig ausnutzt, die heutigen technischen Möglichkeiten nicht berücksichtigt und insoweit reformbedürftig ist.

Anhand des Reformprozesses in Belgien lässt sich für andere nationale Gesetzgeber nachvollziehen, welche praktischen, dogmatischen und technischen Umsetzungsschwierigkeiten bei einer umfassenden Reform der Mobiliarkreditsicherheiten und der Umsetzung internationaler Modellvorschläge auftreten können.

Im Zusammenhang damit stellt sich aus rechtsvergleichender Perspektive die Frage, ob das belgische Gesetz als Vorbild für andere (europäische) Länder dienen kann. Der belgische Gesetzgeber hat die Hoffnung ausgedrückt, dass das Gesetz bei der europäischen Harmonisierung der Mobiliarsicherungsrechte als Leitbild dienen könne.[8] Diese Erwartung liegt in der explizit rechtsvergleichenden Perspektive begründet, die zur Erstellung des Reformentwurfs eingenommen wurde.[9] Belgien hat sich als erstes europäisches Land Buch IX des Draft Common Frame of Reference (DCFR) als supranationales Modellgesetz konkret bei der Gesetzgebung zum Vorbild genommen.[10] Aus der Sicht des Gesetzgebers basiert die Reform sogar größtenteils auf internationalen Modellgesetzen und ausländischen Vorbildern.[11]

---

[6]   Dirix, ZEuP 2015, 274.
[7]   Proposition de loi modifiant la date d'entrée en vigueur de la loi du 11 juillet 2013 modifiant le Code civil en ce qui concerne les sûretés réelles mobilières et abrogeant diverses dispositions en cette matière, DOC 54 0565/001 vom 5. November 2014, abrufbar unter: http://www.lachambre. be/FLWB/pdf/54/0565/54K0565001.pdf (zuletzt abgerufen am 14.03.2017).
[8]   Exposé des Motifs, 10 ff.
[9]   Dirix, ZEuP 2015, 274; Exposé des Motifs, 11 f.
[10] Faber, Proprietary Security Rights in Movables – European Developments, Juridica International 2014, 29.
[11] Exposé des Motifs, 11 f.

In vielen Ländern ist man mit dem eigenen bekannten System zufrieden, könnte aber gleichwohl von einer Reform profitieren.[12] Schließlich finden Kreditvergabe, Vereinbarung von Sicherungsrechten und Verwertung nicht nur innerhalb eines Landes statt, sondern betreffen Gläubiger und Schuldner gerade innerhalb des Europäischen Binnenmarktes auch grenzüberschreitend, sodass eine einheitliche Regelung oder zumindest kompatible Systeme wünschenswert sind.

---

[12] Veneziano, The DCFR Book on Secured Transactions: Some Policy Choices made by the Working Group, in: van Erp/Salomons/Akkermans (Hg.), The Future of European Property Law, 2012, 125.

Kapitel 1:   Einführung in das Thema

Vor dem Sprung in die spezifische Materie soll im ersten Kapitel nach einer allgemeinen Einführung in das (Mobiliar-)Kreditsicherungsrecht (A.) die rechtliche Ausgangslage vor der Reform in Belgien dargestellt werden (B.), um darauf aufbauend den Untersuchungsgegenstand und das Ziel der vorliegenden Arbeit festzulegen (C.).

A. Das Recht der (Mobiliar-)Kreditsicherung

Das Recht der Kreditsicherung ist ein weites Gebiet, in dem die Mobiliarsicherungsrechte nur einen Teilbereich ausmachen. Im Folgenden sollen deshalb zunächst Inhalt und Umfang des Begriffs der „Kreditsicherheiten" geklärt werden (I.).

Anders als in anderen Bereichen des Sachenrechts gibt es im Kreditsicherungsrecht zahlreiche nationale Reformbestrebungen und auch internationale Modellgesetze. Diese Entwicklung lässt sich auf die wirtschaftliche Bedeutung des Kreditsicherungsrechts zurückführen, die für den belgischen Gesetzgeber der Hauptgrund für die Reform war. Diese Schlüsselrolle der Kreditsicherheiten soll daher an zweiter Stelle dargestellt werden (II.), um die Probleme, Herausforderungen und Zielsetzungen auf diesem Gebiet zu verdeutlichen.

Ein besonderes Augenmerk muss dabei auf die Rolle der Publizität bei der Vereinbarung von Sicherungsrechten gerichtet werden, die im Anschluss kurz erläutert werden soll (III.). Die unterschiedliche Verwirklichung des Publizitätsprinzips bildet nämlich die Grundlage für verschiedene Strömungen in der internationalen Entwicklung und bei Reformen des Mobiliarkreditsicherungsrechts und entfaltet ihre Bedeutung bei der grenzüberschreitenden Vereinbarung und Anerkennung von Mobiliarsicherheiten (IV.).

I. Begriff der „Kreditsicherheiten"

Im Begriff der Kreditsicherheiten sind zwei Elemente enthalten, die einer Definition bedürfen: Kredit und Sicherheit.

Allgemein wird unter Kredit die willentliche Überlassung von Kapital auf Zeit verstanden, wobei mit „Kapital" „jede Form der Kaufkraftüberlassung" gemeint ist.[13] Ein Kredit kann nämlich nicht nur in monetärer Form gewährt werden, sondern auch eine vertragliche Vorleistung zum Gegenstand haben.[14] Dies ist typischerweise der Fall, wenn ein Lieferant ohne vorherige Zahlung des Käufers die Ware liefert und somit seine Leistungspflicht im Voraus erfüllt (Lieferantenkredit).

Eine Vorleistung wird stets im Hinblick auf eine erwartete oder in Aussicht gestellte Gegenleistung erbracht. Wird der Kapitalbedarf von Unternehmen und Privatpersonen durch Kredite gedeckt, besteht allerdings die Gefahr des Zahlungsausfalls oder der Zahlungsunwilligkeit des Kreditschuldners, gegen die sich der Kreditgläubiger so gut wie möglich absichern möchte. Vertrauen allein genügt dabei nicht; der Kreditgeber will geschützt sein.[15]

Gewährt ein Gläubiger Kredit, so möchte er grundsätzlich im Gegenzug eine Sicherheit vom Schuldner erhalten. Im Falle der Zahlungsunfähigkeit des Schuldners kann der Gläubiger dann auf das vereinbarte Sicherungsmittel zurückgreifen, um sich daraus ersatzweise zu befriedigen. Kreditsicherungsrechte sind rechtliche Instrumente, die über ihre Funktion definiert werden: Sie dienen der Absicherung der Rückzahlung des Kredits.[16]

Daneben erfüllt die Kreditsicherung eine zweite Funktion: Durch die Vereinbarung einer Sicherheit kann die Reihenfolge der Befriedigung der Gläubiger bei der Verwertung im Falle der Insolvenz des Schuldners festgelegt, d.h. vom Grundsatz der Gleichheit der Gläubiger kraft Rechtsgeschäfts abgewichen werden.[17] Im Austausch für einen Kredit gewährt der Kreditschuldner dem Gläubiger eine Sicherheit, damit der gesicherte Gläubiger im Falle eines Kreditausfalls *vorrangig* vor *un*gesicherten Gläubigern darauf zugreifen kann.[18]

Kreditgewährung und Rückzahlung des Kredits sind der Inhalt des primären Rechtsgeschäfts, wohingegen die Kreditsicherung als sekundäres Rechtsgeschäft nur zum Zuge kommt, sofern die Rückzahlung nicht erfolgt. Die beiden Rechtsgeschäfte werden durch eine Zweckvereinbarung, die zugleich auch als Sicherungsvereinbarung Grundlage für die Kreditsicherung ist, verbunden.[19] Darin

---

[13] Krüger, Kreditsicherungsrecht, 2011, 1.
[14] Bülow, Recht der Kreditsicherheiten, 8. Auflage 2012, Rn. 1.
[15] Lwowski, § 1 Allgemeine Grundlagen, in: Lwowski/Fischer/Langenbucher (Hg.), Das Recht der Kreditsicherung, 9. Auflage 2011, 1.
[16] Bülow, Rn. 1; Prütting, Sachenrecht, 36. Auflage 2017, 269.
[17] Georges, La réforme des sûretés mobilières, Revue de la Faculté de droit de l'Université de Liège 2013, 321.
[18] Georges, 321.
[19] Prütting, 269.

werden die Rechte und Pflichten der Parteien festgelegt und der Sicherungsgegenstand mit der Forderung verknüpft.[20]

Der Begriff der „Mobiliarsicherheiten" wird negativ definiert und umfasst bewegliche Sachen, die nicht Grundstücke oder deren wesentliche Bestandteile sind.[21] Damit sind jedoch nicht nur körperliche Sachen, sondern das bewegliche Vermögen insgesamt gemeint. Forderungen können demnach ebenfalls unter diesen Begriff fallen.[22]

Da die belgische Reform allein Neuregelungen bezüglich beweglicher Sachen und Forderungen einführt, soll es im Folgenden ausschließlich um diese gehen. Außer Acht gelassen werden mangels Neuregelungen Finanzinstrumente wie das Leasing, die weiterhin spezialgesetzlich geregelt sind.

II. Wirtschaftliche Bedeutung der Kreditsicherheiten

Sowohl juristische als auch natürliche Personen benötigen neben vorhandenem Eigenkapital mehrheitlich zusätzliches Fremdkapital, um zu investieren, produzieren und konsumieren. Nur so kann die Wirtschaft wachsen, denn müsste das Geld zunächst angespart werden, so wäre die wirtschaftliche Bewegungsfreiheit stark eingeschränkt.[23] Ein Kredit, also Fremdkapital, wird jedoch nur zu erhalten sein, wenn der Kreditgeber damit rechnen kann, dass er sein Kapital zurückerhält.

Kreditsicherungsrechte haben deshalb eine unverzichtbare, wichtige Rolle in Marktwirtschaften inne, die sich spätestens in einer Krise oder Insolvenz bewähren muss.[24] Insbesondere Realsicherheiten sind dabei vorteilhaft: Ihre Realisierung ist kalkulierbar, indem der „Beleihungswert" des besicherten Objekts festgestellt wird.[25] Da der Schuldner mit dem Rechtsobjekt haftet, spielt seine persönliche Leistungsfähigkeit keine bedeutende Rolle. Vielmehr kommt es auf die Werthaltigkeit und -beständigkeit der Mobilie an.

---

[20] Brünink, § 3 Sicherungsvertrag und Sicherstellungsvertrag, in: Lwowski, Das Recht der Kreditsicherung, 9. Auflage 2011, 62.

[21] Lwowski, § 2 Sicherungsmittel, in: Lwowski, Das Recht der Kreditsicherung, 9. Auflage 2011, 55.

[22] Baur/Stürner, Sachenrecht, 18. Auflage 2009, § 60 Rn. 1 f.

[23] Prütting, 269 f.

[24] Bülow, Rn. 1; Lwowski, § 1 Allgemeine Grundlagen, in: Lwowski, 1.

[25] Krüger, 47 f.

Der Preis für den Kredit setzt sich letztlich aus den Refinanzierungskosten für den Kreditgläubiger und dem Risikozins zusammen. Der Zins, den der Kreditgeber vom Schuldner für den Kredit verlangt, variiert je nachdem, wie hoch das Risiko des Zahlungsausfalls (*Delcredere*-Risiko) eingeschätzt wird.[26] Das Risiko des gesicherten Gläubigers ist aufgrund seiner dinglichen Absicherung und seiner vorrangigen Befriedigungsmöglichkeit geringer, sodass er einen geringeren Zins als ein ungesicherter Gläubiger verlangen kann.[27]

Kreditsicherheiten dienen also in erster Linie dem Wirtschaftsleben – ihre rechtliche Gestaltung spielt aber insofern eine wichtige Rolle, als sie ökonomisch effizient sein muss, damit Kredit günstig ist. Die Stabilität und Rechtssicherheit des nationalen Systems der Kreditsicherheiten bedingen den Umfang der Vereinbarung von Kreditsicherheiten.[28] Gibt es eine Vielzahl von Möglichkeiten der Kreditsicherung, so werden auch mehr Bankkredite gewährt.[29] Somit stellt ein zuverlässiges System der Kreditsicherheiten zugleich ein rechtliches Werkzeug zur Förderung von Wirtschaftswachstum dar.

III. Die Rolle der Publizität im Mobiliarkreditsicherungsrecht

Neben den gesetzlich geregelten Sicherungsrechten hat die Praxis zahlreiche zusätzliche Instrumente entwickelt, die den wirtschaftlichen Gegebenheiten gerecht werden und von der Rechtsprechung anerkannt sind.[30]

Gibt es verschiedene Möglichkeiten und weitere Ausnahmen zur Begründung von Sicherungsrechten, die sowohl gesetzlich normiert als auch richterrechtlich entwickelt wurden, so fördert das die Rechtsunsicherheit.[31] Auf der anderen Seite sind die von der Rechtspraxis entwickelten Sicherungsinstrumente jedoch oftmals aufgrund ihrer Flexibilität und des Verzichts auf Publizitätserfordernisse und Akzessorietät für die Beteiligten günstiger.[32]

Idealerweise sollte eine moderne Gesetzgebung flexibel auf neue Sicherungsinstrumente reagieren und somit die Vorteile der kautelarischen Sicherungsinstrumente übernehmen können. Das moderne Mobiliarsicherungsrecht möchte

---

[26] Schäfer/Ott, Lehrbuch der ökonomischen Analyse des Zivilrechts, 5. Auflage 2012, 637 ff.
[27] Armour, The Law and Economics Debate About Secured Lending, in: Eidenmüller/Kieninger (Hg.), The Future of Secured Credit in Europe, 2008, 5.
[28] Castellano, Reforming Non-Possessory Secured Transactions Laws: A New Strategy?, (2015) 78 (4) MLR, 612.
[29] Castellano, (2015) 78 (4) MLR, 612.
[30] Bülow, Rn. 4.
[31] Castellano, (2015) 78 (4) MLR, 612.
[32] Krüger, 1.

die Wahrung von Publizität mit der Einführung von Sicherungsrechten ohne Übertragung des unmittelbaren Besitzes vereinbaren können. Hierauf wird ein Fokus bei Reformen und Modellgesetzen gelegt, weshalb das Verhältnis im Folgenden näher erläutert werden soll.

Dem Publizitätsprinzip des Sachenrechts wird in ganz Europa eine Schlüsselrolle zuerkannt.[33] Die dingliche Rechtslage soll für jedermann offenkundig sein, damit Klarheit über die Eigentumsverhältnisse herrscht.[34] Eine Offenlegung der Rang- und Besitzverhältnisse ist insbesondere im Kreditsicherungsrecht von Bedeutung, weil die Vereinbarung von Sicherungsrechten darauf abzielt, dem Sicherungsnehmer vorrangige Befriedigung vor anderen Gläubigern zu ermöglichen.[35] Das hat im Gegenzug zur Folge, dass weitere (un-)gesicherte Gläubiger beim Eintreten des Verwertungsfalls im Zweifel das Nachsehen haben, da sie nur nachrangig befriedigt werden. Von einer Vereinbarung *inter partes* sind demnach auch Dritte betroffen, die ohne die Kenntnis der Belastung des Vermögens/eines Gegenstandes ihres (prospektiven) Schuldners einen falschen Eindruck von dessen Vermögenslage, den Rangverhältnissen und damit des Risikos eines Zahlungsausfalls und der Wahrscheinlichkeit von Konflikten mit weiteren Gläubigern erhalten können.[36]

Gerade ungesicherte Gläubiger sind gefährdet: Sie sind typischerweise in einer wirtschaftlich schwachen Position und können deshalb nicht unbedingt Einblick in die Vermögensverhältnisse des Schuldners verlangen, obwohl dies zur Kalkulation angemessener Risikozinsen notwendig wäre.[37] Eine Nachfrage bei den Parteien oder eine Einsicht in die Vertragsunterlagen ist generell mit Aufwand verbunden, sodass auch andere, gesicherte Gläubiger darauf verzichten werden. Sie vereinbaren möglicherweise Sicherungsrechte an bereits belasteten Gegenständen und geraten so in Konflikte mit den betroffenen Sicherungsnehmern.

Zwar können die Gläubiger mit der Erwartung operieren, dass im Zweifel das gesamte Vermögen ihres Schuldners belastet ist. Dies führt jedoch entweder zu

---

[33] Hamwijk, The puzzling concepts of publicity and possession: to the heart of property law, EPLJ 2012, 300 m.w.N. in Fn. 4.

[34] Prütting, 16.

[35] So umschreibt auch das belgische Gesetz in Art. 1 den Zweck des allgemeinen Sicherungsrechts wie folgt: „Aufgrund eines Pfandrechts hat der Pfandgläubiger das Recht, vorrangig vor den anderen Gläubigern aus den verpfändeten Gütern bezahlt zu werden."

[36] Prütting, 175 f.

[37] Morell/Helsen, The Interrelation of Transparency and Availability of Collateral: German and Belgian Laws of Non-possessory Security Interests, ERPL 2014, 422 ff.

weniger Kreditvergabe oder zu höheren Risikozinsen, die den Kredit teurer machen[38] – also zu einem wirtschaftlich nicht wünschenswerten Ergebnis. Auch
Konflikte mit anderen Gläubigern können auf diesem Wege nicht vermieden
werden. Indem die sachenrechtliche Zuordnung an ein nach außen offenkundi-
ges Element anknüpft, soll Täuschungen über die Vermögenslage, bereits bestehende Belastungen und somit Vorrangkonflikten mit anderen Sicherungsnehmern um denselben Gegenstand vorgebeugt werden. Darüber hinaus soll offengelegt werden, inwieweit für die Gläubiger eine Befriedigungsmöglichkeit
besteht.[39]

Betrachtet man die unterschiedlichen Gesetze, dann findet sich traditionell
das Faustpfandprinzip, bei dem der unmittelbare Besitz des Sicherungsnehmers
als Publizitätsmittel dient und der den gutgläubigen (lastenfreien) Erwerb verhindert.[40] Das Faustpfandrecht erweist sich jedoch im modernen Wirtschaftsverkehr als unpraktisch. Der Sicherungsnehmer ist nicht daran interessiert, eine Sache unmittelbar zu besitzen, die seinem Schuldner den Lebensunterhalt und ihm
somit die Rückzahlung des Kredits garantiert. Denn oft haben Unternehmen nur
(wenige) Betriebsmittel zur Verfügung, die für den Geschäftsbetrieb unerlässlich
sind und deren unmittelbaren Besitz sie folglich nicht dem Gläubiger überlassen
können.[41]
   Zudem bestehen grundsätzliche Bedenken, ob der Besitz an sich ein taug-
liches Publizitätsmittel ist, da die Sache dennoch belastet sein kann.[42]

Diese Probleme können durch die Einführung besitzloser Sicherungsrechte
gelöst werden, da durch den Verzicht auf die Besitzübertragung dem Schuldner
die Möglichkeit der Weiternutzung der besicherten Gegenstände bleibt. In der
Folge stellt sich jedoch das Problem, welches Publizitätsmittel stattdessen ver-

---

[38] Kieninger, Gestalt und Funktion einer „Registrierung" von Mobiliarsicherungsrechten, RNotZ
      2013, 217. Eine Studie stellt fest, dass die Einführung von Registern zu mehr Zugang zu Bankkre-
      diten und geringeren Zinsraten führt: Love/Pería/Singh, Collateral Registries for Movable Assets:
      Does Their Introduction Spur Firms' Access to Bank Finance?, World Bank Policy Research Wor-
      king Paper Series No. 6477, 2013 (abrufbar unter: http://www-wds.worldbank.org/external/
      default/WDSContentServer/WDSP/IB/2013/06/11/000158349_20130611133541/Rendered
      /PDF/WPS6477.pdf, zuletzt abgerufen am 01.05.2017).
[39] Dirix, Security Rights in the DCFR from a Belgian Perspective, in: Sagaert/Storme/Terryn (Hg.),
      The Draft Common Frame of Reference: national and comparative perspectives, 2012, 314.
[40] Bülow, Rn. 487.
[41] Castellano, (2015) 78 (4) MLR, 612; Prütting, 175 f.
[42] Sigman, Perfection and Priority in Security Rights, in: Eidenmüller/Kieninger (Hg.) The Future
      of Secured Credit in Europe, 2008, 148 f.

wendet wird. Bei besitzlosen Sicherungsrechten ist eine andere Herangehensweise als beim Faustpfandrecht gefragt, da der Schuldner oftmals ohne nach
außen sichtbaren Akt den mit dem Sicherungsrecht belasteten Gegenstand in
seinem Vermögen behält und weiternutzt. Aus diesem Grund wird bei Reform-
vorschlägen derzeit ein Schwerpunkt auf die Ausgestaltung der Publizität gelegt
– im Regelfall durch die Einführung eines Registers, in das die Sicherungsrechte
eingetragen werden können.[43] Das sogenannte „notice filing" bietet die Möglichkeit, sich über die anzugebenden Kontaktdaten beim Sicherungsgeber zu informieren und die Rangverhältnisse einfach festzustellen.

Auf nationaler Ebene gibt es in den letzten Jahren teilweise recht umfassende
Gesetzesinitiativen. Bei der Entwicklung des Kreditsicherungsrechts eröffnen
sich bedingt durch den technologischen Fortschritt neue Möglichkeiten: Endlich
erscheint es möglich, eine breite Kreditgrundlage und eine Einhaltung des Publizitätsprinzips miteinander zu kombinieren.[44] An dieser Stelle setzen die nationalen Reformen von Ländern wie Neuseeland, Frankreich und Belgien an, die
die Gestattung besitzloser Sicherungsrechte in der Regel mit dem Erfordernis der
Eintragung in ein neu eingeführtes elektronisches Register verknüpfen.[45] Auf der
einen Seite lassen sich Sicherungsrechte dadurch zentralisiert und transparent
dokumentieren. Auf der anderen Seite stellen sich jedoch Herausforderungen im
Spannungsfeld von öffentlich zugänglichen Informationen und Datenschutzin-
teresse.

Der belgische Gesetzgeber betont in seiner Einleitung zum Reformgesetz die
traditionell wichtige Rolle der Publizität in Belgien und geht so weit, diese als
gesamteuropäisches Prinzip anzusehen, wenn man von Deutschland und den
Niederlanden absehe.[46]

---

[43] Ausführliche Länderberichte dazu in Gullifer/Akseli (Hg.), Secured Transactions Law Reform,
      2016. Ein knapper Überblick findet sich in Kieninger, Die Zukunft des deutschen und europä-
      ischen Mobiliarkreditsicherungsrechts, AcP 208 (2008), 199 ff.
[44] Drobnig, Present and Future of Real and Personal Property, ERPL 2003, 649 ff.
[45] Zu Neuseeland Gedye, The New Zealand Perspective, in: Gullifer/Akseli (Hg.), Secured Transac-
      tions Law Reform, 2016, 115–144. Das französische System wird im Rahmen dieser Arbeit m.w.N.
      dargestellt.
[46] Exposé des Motifs, 15.

IV. Internationale Entwicklung des Mobiliarsicherungsrechts

1. Wichtige Bedeutung der Rechtsharmonisierung

Insbesondere im Bereich des Mobiliarsicherungsrechts muss ein Blick über die Grenzen nationaler Rechtssysteme hinaus geworfen werden. Bewegliche Sachen können aufgrund ihrer Mobilität Grenzen überschreiten und mit verschiedenen Rechtsordnungen in Berührung kommen. Gerade innerhalb der Europäischen Union werden der Binnenmarkt und somit grenzüberschreitende Transaktionen von Waren und Finanzmitteln gefördert.[47] Dies führt dazu, dass auch Kreditsicherheiten über nationale Grenzen hinaus vereinbart werden – sei es auch nur ein Eigentumsvorbehalt, bei dem die Ware zunächst geliefert und erst später bezahlt wird.

Um von den wirtschaftlichen Vorteilen eines grenzüberschreitend harmonisierten Kreditsicherungsrechts sowie der erleichterten nationalen Kreditvergabe zu profitieren, muss eine grenzüberschreitende Anerkennung von Kreditsicherheiten gewährleistet sein.[48] Für die Bewertung der Bonität eines Sicherungsrechts und somit die Kreditkosten sind nämlich auch die Rechtsordnungen von Belang, mit denen es aller Voraussicht nach in Berührung kommen wird.[49]

Die nationalen Rechtssysteme gehen immer noch höchst unterschiedlich an Kreditsicherheiten heran.[50] Durch den *lex rei sitae*-Grundsatz wechselt das anwendbare Recht, sobald ein Gegenstand die Grenze überschreitet; eine Rechtswahl ist anders als im Schuldrecht nach herrschender Lehre und Rechtsprechung nicht möglich.[51] Problematisch daran ist häufig der Fall, dass ein Land ein besitz-

---

[47] Beispiele hierzu, und Kommentar zu einem möglichen Verstoß gegen die Grundfreiheiten in Kieninger, AcP 208 (2008),187 ff.

[48] Roth, Secured Credit and the Internal Market, in: Eidenmüller/Kieninger (Hg.), The Future of Secured Credit in Europe, 2008, 66 f. Zu möglichen Problemen Veneziano, in: The Future of European Property Law, 126 f. Für eine Vereinheitlichung Heilbron, Bezitloze zekerheidsrechten op roerende zaken naar Nederlands, Duits en Amerikaans recht, Is het mogelijk en wenselijk op roerende zaken te creeren?, Vermogensrechtelijke Analyses 2011, 67 f.; Riffard, L'harmonisation internationale des drotis des sûretés mobilières: ne ratons pas le train!, Revue de droit bancaire et financier 2016, 91.

[49] Bezüglich der Kosten für ausländische Kreditgeber für deutsche Sicherungsrechte Kieninger, Gestalt und Funktion einer „Registrierung" von Mobiliarsicherungsrechten, RNotZ 2013, 224.

[50] Zusammenfassend zur europäischen Rechtslage Drobnig, Basic issues of European rules on security in movables, in: De Lacy (Hg.), The Reform of UK Personal Property Security Law, 2010, 444 ff.

[51] Huber, Transnationales Kreditsicherungsrecht, RabelsZ (81) 2017, 78; Wilhelm, Sachenrecht, 5. Auflage 2016, Rn. 409 ff.

loses Sicherungsrecht zulässt, wohingegen dieses Rechtsinstitut in einem anderen Land nicht anerkannt ist. Das praktische Resultat daraus ist eine Rechtsunsicherheit bezüglich des Bestands solcher Sicherungsrechte.[52] Die Situs-Regel behindert also in Verbindung mit den unterschiedlichen Anerkennungserfordernissen der Mitgliedstaaten den Kapital- und Warenfluss und schränkt damit Grundfreiheiten der EU ein.[53]

2. Rechtsgrundlage und Rechtsharmonisierung

Grundsätzlich wäre eine Gesetzgebungskompetenz der EU für eine Angleichung gemäß Art. 114 AEUV und ein optionales Instrument aus Art. 352 AEUV herzuleiten. Bisher gibt es in dieser Hinsicht jedoch keine Bestrebungen.[54] Bezeichnend ist, dass sich selbst die Anerkennung des einfachen Eigentumsvorbehalts im Rahmen der Verzugsrichtlinie als schwierig erwiesen hat.[55] Nicht ohne Grund wird die Rechtsharmonisierung oder im Mindestmaß eine gegenseitige Anerkennung im EU-Binnenmarkt als „Zukunftsaufgabe" angesehen.[56]

Konkrete Vereinbarungen gibt es auf internationaler Ebene bezüglich einiger spezieller Güter; hier sind die zwei Ottawa Konventionen (seit 1995 in Kraft) und die Capetown Convention (seit 2006 in Kraft) zu nennen.

Das Übereinkommen von Kapstadt über internationale Sicherungsrechte an beweglicher Ausrüstung wurde von UNIDROIT (Institut international pour l'unification du droit privé/Internationales Institut zur Vereinheitlichung des Privatrechts) erarbeitet, 2001 verabschiedet und regelt die Finanzierung besonders teurer Ausrüstungsgegenstände wie Flugzeuge, Eisenbahnmaterial und Satelliten. Deutschland hat das Abkommen bisher noch nicht ratifiziert. Es gilt je-

---

[52] Faber, Juridica International 2014, 28.
[53] Rutgers, Commentary, in: Eidenmüller/Kieninger (Hg.), The Future of Secured Credit in Europe, 2008, 79.
[54] Kieninger, § 18 Kreditsicherheiten im grenzüberschreitenden Verkehr, in: Lwowski (Hg.), Das Recht der Kreditsicherung, 9. Auflage 2011, 984. Bisher soll das Sachenrecht sogar überwiegend explizit nicht unionsübergreifend geregelt werden, dazu Ramaekers, The Development of EU Property Law, ERPL 2015, 438 f.
[55] Kieninger, § 18, in: Lwowski, 986; Veneziano, A Secured Transactions' Regime for Europe: Treatment of Acquisition Finance Devices and Creditor's Enforcement Rights, Juridica International 2008, 89 f. Ein rechtsvergleichender Überblick über die unterschiedliche Behandlung des Eigentumsvorbehalts findet sich in Drobnig, ERPL 2003, 649 ff.
[56] Bülow, Rn. 6.

doch inzwischen in 69 Staaten weltweit. Das Abkommen wird durch ausrüs-
tungsspezifische Protokolle ergänzt.[57]

Auch die zwei Ottawa Konventionen wurden von UNIDROIT erarbeitet. Eines behandelt das internationale Finanzierungsleasing, das andere das internationale Factoring. Allerdings haben beide Übereinkommen nur wenige Vertrags-
staaten und sind daher von geringer Bedeutung.[58]

3. Internationale Vorbilder für das belgische Gesetz

Bei der Erarbeitung des belgischen Reformgesetzes hat der belgische Gesetzgeber
umfangreich und explizit auf einige (Modell-)Gesetze zurückgegriffen, die deshalb bereits an dieser Stelle etwas näher vorgestellt werden sollen.

a) Vorbild Art. 9 UCC

Artikel 9 des US-amerikanischen Uniform Commercial Code ist insbesondere in
zweierlei Hinsicht für die Rechtsvergleichung im Bereich des Mobiliarkreditsicherungsrechts von Interesse: Zum einen als Vorreiter bei der grundsätzlich einheitlichen rechtlichen Behandlung verschiedener Sicherungsinstrumente, wenn
sie dieselbe Funktion innehaben (functional/unitary approach), und zum anderen aufgrund der detaillierten Regelung einer Registerpublizität. Die erfolgreiche
Schaffung eines einheitlichen Sicherungsrechts und die Ausgestaltung des Registers haben Vorbildcharakter für Rechtssysteme in aller Welt.[59]

---

[57]   Status der Ratifikationen und Text unter www.unidroit.org. Zudem gibt es einen offiziellen Kom-
       mentar zum Abkommen sowie zu den Protokollen: Goode, Conventional on International Inte-
       rests in Mobile Equipment and Protocol Thereto on Matters Specific to Aircraft Equipment, Offi-
       cial Commentary, 3. Auflage 2014; Goode, Convention on International Interests in Mobile
       Equipment and Luxembourg Protocol Thereto on Matters Specific to Railway Rolling Stock, Offi-
       cial Commentary, 2. Auflage 2014.
[58]   Texte und Ratifikationsstand unter www.unidroit.org. Zum Leasingübereinkommen vgl. Da-
       geförde, Inkrafttreten der UNIDROIT-Konvention von Ottawa vom 28.5.1988 über Internatio-
       nales Finanzierungsleasing, RIW 1995, 265–268, zum Factoringübereinkommen vgl. Ferrari/Kie-
       ninger/Mankowski et al., Internationales Vertragsrecht, 2. Auflage 2011.
[59]   Brinkmann, 349; Castellano, (2015) 78 (4) MLR, 630; Graham-Siegenthaler, Kreditsicherungs-
       rechte im internationalen Rechtsverkehr, 517; Sigman, Security in movables in the United States,
       in: Kieninger (Hg.), Security Rights in Movable Property in European Private Law, 2004, 54. Seit
       seiner Einführung diente Art. 9 UCC als Modell für fast alle kanadischen Provinzen, Australien,
       Neuseeland, Mexiko, für die EBRD Model Law on Secured Transactions 1994, die United Nations
       Convention on Assignment of Receivables in International Trade 2001, die UNIDROIT Conven-
       tion on International Interests in Mobile Equipment (Kapstadt-Konvention 2004) und die OAS
       Model Inter-American Specialized Conference on Private International Law.

Sowohl der DCFR als auch der UNCITRAL Legislative Guide beziehen sich in Teilen auf Art. 9 UCC, der international eine ausgeprägte Vorbildrolle einnimmt.

b) Vorbild UNCITRAL Legislative Guide on Secured Transactions

Auf die Empfehlungen des UNCITRAL Legislative Guide wird im Kommentar zur belgischen Gesetzesreform ebenfalls mehrfach explizit Bezug genommen.[60]

Insgesamt wurden bisher allerdings vor allem Modellgesetze ausgearbeitet. Der UNCITRAL Legislative Guide on Secured Transactions wurde 2007 von der Kommission der Vereinten Nationen für internationales Handelsrecht (engl. United Nations Commission on International Trade Law/UNCITRAL) veröffentlicht.[61] Er wurde 2014 durch den UNCITRAL Guide on the Implementation of a Security Rights Registry ergänzt.[62] Inzwischen ist sogar ein Modellgesetz ausgearbeitet worden.[63] Nach einer anfänglichen Darlegung der Zielsetzungen und der Zielerreichung steht eine Analyse der kreditsicherungsrechtlichen Probleme im Zentrum des Legislative Guide. Der Registry Guide beschäftigt sich hingegen mit der rechtlichen Ausgestaltung eines Mobiliarsicherheitenregisters. Bereits jetzt ist der UNCITRAL Legislative Guide Vorbild für andere Länder und Modellvorschläge: Er war eine Inspirationsquelle für Buch IX DCFR und die Empfehlungen der Weltbank. Auch Australien und mehrere lateinamerikanische Länder sind den Empfehlungen bereits im Rahmen von Reformüberlegungen gefolgt.[64]

Der UNCITRAL Registry Guide, der sich im Speziellen mit der Einführung eines Mobiliarsicherheitenregisters befasst, ist erst nach Bekanntmachung des

---

Zu den allgemeinen Charakteristika Beale, Outline of a Typical PPSA Scheme, in: Gullifer/Akseli (Hg.), Secured Transactions Law Reform, 2016, 7 ff.

[60] In Bezug auf die Funktionen des Registers orientiert sich der Gesetzgeber seiner Angabe nach an den Empfehlungen 54 ff., ebenso bei der passiven Rolle der registerführenden Stelle sowie bei der effizienten Zielsetzung der Verwertung (Empfehlung 131).

[61] Ihr Vorläufer war eine Studie des deutschen Rechtswissenschaftlers Ulrich Drobnig aus 1977; damals gab es aber noch keine Mehrheit bei UNCITRAL für ein solches Projekt, vgl. Drobnig, Study on Security Interests (1977) 8 UNCITRAL Yearbook (UN doc A/CN.9/SER.A/1977171) 171.

[62] Texte auf der UNCITRAL Website unter http://www.uncitral.org/uncitral/uncitral_texts/security.html (zuletzt aufgerufen am 24.04.2017).

[63] Hierzu Bazinas, The UNCITRAL Legislative Guide on Secured Transactions and the Draft UNCITRAL Model Law on Secured Transactions compared, in: Gullifer/Akseli (Hg.), Secured Transactions Law Reform, 2016, 481 f.

[64] Bazinas, The influence of the UNCITRAL Legislative Guide on secured transactions, in: Dahan (Hg.), Research handbook on secured financing in commercial transactions, 2015, 28 f.

belgischen Gesetzes veröffentlicht worden; er hat also nicht als Vorbild gedient. Im Legislative Guide finden sich jedoch bereits allgemeine Empfehlungen zu Aufbau und Funktionsweise eines Registers.

c) Vorbild Buch IX DCFR

Ein europäisches Modellgesetz findet sich in Buch IX des Draft Common Frame of Reference (DCFR). Der Referenzrahmen beruht auf einem „Aktionsplan" der Europäischen Union, der 2003 veröffentlicht wurde, sowie auf einer Mitteilung der Kommission zur Revision des Acquis von 2004.[65] Bereits seit den 1980er-Jahren gab es Bestrebungen, ein gemeinsames Zivilrecht für die Mitgliedstaaten zu entwerfen.[66] Das neunte Buch ordnet das gesamte Mobiliarsicherungsrecht einheitlich.

Insbesondere auf diese Vorschriften wird im belgischen Kommentar zum Reformgesetz mehrfach explizit Bezug genommen. Anders als beim UCC wird nicht vorrangig auf Modellvorschriften für ein Register als Vorbild verwiesen, sondern auf Vorschriften, die die Neuordnung des Mobiliarsicherungsrechts als Ganzes und im Detail beeinflusst haben.[67]

Der DCFR ist zwar wie der Uniform Commercial Code ein Modellgesetz, jedoch anders als dieser derzeit ein rein akademisches Konstrukt.[68]

Die vielfache Bezugnahme des belgischen Gesetzgebers zeigt nun, dass die Vorschriften potenziell Einfluss auf die Entscheidung von Gesetzgebern haben könnten. Eine Implementierung würde einerseits zu einer teils signifikanten Änderung nationalen Sachenrechts führen, andererseits eine Harmonisierung vorantreiben.[69]

---

[65] Communication from the Commission to the European Parliament and the Council. A More Coherent Contract Law. An Action Plan, KOM (2003) 68 endgültig. Communication from the commission to the European Parliament and the Council. European Contract Law and the Revision oft he Acquis: the way forward, KOM(2004) 651 endgültig.

[66] Eine genauere Darstellung der Entstehungsgeschichte findet sich bei Wilhelm, Die Regelung der Geld- und Warenkreditsicherheiten nach dem deutschen Recht im Vergleich zum Draft Common Frame of Reference (DCFR), 2013, 13 ff.

[67] Z.B. wird bei Rangkonflikten mehrfach auf Art. 4:102 DCFR verwiesen, vgl. Exposé des Motifs, 27.

[68] Brinkmann, 436 f.

[69] Akkermans, The role of the (D)CFR in the making of European property law, in: Sagaert/ Strome/Terryn (Hg.), The Draft Common Frame of Reference, 2012, 266.

B. Das belgische Mobiliarsicherungsrecht vor der Reform

Obwohl das belgische Reformgesetz umfassende Neuregelungen vorsieht, baut es naturgemäß auch auf traditionellen Ansichten der Rechtsprechung und Rechtswissenschaft sowie den Erfahrungen mit den alten Regelungen auf. Im Folgenden soll daher zunächst ein Überblick über die Rechtslage vor der Reform gegeben werden. Die kritische Auseinandersetzung mit der bisherigen Rechtslage spiegelt sich in den offiziellen Materialien wider: Neben dem Entwurf hat der Gesetzgeber in seinem Kommentar zum Reformgesetz eine Analyse der Rechtslage vor der Reform vorgenommen, aus der die Schwerpunktsetzung und das Selbstverständnis des Gesetzgebers hervorgehen. Der Inhalt der Analyse soll deshalb knapp wiedergegeben werden, um darzustellen, wo aus Sicht des belgischen Gesetzgebers die Probleme des bisherigen Rechts liegen (I.) und welche Reformziele erreicht werden sollen (II.).

Nachdem das Gesetz in mehreren Etappen, unter Beteiligung verschiedener Gremien und über einen langen Zeitraum hinweg zur Entstehung gelangt ist, soll zuletzt der Gang der Reform bis zur Gegenwart dargestellt werden (III.).

I. Rechtslage und Probleme vor der Reform

Im Fokus der belgischen Reform steht eine tiefgreifende Änderung des Pfandrechtssystems. Der Kommentar zum Reformgesetz wird mit der Feststellung eingeleitet, dass das derzeitige Mobiliarsicherungsrecht unterentwickelt, unmodern und inkohärent sei.[70] Um die Entscheidungen des Reformgesetzgebers nachvollziehen und das Ausmaß der Veränderungen abschätzen zu können, lohnt sich ein Blick auf die größten Problembereiche des bisherigen Mobiliarsicherungsrechts, das noch bis Ende 2017 – mit all den im Folgenden geschilderten Problemen – gilt.[71]

1. Grundsatz: „pas de gage sans dépossession"

Das belgische System der Mobiliarsicherungsrechte beruht in seinen Grundzügen noch auf den Regeln des 1804 gleichzeitig in Belgien eingeführten französi-

---

[70] Exposé des Motifs, 7.
[71] Die Neuregelungen treten in Gänze erst 2018 in Kraft.

schen Code Civil (C.Civ.).[72] Danach wurden besitzlose Mobiliarsicherungsrechte grundsätzlich abgelehnt; es konnte im Allgemeinen allein das in Art. 2073 C.Civ./BW (Burgerlijk Wetboek) normierte Faustpfandrecht als Sicherungsrecht vereinbart werden. Dieses wurde durch die Besitzaufgabe des Pfandgebers (pas de gage sans dépossession) und die Erlangung der tatsächlichen Sachherrschaft durch den Sicherungsnehmer bestellt.[73] So konnten die Besitzverhältnisse transparent abgebildet werden; allerdings war die Kreditgrundlage aufgrund der notwendigen Besitzaufgabe geringer als in anderen Systemen, weil weder eine Mehrfachbesicherung gegenwärtiger noch eine Besicherung zukünftiger Gegenstände möglich war.[74]

Dieser Grundsatz ist jedoch außerhalb des allgemeinen Zivilrechts im Laufe der Zeit durchbrochen worden:

Neben dem allgemeinen Faustpfandrecht wurden als Anpassung an die Anforderungen des modernen Wirtschaftsverkehrs spezielle besitzlose Pfandrechte eingeführt, deren Begründung anstelle der Besitzübertragung eine Registrierung zur Erfüllung der Publizität erfordert. Die verschiedenen Register wurden jedoch dezentral auf Bezirksebene verwaltet. Zudem waren die Sicherungsrechte in verschiedenen Gesetzbüchern geregelt, bezogen sich auf spezielle Sicherungsgegenstände oder waren nur bestimmten Gruppen von Gläubigern und Schuldnern zugänglich.[75] Paradebeispiele hierfür waren das Unternehmenspfandrecht (gage sur fonds de commerce) und das Pfand an einem Landwirtschaftsbetrieb (privilèges agricoles). Diese Pfandrechte konnten zwar an bestimmbarem gegenwärtigen und zukünftigen beweglichen Vermögen und Forderungsbeständen bestellt werden. Bei Warenbeständen war die Höchstsumme der Besicherung jedoch auf 50 % des Warenwerts/Inventars des Unternehmens im Zeitpunkt der Verwertung gedeckelt. Außerdem konnten sie nur gegenüber Banken und Finanzinstitutionen als Gläubiger bestellt werden.[76] Problematisch an den Instituten des gage sur fonds de commerce und den privilèges agricoles war auch, dass die Registereintragungen teilweise in verschiedenen Bezirken vorgenommen

---

[72] Dirix, The Belgian Reform on Security Interests in Movable Property, in: Gullifer/Akseli (Hg.), Secured Transcations Law Reform, 2016, 392. Das Gebiet des heutigen Belgiens wurde 1795 von Frankreich annektiert, sodass das französische Recht unmittelbar galt.

[73] Dirix/Sagaert, The New Belgian Act on security rights in movable property, EPLJ 2014, 232.

[74] Morell/Helsen, ERPL 2014, 395.

[75] Exposé des Motifs, 7 f. Cattaruzza, Droit bancaire et financier 2013, 184. Dirix, ZEuP 2015, 275. Art. 5 des Gesetzes vom 15.4.1884 (Loi sur les prêts agricoles); Art. 4 des Gesetzes vom 25.10.1919 (Loi sur L'Escompte et le gage de la facture du 25. 10. 1919).

[76] Dirix, ZEuP 2015, 275. Faber, Entwicklungslinien und Entwicklungsperspektiven, 258.

werden mussten, wenn die Bestandteile des besicherten Vermögens weit verteilt waren oder wenn sie verlagert wurden.[77]

Daneben gab es die fiktive Besitzübertragung: Für das Pfand an Forderungen musste überlegt werden, wie die hierbei nicht mögliche Besitzaufgabe zu ersetzen ist. Die Publizität wurde zunächst durch die Zustellung der Abtretungsurkunde durch den Gerichtsvollzieher oder die Annahme der Abtretung in einer öffentlichen Urkunde durch den Schuldner hergestellt (sog. „signification"). Dieses Erfordernis wurde 1994 durch eine bloße Einigung der Parteien über die Verpfändung der Forderung (Art. 2075 C.c.) ersetzt.[78]

Eine weitere Sicherungsmöglichkeit ohne die Aufgabe des unmittelbaren Besitzes durch den Sicherungsgeber war im Rahmen des *warrant* möglich. Hierbei wurde die Besitzübertragung fingiert, indem ein Siegel an das Gebäude angebracht wurde, in dem die Pfandgegenstände lagerten. Dem Gläubiger wurde der mittelbare Besitz durch die Verwendung von handelbaren Wertpapieren und Pfandscheinen übertragen.[79]

Auch der Kommentar zum Änderungsgesetz problematisiert die bisherige belgische Regelung: Die Mehrheit der anderen Rechtssysteme sehe anders als Belgien inzwischen die Verpfändung bestimmter Gegenstände und auch Warenlager ohne Besitzaufgabe vor.[80] Selbst die Niederlande und Frankreich hätten 1992 (Art. 3:237 NBW) bzw. 2006 (Art. 2333 französischer C.c.) das Erfordernis der Besitzaufgabe teilweise abgeschafft, zugleich aber die Eintragung in ein Register obligatorisch gemacht. Dabei diene Frankreich jedoch mangels Abschaffung spezieller Sicherungsrechte nicht als Vorbild; das System sei weiterhin zu komplex ausgestaltet.[81] Deshalb werde insbesondere die Einführung eines allgemeinen besitzlosen Pfands angestrebt.[82] Anstelle der Besitzaufgabe solle für die Bestellung des Pfandrechts lediglich eine Vereinbarung vonnöten sein. Dadurch werde das Pfand allerdings nur zwischen den Parteien wirksam bestellt. Die

---

[77] Cattaruzza, Droit bancaire et financier 2013, 188.
[78] Loi du 6 juillet 1994 modifiant la loi du 17 juin 1991 portant organisiation du secteur public du crédit et de la détention du participations du secteur public dans certaines sociétés financières de droit privé, ainsi que la loi du 22 mars 1993 relative au statut et au contrôle des établissements de crédit; Cattaruzza, Droit bancaire et financier 2013, 184.
[79] Loi du 18 novembre 1862 portant institution du système des warrants; Dirix, ZEuP 2015, 275.
[80] Exposé des Motifs, 7.
[81] Exposé des Motifs, 14 f.
[82] Dirix, ZEuP 2015, 274.

Drittwirksamkeit werde erst durch Eintragung ins Register hergestellt – eine zweistufige Wirksamkeit solle also weiterbestehen.[83]

2. Zögerliche Anerkennung des Eigentumsvorbehalts

Eine Abkehr von der allgemeinen Ablehnung besitzloser Sicherungsrechte war schon vor der Reform festzustellen, spiegelte sich aber noch nicht umfassend im Gesetz wider. Belgien war lange eines der wenigen europäischen Länder, die den Eigentumsvorbehalt gar nicht anerkannten. Dem lagen Bedenken wegen der mangelnden Publizität zugrunde. Diesbezüglich wird immer wieder – auch von Rechtswissenschaftlern anderer Länder – als Argument angeführt, dass der Eigentumsvorbehalt den Rechtsschein erzeugen könne, dass der Käufer Eigentümer der Sache sei und so zu einer Fehlvorstellung über die Vermögensverhältnisse führen könne.[84] Dies stehe im Widerspruch zu den Voraussetzungen für die Annahme guten Glaubens, der gemäß Art. 2279 belg. C.c. an den Besitz anknüpft.[85]

Die Wirksamkeit des einfachen Eigentumsvorbehalts wurde schließlich 1997 im Rahmen der Insolvenzreform anerkannt (Art. 101 Faillissementswet/Loi sur les faillites).[86] Es besteht jedoch weiterhin Unklarheit über eine allgemeine Anerkennung, da es keine ausdrückliche gesetzliche Regelung im Code Civil gibt.[87] Hinzu kommt eine restriktive Interpretation durch die Rechtsprechung, die eine Durchsetzbarkeit gegenüber Dritten durch vorrangige Befriedigung lediglich im Insolvenzverfahren bejaht.[88]

Mit diesen Einschränkungen steht Belgien vor der Reform aus europäischer Perspektive isoliert da: Einzig hier gibt es eine Beschränkung der Wirksamkeit des Eigentumsvorbehalts auf den Insolvenzfall (und nicht z.B. auch eine Drittwirksamkeit/ein Aussonderungsrecht bei der Zwangsvollstreckung).[89] Gegen eine weiterreichende Anerkennung von Sicherungsübereignung oder Eigentumsvorbehalt wird vom Gesetzgeber weiterhin das Risiko einer Übervorteilung der Gläubiger angeführt. Trotzdem sollten bereits anerkannte Institute wie der

---

[83] Exposé des Motifs, 15.
[84] Jansen, Eigendomsvoorbehoud, in: Baeck/Kruithof (Hg.), Het nieuwe zekerheidsrecht, 2014, 145.
[85] Cour de Cassation vom 9.2.1933, Pas 1933 I, 103, Text unter http://www.ejuris-consult.be/files/ejuris-vente-immeuble-conditions-111.pdf (zuletzt eingesehen am 14.03.2017).
[86] Dirix, ZEuP 2015, 276, 284. Näher hierzu Kieninger/Storme, Das neue Recht des Eigentumsvorbehalts, RIW 1999.
[87] Cattaruzza, Droit bancaire et financier 2013, 193.
[88] Dirix, ZEuP 2015, 276. Hierzu erging eine viel kritisierte Entscheidung der ersten Kammer des Kassationshofs vom 07.05.2010, Rechtskundig Weekblad (R.W.) 2011–12, 271.
[89] Loof/Berlee, 21.

Eigentumsvorbehalt einer gesetzlichen und vor allem einheitlichen Regelung unterworfen werden; gerade auch, damit sich der Gläubiger nicht bereichern kann. Ihm soll im Fall der Verwertung nicht mehr als einem normalen Sicherungsgläubiger zukommen.[90]

3. Vielzahl von Vorzugsrechten

Eine weitere Besonderheit des belgischen (und französischen) Kreditsicherungsrechts ist die Existenz eines komplexen Systems von Vorzugsrechten. Das hat zur Folge, dass im Verwertungsfall neben der Unterscheidung ungesicherter und gesicherter Gläubiger weitere Klassen von Gläubigern bei der Feststellung der Rangfolge zu beachten sind. Spezifische Vorzugsrechte haben unter anderem die Gläubiger von Mietforderungen und Forderungen von Subunternehmern inne, generelle Privilegien können beispielsweise Arbeitnehmer und Sozialbehörden geltend machen.[91] Aufgrund der vielfältigen Klassen von Gläubigern ist es schwierig, die Rangverhältnisse transparent darzustellen.[92]

Außerdem führt der Gesetzgeber an, dass die Gleichheit der Gläubiger im Fall der Insolvenz (*paritas creditorum*) – eigentlich das Ideal – zur Ausnahme werde. In der Folge seien ungesicherte Gläubiger stark benachteiligt; ihre Wiederbeschaffungsrate sei im Falle der Insolvenz gering.[93]

Es wird einerseits bekräftigt, dass die Gleichheit der Gläubiger ein bedeutendes Prinzip des belgischen Rechts sei; andererseits werde es in der Realität jedoch derzeit kaum eingehalten.[94]

Diese Situation wird als unbefriedigend betrachtet, insbesondere für jene „unfreiwilligen" Gläubiger, die z.B. aufgrund eines Delikts Ansprüche gegen den Schuldner haben. Als mögliche Lösungswege anderer Länder werden beispielhaft das „carve out" des englischen Rechts und die festgelegte Verteilungsquote des niederländischen Gesetzgebers genannt.[95]

Jedenfalls ist beabsichtigt, dass diese Gläubiger durch eine Verringerung der Privilegien im Rahmen des Reformgesetzes geschützt werden.[96] Die Abschaffung des Privilegs für den Gläubiger für Saatgut, Erntefrüchte und Gerätschaften (Ar-

---

[90] Exposé des Motifs, 8.
[91] Dirix, in: The Draft Common Frame of Reference, 314.
[92] Dirix, in: Secured Transactions Law Reform, 394.
[93] Georges, Revue de la Faculté de droit de l'Université de Liège 2013, 324.
[94] Exposé des Motifs, 12.
[95] Exposé des Motifs, 13.
[96] Exposé des Motifs, 13.

tikel 20 II loi hypothécaire/Hypotheekwet) wird angedacht. Gleiches gilt für das
Vorrecht des Pfandgläubigers und des Hoteliers, sodass auch die Vorschriften
aus dem Hypothekenrecht zur Regelung von Rangkonflikten entfernt werden
könnten.[97] Dies würde insgesamt zum erklärten Ziel der Zusammenführung der
Rechtsnormen in einem Gesetz beitragen.

4. Fragmentierte Regelungen

Als weiteres Problem wird die Unterscheidung von zivil- und handelsrechtlichem Pfand genannt.[98] Die Regelung der Sicherungsrechte sei in verschiedenen
Gesetzen verstreut.[99] Hinzu komme, dass das Mobiliarsicherungsrecht nicht in
Gänze normiert sei. Diese fragmentierte Rechtsentwicklung führe durch Unübersichtlichkeit und immer mehr außergesetzliche Konstruktionen zu Rechtsunsicherheit, die von dogmatischen Diskussionen und widersprüchlichen Lite-
raturansichten begleitet werde.[100] Anstelle der Aufteilung in zivil- und handelsrechtliche Sicherungsrechte solle ein nachvollziehbares, einheitliches und
umfassendes System der Mobiliarkreditsicherheiten geschaffen werden.[101] Dabei
wird auf den funktionalen Ansatz Bezug genommen, wie ihn Art. 9 UCC eingeführt hat und ihn andere Länder übernommen haben.[102]

5. Veraltetes Verwertungssystem

Das Verwertungssystem wird generell und im Vergleich zur Verwertung bei Finanzsicherheiten als veraltet angesehen.[103] Ziel sei es, dass ein Schuldner möglichst allen Gläubigern Sicherheiten bieten und dafür all seine Aktiva verwenden
könne. Deshalb müssten die Prioritätsregeln klar und vorhersehbar sein und
auch die Verwertung einfach und effizient vonstattengehen. Dadurch solle die
Kreditvergabe begünstigt und die Wirtschaft infolgedessen gestärkt werden. Hier

---

[97] Exposé des Motifs, 13 f.
[98] Cauffman/Sagaert, National Report on the Transfer of Movables in Belgium, in: Faber/Lurger
      (Hg.), National Reports on the Transfer of Movables in Europe, Vol. 4, 2011, 215.
[99] Exposé des Motifs, 8.
[100] Dirix, in: The Draft Common Frame of Reference, 313; Dirix, ZEuP 2015, 278; Georges, Revue de
      la Faculté de droit de l'Université de Liège 2013, 322 f.
[101] Exposé des Motifs, 15.
[102] Exposé des Motifs, 16.
[103] Exposé des Motifs, 9.

solle den Parteien mehr Spielraum gegeben werden und das richterliche Eingreifen zur Ausnahme werden.[104]

6. Keine Möglichkeit einer Sicherungstreuhand

Es wird außerdem bemängelt, dass das derzeitige System keine Drittsicherungsmittel zulasse, die die Möglichkeit eines Austausches des Gläubigers ohne Rang- oder Sicherheitsverlust zuließen. Bei einer Drittsicherung ist es möglich, dass sich Gläubiger oder Schuldner bei der Vereinbarung durch einen Dritten vertreten lassen, also nicht persönlich daran mitwirken. Stattdessen seien im belgischen Recht Forderung und Sicherheitsrecht untrennbar, obwohl die praktische Notwendigkeit der Verfügung auf Rechnung eines Dritten bestehe.[105]

II. Reformziele des Gesetzgebers

Als zentrale Aussage bekräftigt der Gesetzgeber den Nutzen von Kreditsicherheiten sowohl für Banken als auch für kleine und mittlere Unternehmen – die einen erhalten Zinsen und Sicherheiten, die anderen benötigen eine externe Finanzierung. Aus diesem Grunde sei es auch hinnehmbar, den Grundsatz der Gleichheit der Gläubiger zugunsten von Kreditsicherheiten, die den gesicherten Gläubigern vorrangige Befriedigung einräumen, aufzuheben.[106]

Im Anschluss daran folgt eine Erläuterung der hauptsächlichen Reformziele: Erstens sollen die Verpfändungsregeln insgesamt vereinheitlicht und vereinfacht werden. Dadurch soll die Effizienz allgemein verbessert werden. Gleichzeitig sollen die Regelungen so umfassend sein, dass Rechtsfortbildung nicht mehr vonnöten ist und dadurch Vorhersehbarkeit geschaffen wird.[107] Die Bevorzugung kodifizierten Rechts wird bekräftigt.[108]

Zweitens soll ein Interessenausgleich zwischen Gläubigern und Schuldnern allgemein, Sicherungsnehmern und -gebern sowie Dritten geschaffen werden.

---

[104] Exposé des Motifs, 14. Dazu Cattaruzza, Droit bancaire et financier 2013, 184.

[105] Exposé des Motifs, 9.

[106] Exposé des Motifs, 5 f.

[107] Exposé des Motifs, 9 f. Vgl. Cattaruzza, Droit bancaire et financier 2013, 184; Dirix, ZEuP 2015, 274.

[108] Exposé des Motifs, 10 – Der Richterrechtsprechung werden sogar irrationale Motive unterstellt. Siehe auch Derijke, La réforme des sûretés réeles mobilières, RDC 2013, 697.

Ein dritter Fokus ist die Aufnahme des funktionalen Ansatzes, wie er im US-amerikanischen Recht entwickelt wurde; alle Sicherungsinstrumente sollen denselben rechtlichen Regeln unterworfen werden. Praktische Erwägungen sollen dabei Vorrang vor dogmatischen Lösungen haben.

Außerdem soll durch die einheitliche Behandlung der Zersplitterung des Kreditsicherungsrechts entgegengewirkt werden. Zwar müssten spezielle Regeln für Verbraucher bereitgehalten werden, jedoch sollen möglichst alle Normen in den Code civil überführt und damit vor allem aus dem Handelsrecht herausgelöst werden. Die traditionelle Trennung der Rechtsbereiche erweise sich in diesem Bereich als unpraktisch.[109]

Ein letzter Schwerpunkt ist der angestrebte Beitrag zur Harmonisierung des europäischen Rechts. Hierfür hat der belgische Gesetzgeber rechtsvergleichende Studien durchgeführt. Als Antriebsmotor wird genannt, dass einige europäische Länder wie die Niederlande und Frankreich bereits Reformvorhaben realisiert haben, aber trotzdem sehr unterschiedliche Systeme vorhanden sind. Inspirationsquellen sind die französischen Regelungen aufgrund der gemeinsamen Code Civil-Tradition, sowie Buch IX DCFR und der UNCITRAL Legislative Guide aufgrund ihrer wegweisenden Modellregelungen.[110]

III. Gang der Reform

Bereits 2010 beauftragte der belgische Justizminister Stefaan de Clerck eine Expertenkommission unter der Leitung des belgischen Professors Eric Dirix damit, einen Reformvorschlag für das Mobiliarsicherungsrecht auszuarbeiten. Dieser Vorschlag wurde am 14.10.2011 veröffentlicht.[111] Daraufhin fand eine öffentliche Konsultation zu dem Entwurf statt; die Ergebnisse wurden an das Justizministerium weitergeleitet.[112] Aus diesen Dokumenten entstand ein Gesetzesentwurf, zu dem wiederum der Staatsrat am 27.8.2012 Stellung nahm und der zuletzt am

---

[109] Exposé des Motifs, 10.

[110] Exposé des Motifs, 11.

[111] Avant-projet de loi modifiant le Code civil en ce qui concerne les sûretés réelles mobilières/Voorontwerp van wet tot wijziging van het burgerlijk wetbock wat de zakelijke zekerheden op roerende goederen betreft, abrufbar unter: http://justitie.belgium.be/nl/publicaties/hervorming_zekerhedenrecht.jsp (zuletzt eingesehen am 14.03.2017); Georges, Revue de la Faculté de droit de l'Université de Liège 2013, 323.
Dieser Vorschlag wird im Folgenden als „Avant-Projet" zitiert.

[112] Georges, Revue de la Faculté de droit de l'Université de Liège 2013, 326.

24.10.2012 der Volkskammer vorgelegt wurde.[113] Letztlich entstanden zwei Gesetzesprojekte; einmal die Änderung des Art. 77 der Verfassung und einmal das neue Gesetz, mit dem sich die vorliegende Arbeit beschäftigt. Sowohl Expertenvorschlag als auch Gesetzesentwurf stellen dem eigentlichen Gesetzestext eine allgemeine Erklärung der Beweggründe und eine Kommentierung jedes Artikels voran, sodass hierauf bei der Interpretation Rückgriff genommen werden kann. Dabei wurden Inhalt und Form des Expertenvorschlags in vielen Teilen im Gesetzesentwurf übernommen.

Am 5.11.2014 wurde das Inkrafttreten des Gesetzes vom 1.12.2014 durch Gesetzesvorschlag auf den 1.1.2017 verschoben.[114] Darin gab der Gesetzgeber bekannt, dass er die Zeit, die es für die Entwicklung eines vollständig elektronisch geführten Registers braucht, falsch eingeschätzt habe. Das Gesetz könne zwar theoretisch ohne Register in Kraft treten, indem man weiterhin die bisherigen Publizitätsmodi nutze. Dies gelte jedoch nicht für Sachgesamtheiten wie beim Handelspfand oder beim landwirtschaftlichen Pfand. Mit der Einführung des Gesetzes träten einige Spezialgesetze außer Kraft, sodass man die speziellen Pfandrechte nicht mehr auf der Grundlage dieser Gesetze bestellen könne.[115] Gerade diese seien jedoch wichtig, weil sie im Wirtschaftsverkehr einen Großteil bei der Kreditvergabe ausmachten. Der Gesetzgeber begründete die Verschiebung des Datums des Inkrafttretens damit, dass eine Testphase in den relevanten Märkten ermöglicht und so Rechtssicherheit bei Einführung garantiert werden solle.[116] Damit wurden also vor allem technische Umsetzungsschwierigkeiten und die Vermeidung von Problemen bei Übergangsregelungen vorgebracht.

Die Umsetzung verzögert sich jedoch weiterhin. Nach kritischen Reaktionen aus der Praxis wurde im Juli 2016 das Inkrafttreten des Gesetzes zum zweiten Mal verschoben, um bis spätestens zum 1.1.2018 zahlreiche weitere Änderungen der Reformreglungen im Rahmen eines neuen Gesetzesentwicklungsprojekts

---

[113] Georges, Revue de la Faculté de droit de l'Université de Liège 2013, 326 f.

[114] Proposition de loi modifiant la date d'entrée en vigueur de la loi du 11 juillet 2013 modifiant le Code civil en ce qui concerne les sûretés réelles mobilières et abrogeant diverses dispositions en cette matière, DOC 54 0565/001 vom 5. November 2014, abrufbar unter: http://www.lachambre. be/FLWB/pdf/54/0565/54K0565001.pdf (zuletzt abgerufen am 14.03.2017).

[115] Überblick zu den Übergangsregelungen bei Baeck, Achtergrond en krachtlijnen van de hervorming, in: Baeck/Kruithof (Hg.), Het nieuwe zekerheidsrecht, 2014, 21 ff.

[116] DOC 54 0565/001, 3.

vorzunehmen.[117] Das Ergebnis einer Meinungsumfrage in der Praxis hat elf Änderungsvorschläge hervorgebracht.[118]

Letztlich wurde also auch Nachbesserungsbedarf bezüglich des Inhalts der Vorschriften gesehen. Trotz der oben beschriebenen Probleme ist der Gewöhnungseffekt wie in anderen Ländern nicht zu unterschätzen. Die Praxis ist mit der aktuellen Rechtslage und ihren Unwägbarkeiten vertraut und die Judikative wirkt rechtsfortbildend und beseitigt Unklarheiten, sodass die Abschaffung des aktuell geltenden Systems nicht von allen Seiten gefordert und begrüßt wird.[119]

Am 7. September 2016 hat der Staatsrat erneut seine Meinung zu den Gesetzesänderungen abgegeben.[120] Anfang Oktober 2016 entstand ein neuer Gesetzesentwurf mitsamt Kommentar, der zahlreiche Änderungen enthält. Diese sind überwiegend formaler Art oder gleichen Bestimmungen komplementärer Gesetzestexte an, enthalten aber auch inhaltliche Änderungen, die insbesondere das Register betreffen.[121]

Die Arbeit geht im Weiteren vom Stand von August 2017 aus. Weitere Änderungen sind bis zum Zeitpunkt des Inkrafttretens am 1. Januar 2018 nicht zu erwarten. Allerdings steht das königliche Dekret zu den Detailregelungen bezüglich des Registers noch aus.

C. Gegenstand der Untersuchung

Nachdem die Grundlage für das Verständnis des Reformvorhabens gelegt ist, sollen im Folgenden das Ziel der Arbeit (I.) und die Vorgehensweise (II.) vorgestellt werden.

---

[117] Pressemitteilung vom 15.07.2016, „Dispositions diverses relatives aux sûretés réelles mobilières", einsehbar unter: http://www.lexalert.be/fr/article/wijzigingen-pandrecht-2016 (zuletzt abgerufen am 14.03.2017)

[118] Pressemitteilung vom 15.07.2016.

[119] Dirix, in: The Draft Common Frame of Reference, 315.

[120] AVIS DU CONSEIL D'ÉTAT N° 59.943/2/V DU 7 SEPTEMBRE 2016, DOC 54 2138/001, 65 ff.; einsehbar unter: http://www.dekamer.be/FLWB/pdf/54/2138/54K2138001.pdf (zuletzt abgerufen am 14.03.2017).

[121] Der Kommentar zum zweiten „Avant-Projet" wird im Folgenden als „Exposé des Motifs II" zitiert. Das Gesetzesprojekt umfasst wiederum einen Kommentar und die Änderungsvorschriften: PROJET DE LOI modifiant diverses dispositions relatives aux sûretés réelles mobilières vom 7. November, DOC 54 2138/001, einsehbar unter: http://www.dekamer.be/FLWB/pdf/54/2138/54K2138001.pdf (zuletzt abgerufen am 14.03.2017). Eine niederländische und französische Version wurden am 30.12.2016 im Moniteur Belge/Belgisch Staatsblad veröffentlicht.

I. Ziel der Arbeit

Ein rechtssicheres und effizientes Kreditsicherungsrecht spielt eine große Rolle für die Motivation von Kreditgebern wie beispielsweise Banken, auch tatsächlich Kredite zu vergeben.

Aufgrund der praktischen Bedeutsamkeit des Mobiliarsicherungsrechts wird in Europa zwar in der Theorie vielfach über eine Reform des eigenen Systems und über eine grenzüberschreitende Vereinheitlichung nachgedacht. Allerdings ist allein Belgien bisher tatsächlich dabei, eine umfassende Reform vorzulegen, die sich zudem an internationalen Modellgesetzen orientiert. Hervorzuheben ist dabei der mehrfach deutlich gemachte Anspruch des belgischen Gesetzgebers, als Vorbild für Reformbestrebungen in anderen europäischen Ländern zu dienen. Ausgehend von diesem Anspruch soll es letztlich Ziel der Arbeit sein, die Frage nach der Vorbildrolle der belgischen Reform für andere nationale Reformvorhaben zu beantworten.

Als „Nachahmer" kommen vor allem europäische Staaten infrage, da das belgische Recht nach seinem Selbstverständnis insbesondere die europäischen Besonderheiten berücksichtigt und sich Belgien als erster nationaler Gesetzgeber an Buch IX DCFR, also einem Modellgesetz zur Harmonisierung/Vereinheitlichung des europäischen Rechts orientiert. Zudem ähnelt das belgische Mobiliarsicherungsrecht in seiner Grundstruktur dem französischen Recht und hat sich auch teilweise an dessen Reform orientiert, sodass es sich möglicherweise als Vorbild für den romanischen Rechtskreis empfiehlt.[122]

Viele Regelungen des belgischen Gesetzgebers bilden eine Reaktion auf vermeintliche Vor- und Nachteile der bereits erprobten Mobiliarsicherungsrechte und beziehen sich im Positiven wie Negativen auf die vorhandenen Modellgesetze und durchgeführten Reformen. Nicht allein der explizit rechtsvergleichende Bezug der belgischen Reform, sondern vor allem die Umsetzung der Registerpublizität machen die neuen Regelungen bemerkenswert. Anders als die französischen Reformgesetzgeber 2006 wird der belgische Gesetzgeber ein umfassendes nationales Register einführen, das in Art und Umfang einzigartig in Europa sein wird.

Zunächst sollen die belgischen Neuregelungen für sich betrachtet werden, um Stärken und Schwächen aufzuzeigen. Angesichts der starken Anlehnung an das US-amerikanische Vorbild des Art. 9 UCC und verschiedene Modellgesetze

---

[122] Zur Rechtskreislehre und zum romanischen Rechtskreis Zweigert/Kötz, Einführung in die Rechtsvergleichung, 3. Auflage 1996, 62 ff., 73 ff.

muss sich das Gesetz aber auch im Vergleich mit seinen eigenen Vorbildern bewähren. Folglich soll sich der Darstellung des belgischen Reformgesetzes ein
rechtsvergleichender Teil anschließen, in dem Unterschiede und Gemeinsamkeiten der als Vorbild genannten Gesetze im Hinblick auf die Gestaltung und Funktion der Registerpublizität schlaglichtartig betrachtet werden. Durch diesen
Vergleich sollen die Vor- und Nachteile des belgischen Gesetzes offenbart und
letztendlich festgestellt werden, ob der belgische Gesetzgeber seinem Anspruch
gerecht wird und das reformierte Mobiliarsicherungsgesetz als Vorbild für weitere europäische Länder dienen kann oder ob diese besser auf andere Vorbilder
zurückgreifen oder gar ein gänzlich anderes System erarbeiten sollten.

Der Schwerpunkt der Arbeit liegt dabei auf der Reform des belgischen Mobiliarsicherungsrechts – die rechtsvergleichenden Betrachtungen ordnen dieses allerdings später in einen internationalen Kontext ein.

II. Gang der Untersuchung

1. Breite Darstellung der Reformregelungen

Das zweite Kapitel wird sich mit den Neuregelungen durch die Reform beschäftigen. Im Mittelpunkt soll die Darstellung und kritische Würdigung der Neuregelungen stehen. Diese „Auslandsrechtskunde" dient als Grundlage für den Vergleich mit anderen Sicherungssystemen und zur Beantwortung der Frage, ob das
belgische Gesetz Vorbildcharakter für andere Rechtsordnungen hat.

Nachdem 2016 weitere formelle und inhaltliche Änderungen und Kommen-
tierungen des Gesetzes vorgenommen wurden[123], wird an den relevanten Stellen
auf die Abweichungen zum Originalentwurf und zum Vorschlag der Expertengruppe eingegangen werden, um den Gang der Gesetzgebung konkret nachver-
folgen zu können.

2. Fokus auf der Gestaltung des Registers

Der belgische Gesetzgeber kombiniert die Normierung besitzloser Sicherungsrechte mit der Einführung eines Registers zur Wahrung der Publizität. Hierin
liegt einerseits die größte Innovation, andererseits aber auch die größte Heraus-
forderung der Reform. Dies zeigt sich unter anderem darin, dass die Verzöge-

---

[123] Diese Überarbeitung wurde ebenfalls als „avant-projet" bezeichnet.

rungen bei der Einführung insbesondere auf die Schwierigkeiten bei der Ausgestaltung und Inbetriebnahme des Registers zurückzuführen sind. Schließlich
wurde gerade dieser Abschnitt durch das nachträgliche Gesetzesprojekt 2016
noch einmal geändert und bildet ferner die Grundlage für die rechtsvergleichenden Analysen. Hierauf wird folglich ein Hauptaugenmerk gerichtet sein.

3. Rechtsvergleichung

Das dritte Kapitel wird sich der Rechtsvergleichung widmen. Dabei wird der Fokus auf die Modellgesetze und andere nationale Reformgesetze gelegt, die das
belgische Gesetz selbst als Inspirationsquelle nennt. Schwerpunktmäßig werden
die verschiedenen Registersysteme betrachtet werden. Hinzu kommt – aus Sicht
des deutschen Rechtswissenschaftlers besonders interessant – die Beantwortung
der Frage, weshalb sich das deutsche Mobiliarsicherungsrecht nicht als „Export-
schlager" bewährt hat.

4. Vorbildfunktion

Vor dem Hintergrund der rechtsvergleichenden Analyse wird im vierten Kapitel
schließlich die Ausgangsfrage beantwortet: Hat das belgische Recht Vorbildfunktion für das deutsche Recht oder die Rechtssysteme anderer Länder? Am Beispiel
Deutschlands soll konkret die Frage beantwortet werden, ob sich das deutsche
Recht die belgische Registerpublizität zum Vorbild nehmen sollte.

Kapitel 2:   Neuregelungen

Die Neuerungen werden überwiegend in Buch III Titel XVII des Zivilgesetzbuches eingeführt („Des sûretés réelles mobilières"). Die bisherigen Art. 2071 bis Art. 2091 werden aufgehoben und neu nummeriert durch Art. 1 bis Art. 76 ersetzt.[124] Der neue Titel XVII umfasst drei Kapitel. Darin werden das allgemeine Sicherungsrecht, der Eigentumsvorbehalt und das Retentionsrecht (auch Zurückbehaltungsrecht) geregelt.

Der neue Titel ist bei näherer Betrachtung ein wenig irreführend: Wenngleich er die „Mobiliarsicherheiten" behandelt, werden weiterhin nicht alle beweglichen Sicherungsrechte exklusiv an dieser Stelle normiert. Einige Privilegien bleiben weiterhin im Hypothekenrecht verortet, manche Sicherungsrechte (endossement) sind in anderen Gesetzen normiert und zudem werden nicht nur Sicherungsrechte im üblichen Sinne, sondern auch das Retentionsrecht im neuen Titel geregelt.[125] Außerdem werden neben den dinglichen Sicherheiten an körperlichen Gütern auch Sicherungsrechte an unkörperlichen Sachen wie Forderungen geregelt.

In den Vorschriften wird das neugeschaffene Sicherungsrecht durchgängig als „Pfandrecht" (pand/gage) bezeichnet, funktional ist dabei ein allgemeines einheitliches Sicherungsrecht (und nicht nur das Institut des gemeinhin bekannten Faustpfandrechts) gemeint.[126] Wenngleich der französische Reformgesetzgeber ebenso verfahren ist, ist die Weiterverwendung des Begriffs „gage" zu bemängeln, da dieser Begriff traditionell als das Faustpfandrecht (bzw. mit entsprechenden Ergänzungen wie „sur fonds de commerce" als spezielles Pfandrecht) verstanden wird und die weitreichende inhaltliche Veränderung nicht verdeutlicht.

---

[124] Dies ergibt sich aus Art. 2–89 des Gesetzes vom 11.7.2013, das insgesamt 109 Artikel umfasst. Im Folgenden werden allein die Artikelnummern ohne weitere Angabe genannt (der passende Zusatz wäre wohl Art. X Cc, L II, t XVII). Wird auf die alte Gesetzeslage Bezug genommen, so werden die Artikel mit dem Cc-Zusatz genannt.

[125] Derijcke, RDC 2013, 696.

[126] Zur besseren Differenzierung wird das „Pfandrecht" daher im Folgenden abweichend vom Gesetzeswortlaut als „Sicherungsrecht" bezeichnet.

A. Grundprinzipien

Vor der Besprechung der einzelnen Regelungen des Gesetzes sollen zwei Grundprinzipien dargestellt werden, die sich durch das gesamte Gesetz ziehen und erläuterungsbedürftig erscheinen, da sie dem deutschen Recht nicht bekannt sind.

I. Funktionaler Ansatz

Die Inbetriebnahme des Registers und die Reform an sich gehen mit der Einführung des sogenannten „funktionalen Ansatzes" einher, der für das gesamte Gesetz von großer Bedeutung ist. Werden die Sicherungsrechte nach dem funktionalen Ansatz behandelt, so bedeutet das grundsätzlich, dass alle vertraglich vereinbarten Instrumente, die die Funktion haben, als Sicherungsrecht zu dienen, denselben Regeln unterworfen werden.[127] Gleich funktionierende Sicherheitsinstrumente sollen ungeachtet ihrer verschiedenen Konzepte soweit wie möglich den gleichen juristischen Vorschriften unterliegen.[128] Bisher bestehende Pfand- und sonstige Sicherungsrechte können weiterhin vereinbart werden, unterfallen aber (unter anderem) den allgemeinen Regeln über die Drittwirksamkeit und somit im Normalfall der Registrierungspflicht.[129]

Der funktionale Ansatz ist sehr flexibel, da auch neue Sicherungsrechte darunter gefasst werden können. Nach der Reform wird auch der Eigentumsvorbehalt grundsätzlich als Sicherungsrecht behandelt.[130]

Die Einführung des funktionalen Ansatzes wird systematisch durch die Aufteilung des Gesetzes in einen allgemeinen und einen besonderen Teil verdeutlicht. Die Vorschriften des allgemeinen Teils sollen für alle Sicherungsrechte gelten, abgesehen von explizit genannten Ausnahmen.[131] Daran schließen sich jeweils Abschnitte über die Registerpublizität, die Drittwirksamkeit durch Besitzübergabe, die Verwertung, Rangkonflikte, das Sicherungsrecht an Geldsummen und an Forderungen an.

Alle bekannten Sicherungsinstrumente werden zunächst einmal unter das „allgemeine Sicherungsrecht" gefasst, weil sie dieselbe Funktion haben: Der Sicherungsgläubiger darf sich aus dem Sicherungsgegenstand vorrangig gegenüber

---

[127] Brinkmann, Kreditsicherheiten an beweglichen Sachen und Forderungen, 2011, 353.
[128] Dirix, De hervorming van de roerende zakelijke zekerheden, 2013, 9.
[129] Exposé des Motifs, 10.
[130] Näher hierzu Abschnitt B.
[131] Georges, Revue de la Faculté de droit de l'Université de Liège 2013, 331.

anderen Gläubigern befriedigen[132], wie es in Art. 1 normiert wird.[133] Der Gesetzeswortlaut beschreibt gerade nicht die rechtliche Konstruktion des Sicherungsrechts, sondern erläutert stattdessen seine Funktion/Zielsetzung.[134] Die Betonung liegt dabei auf dem Prioritätsrecht, das das Sicherungsrecht dem Gläubiger vor anderen Gläubigern bei der Befriedigung einräumt.

Auf den ersten Blick wirkt die Aufteilung in einen allgemeinen und einen besonderen Teil logisch, da die Einführung des funktionalen Ansatzes die grundsätzliche Gleichbehandlung der Sicherungsrechte mit sich bringt und somit nur noch die Besonderheiten der einzelnen Sicherungsinstrumente gesondert geregelt werden müssen. Tatsächlich werden die Sachthemen jedoch immer wieder vermischt und an ungeeigneter Stelle normiert. Auch wird sich zeigen, dass der funktionale Ansatz nicht durchgehend Anwendung findet. Daher ist die folgende Darstellung zum einen an Sachthemen und zum anderen soweit wie möglich nach dem chronologischen Schicksal des Sicherungsrechts geordnet, sodass die Begründung des Sicherungsrechts am Anfang und seine Verwertung am Ende steht.

II. Drittwirksamkeit

Das Sicherungsrecht wird zweistufig wirksam und somit nicht wie im deutschen Recht sogleich absolut. Mit der Vereinbarung des Sicherungsrechts durch die Parteien entsteht dieses wirksam *inter partes*. Es wird jedoch grundsätzlich erst durch den Publizitätsakt *erga omnes* durchsetzbar. Diese Wirkung wird als Drittwirksamkeit oder auch Vervollkommnung bezeichnet.[135] Dem Publizitätsakt kommt daher im Vergleich zum deutschen Recht eine besondere Rolle zu. Die Drittwirksamkeit wird je nachdem, ob es sich um ein besitzloses Sicherungsrecht, ein Faustpfand oder ein Sicherungsrecht an Forderungen handelt, unterschiedlich hergestellt. Daher werden die verschiedenen Modi im Gesetz separat gere-

---

[132] Faber, Entwicklungslinien und Entwicklungsperspektiven, 260.

[133] Die Vorschrift stimmt insoweit mit Art. 2333 des französischen Code civil und dem alten belgischen Art. 2073 C.c. überein.

[134] Dirix, De hervorming, 11.

[135] Dirix, ZEuP 2015, 280. Brinkmann bevorzugt den exakteren Begriff der „Vervollkommnung", siehe Brinkmann, 363. In dieser Arbeit wird der Begriff der Drittwirksamkeit aufgrund seiner Anschaulichkeit verwendet, und weil im belgischen Recht eine Wirksamkeit gegenüber allen Dritten erst durch den Publizitätsakt begründet wird.

gelt. Den Regelfall bildet nun der Eintrag ins Pfandregister, Art. 15 I.[136] Dementsprechend soll dieser Drittwirksamkeitsmodus auch direkt nach der Darstellung
der allgemein gültigen Regelungen für die Begründung des Sicherungsrechts vor
den beiden anderen Möglichkeiten erläutert werden.

B. Begründung des Sicherungsrechts

Der Begründungstatbestand ist für alle Sicherungsrechte gleich, unabhängig davon, ob es sich dem Namen oder der Konstruktion nach z.B. um ein Sicherungsrecht an Forderungen oder einen Eigentumsvorbehalt handelt. Allerdings wird
zwischen Verbrauchern und Nichtverbrauchern unterschieden. Der Gesetzgeber
sieht ein zweigleisiges System vor, das beim Verbraucher einen dinglichen Vertrag verlangt und unter Nichtverbrauchern eine konsensuelle Vereinbarung erlaubt.[137]

I. Vereinbarung und Form

Das Sicherungsrecht wird durch eine Einigung zwischen Sicherungsschuldner
und Sicherungsgläubiger begründet (Art. 2). Eine Übergabe der Sache ist nicht
mehr zwingende Voraussetzung, das Sicherungsrecht kann nunmehr „besitzlos"
gestaltet werden. Anders als nach der bisherigen Rechtslage ist die Vereinbarung
nicht bloß Grundlage für die Besitznahme, sondern begründet das Sicherungsrecht selbst wirksam zwischen den Parteien. Die „dingliche" Begründung weicht
der einverständlichen Vereinbarung.[138] Dadurch wird der Weg für die besitzlosen Sicherungsrechte geebnet.

Art. 11 normiert erstmals die Dauer einer Sicherungsvereinbarung – sie kann
befristet oder unbefristet (Art. 11 I), dann aber mit Kündigungsfrist zwischen
drei und sechs Monaten (Art. 11 II), geschlossen werden. Im Regelfall erstreckt
sich das Sicherungsrecht nur auf die besicherten Forderungen, die bei Vertrags-
ende bestehen, Art. 11 III, wobei etwas anderes vereinbart werden kann. Dies gilt
auch für zukünftige Forderungen.[139] Gerade die Besicherung zukünftiger Forde-

---

[136] Georges, Revue de la Faculté de droit de l'Université de Liège 2013, 330.
[137] Derijcke, RDC 2013, 701; Georges, Revue de la Faculté de droit de l'Université de Liège 2013, 332.
[138] Exposé des Motifs, 17; Cattaruzza, Droit bancaire et financier 2013, 185; Derijcke, RCD 2013, 700;
       Steennot, Algemene regeling van het pand, in: Baeck/Kruithof (Hg.), Het nieuwe zekerheidsrecht,
       2014, 34.
[139] Exposé des Motifs, 40.

rungen soll so möglich sein; Schutz vor Übersicherung bietet die Bestimmung, dass sich das Sicherungsrecht bei seiner Beendigung allein auf die zu diesem Zeitpunkt bestehenden Forderungen erstreckt.

1. Anforderungen bei Unternehmern

Das Schriftstück über die Vereinbarung hat bei Unternehmern allein Beweisfunktion. Ein solcher Nachweis kann beispielsweise notwendig werden, wenn eine Sache zwar mit einem besitzlosen Sicherungsrecht oder einem Eigentumsvorbehalt belastet, aber das Sicherungsrecht nicht registriert ist. Der Beweis der gültigen Vereinbarung eines Sicherungsrechts an sich kann durch die Vorlage eines Schriftstücks mit exakter Angabe der mit dem Sicherungsrecht belasteten Güter, der besicherten Forderungen und des Höchstbetrags, bis zu dem die Forderungen besichert sind, geführt werden (Art. 4 I). Im Kommentar der Regierung zum Gesetzesentwurf wird besonders betont, dass die Sicherungsgegenstände in allen Vereinbarungen genau beschrieben sein sollen. Diese Regelung lehnt sich explizit an die Empfehlung 14 des UNCITRAL Guide an[140], findet sich so aber nicht im Vorschlag der Expertengruppe.[141] Dieses Erfordernis wird im Kommentar nicht näher erläutert, sodass man sich die praktische Umsetzung beim Lesen der Norm in Bezug auf den schnelllebigen Wirtschaftsverkehr kaum vorstellen kann. Im UNCITRAL Legislative Guide wird allerdings erklärt, dass eine generelle Beschreibung gegenwärtiger und zukünftiger Gegenstände ausreichend ist[142], sodass letztlich keine allzu strengen Maßstäbe anzulegen sind. Auch das Erfordernis der Wertangabe des Sicherungsgegenstands wurde erst nachträglich eingefügt. Es korrespondiert mit der Regelung des eigentlichen Gegenstandes des Sicherungsrechts in Art. 7 IV, wonach bei Verbrauchern der Wert des besicherten Gegenstandes nicht mehr als doppelt so hoch wie der Umfang des Sicherungsrechts sein darf.

Eine Sanktion für die Nichtanfertigung des Schriftstücks ist nicht vorgesehen, da es bei einem besitzlosen Sicherungsrecht sowieso für die Registrierung erforderlich ist und deshalb im Regelfall der Vereinbarung eines Registerpfands sowieso erstellt werden wird.[143]

---

[140] Exposé des Motifs, 36.
[141] Georges, Revue de la Faculté de droit de l'Université de Liège 2013, 326.
[142] UNCITRAL Legislative Guide on Secured Transaction (LG), 80.
[143] Dirix, De hervorming, 14, 22.

2. Anforderungen bei Verbrauchern

Ist der Schuldner Verbraucher[144], so ist das Schriftstück allerdings Voraussetzung für das wirksame Entstehen des Sicherungsrechts, Art. 4 II.[145] Zudem muss in diesem Fall der Wert des Sicherungsgegenstandes angegeben werden (Art. 4 III). Hierdurch soll der Verbraucher stärker geschützt werden. Für den Verbraucher-begriff wird eine Analogie zu Buch 1 des Handelsgesetzbuches hergestellt, wo der Begriff angelehnt an die Verbraucher-Richtlinie definiert wird.[146] Die Überschrift des Art. 4 – Nachweis – ist missverständlich gewählt, weil auch geregelt wird, dass das Schriftstück bei den Verbrauchern für die Wirksamkeit des Sicherungs-rechts vorausgesetzt wird.[147] Immerhin wird diese Ausnahme durch die Verwei-sung des Art. 2 II auf Art. 4 II frühzeitig hervorgehoben.

3. Faustpfandrecht und Forderungspfand

Wenngleich eigentlich dieselbe Regelung sowohl für das Faustpfandrecht als auch das Sicherungsrecht an Forderungen sinnvoll wäre, da bei ersterem der Be-sitz nicht unbedingt sichere Rückschlüsse auf die Eigentumsverhältnisse zulässt und bei letzterem keine tatsächliche Besitzübertragung möglich und eine Regis-trierung nicht vorgesehen ist, werden diese eigenen Regeln unterworfen, auch wenn das aus Artikel 4 nicht explizit hervorgeht.

Sofern es sich um ein Sicherungsrecht mit Besitzaufgabe handelt, muss gar kein Schriftstück verfasst werden. Hier genügt die Besitzübertragung als Beweis. Bei einem Verbraucher-Schuldner ist allerdings wiederum ein schriftlicher Nachweis vonnöten, sodass in dieser Hinsicht ein Gleichlauf mit dem besitzlosen Sicherungsrecht hergestellt wird.[148] Dies ergibt sich aus den Regelungen zum Faustpfandrecht in Artikel 40.

Die Vereinbarung über ein Forderungspfand muss zum Zwecke des Nach-weises schriftlich geschlossen werden, Art. 61 I. Hier verweist der Gesetzgeber sogar auf den allgemeinen Teil, da sich insofern keine Abweichungen ergeben.

---

[144] Der Verbraucherbegriff kann Art. 1 I des Handelsgesetzbuches entlehnt werden.

[145] Exposé des Motifs, 35. Der Verweis auf die Ausnahmeregelung des Artikel 4 II wurde eingefügt, um dem Eindruck entgegenzuwirken, dass das Sicherungsrecht immer formfrei vereinbart wer-den kann.

[146] Diesen Vorschlag macht Steennot, in: Baeck/Kruithof, 30. Das Gesetz zu Marktpraktiken und Verbraucher vom 06.04.2010 wurde zwischenzeitlich aufgehoben.

[147] Derijcke, RDC 2013, 701.

[148] Exposé des Motifs, 36.

Sofern der Schuldner ein Verbraucher ist, müssen die noch strengeren Forman-forderungen aus Artikel 1325 f. des Code Civil[149] eingehalten werden. Zudem ist das Schriftstück dann Entstehungsvoraussetzung für das Sicherungsrecht.

II. Gegenstand und Umfang des Sicherungsrechts

In Anpassung an die rechtlichen Entwicklungen weltweit[150] kann ein Sicherungs-recht sowohl zur Sicherung von gegenwärtig bestehenden als auch zukünfti-gen Forderungen bestellt werden, sofern sie bestimmt oder bestimmbar sind, Art. 10 I.

Die Sicherungsmöglichkeiten werden gegenüber dem früheren Recht deut-lich ausgeweitet. Sämtliche Aktiva können als Sicherheit dienen, seien sie gegen-wärtig oder zukünftig im Vermögen des Schuldners vorhanden. Sowohl körper-liche als auch unkörperliche bewegliche Güter sowie bestimmte Sachgesamthei-ten können Gegenstand des allgemeinen Sicherungsrechts sein, da die speziellen Pfandrechte, die immer schon eine Sachgesamtheit zum Gegenstand haben konnten, nun im allgemeinen Sicherungsrecht aufgehen.

Nach neuem Recht können Sachen Gegenstand des Sicherungsrechts sein, die zuvor wegen des Erfordernisses der Besitzaufgabe praktisch nicht infrage kamen, so z.B. Luftfahrzeuge, die nicht in Buch II des Handelsgesetzbuchs erwähnt wer-den.[151] Gleiches gilt für Güter, die sich erst zukünftig im Besitz des Schuldners befinden. Sinn und Zweck dieses umfänglichen Sicherungsrechts ist die Herstel-lung einer möglichst breiten Kreditbasis.[152]

Schiffe im Sinne des Buches II des Handelsgesetzbuches fallen jedoch nicht darunter, wie nachträglich zur Klarstellung ergänzt wurde (Art. 7 I). Für diese gilt ein eigenes Regime.[153]

Sämtliche Gegenstände müssen allerdings bestimmt oder bestimmbar sein. Dieses Erfordernis ergibt sich einmal aus dem Wortlaut der Norm, die eine *be-stimmte* Sachgesamtheit fordert und zum anderen im Zusammenspiel mit Art. 4,

---

[149] „Le jugement de validation de la surenchère désigne le notaire chargé de procéder à la vente, et en indique l'époque. Il y est procédé d'après les conditions primitives, ou d'après un nouveau ca-hier des charges arrêté de commun accord entre le surenchérisseur et les parties intéressées."

[150] Exposé des Motifs, 39. Hier folgt man Empfehlung Nr. 16 des UNCITRAL Legislative Guide.

[151] Cattaruzza, Droit bancaire et financier 2013, 186.

[152] Exposé des Motifs, 37.

[153] Exposé des Motifs II, Änderungsartikel 4, 7 f.

der für das Schriftstück mit Beweisfunktion verlangt, dass die besicherten Gegenstände durch die Parteien identifizierbar sind.[154] So wird es bei einer Vereinbarung zwischen einer Bank und einem Großhändler für Waschmaschinen beispielsweise ausreichend sein, wenn „alle Waschmaschinen in Lagerhalle 2" oder „sämtliche Miele-Waschmaschinen" als Sicherheit bestimmt werden. Ähnlich wie im deutschen Recht wird eine Bestimmbarkeit jedoch bereits zu bejahen sein, wenn beispielsweise sämtliche gegenwärtigen und zukünftigen Gegenstände umfasst sind.

Im Grunde können alle beweglichen Gegenstände besichert werden, sofern sie veräußerbar sind, Art. 7 V. Art. 7 VI legt fest, dass die Regeln auch auf Sicherungsrechte, die geistiges Eigentum zum Gegenstand haben, anwendbar sind, solange es keine spezifischeren Regeln gibt. Diese Klarstellung erfolgt, weil es sich hierbei um Rechte und nicht um Gegenstände handelt.

Um auf eine möglichst große Basis für Sicherungsrechte zugreifen zu können, kann das Sicherungsrecht auch an Gütern bestellt werden[155], die erst zukünftig in den Besitz des Sicherungsschuldners gelangen, Art. 8. Das Sicherungsrecht selbst entsteht (erst) in dem Moment, in dem es in das Vermögen des Schuldners gelangt. Es gilt zudem auch das Erfordernis, dass der Gegenstand bestimmt oder bestimmbar ist. Die Einführung dieser Norm ist praktischen Erwägungen geschuldet: Gläubiger und Schuldner können nun ein Sicherungsrecht bereits frühzeitig vereinbaren. Sobald eine Vereinbarung getroffen wird, kann ein Registereintrag erfolgen, sodass das Sicherungsrecht zeitnah drittwirksam wird. Ein Restrisiko bleibt für den Gläubiger in der Insolvenz allerdings insofern bestehen, als er den Gegenstand nicht verwerten kann, wenn er sich nicht im Vermögen des Schuldners befindet.[156] Diese Konstellation ergibt sich durch den Verzicht auf das Erfordernis der Besitzübertragung. Nach bisheriger Rechtslage konnte der Schuldner logischerweise keinen Besitz an Gegenständen übertragen, die noch nicht existierten oder sich im Besitz eines anderen befanden.[157] Auch war eine Erstreckung auf künftige Vermögensgegenstände lediglich beim (besitzlosen) Handelspfand erlaubt und möglich; hier konnten z.B. Vorräte mit dem Eintreten in den Besitz des Schuldners belastet werden.[158]

Für den Verbraucher wird festgelegt, dass der Wert des Sicherungsgegenstandes nicht mehr als das Doppelte des Wertes der besicherten Forderung betragen

---

[154] Exposé des Motifs, 37.
[155] Ein Sicherungsrecht kann auch an zukünftigen Forderungen bestellt werden. Hierzu gibt es eine Sonderregelung in Art. 63.
[156] Steennot, in: Baeck/Kruithof, 45.
[157] Derijke, RDC 2013, 703; Dirix, De hervorming, 18.
[158] Exposé des Motifs, 38.

darf, Art. 7 IV. Die Einfügung dieses Absatzes ist verbraucherschutzrechtlichen Bedenken geschuldet und korrespondiert mit Artikel 12, in dem der Umfang des Sicherungsrechts festgelegt wird und nach dem das der besicherten Forderung Zugehörige nicht mehr als 50 % der Hauptsumme betragen darf. Damit soll der Verbraucher vor Übersicherung geschützt werden.[159] Hat der Sicherungsgläubiger beispielsweise eine Forderung von 5000 € gegen den Schuldner, so dürfen der Sicherungsgegenstand bzw. die -gegenstände nicht mehr als 10000 € wert sein.

Nach einer Ansicht soll das Erfordernis des Art. 7 IV nur bei Vereinbarung der Sicherheit beachtet werden müssen, also eine anfängliche Übersicherung vermieden werden. Ansonsten herrsche dauerhafte Unsicherheit.[160] Dem ist zuzustimmen, weil sich die Anwendung dieses Absatzes ansonsten bei Sicherungsrechten über eine wechselnde Gesamtheit von Sachen schwierig gestaltet.

Bemerkenswert ist zudem, dass keine Sanktion bei einem Verstoß gegen diese Vorschrift vorgesehen ist. Der Ansicht, nach der keine Nichtigkeit, sondern ein Freigabeanspruch besteht[161], ist beizupflichten. Die Annahme der Nichtigkeit wäre nicht im Sinne des Verbrauchers, der auf den Kredit und somit die Besicherung angewiesen ist. Zugleich ist jedoch fraglich, wie oft der Übersicherungsfall bei Verbrauchern vorkommt. Möglicherweise ist dieser Absatz kaum anzuwenden und daher überflüssig.[162] Außerdem gibt es eigentlich keinen Grund, nicht auch Unternehmen vor Übersicherung zu schützen. Gerade bei kleinen und finanzschwachen Unternehmen kann es häufiger vorkommen, dass ein Fall der Übersicherung vorliegt, weil sie nur wenige, geringwertige Güter besitzen, die für eine Besicherung attraktiv sind.

Neben dem Gegenstand des allgemeinen Sicherungsrechts werden in Artikel 7 außerdem der Umfang des Pfandrechts am Handelsgeschäft (gage sur fonds de commerce, in Art. 7 II) und des Pfandrechts am Landwirtschaftsbetrieb (gage au privilège agricole, in Art. 7 III) geregelt.

Beim ersten Lesen wirkt es so, als ob diese nach altem Recht bestehenden besitzlosen Pfandrechte neu in das Zivilgesetzbuch eingefügt werden und als besondere Sicherungsrechte mit eigenen Regelungen erhalten bleiben. Tatsächlich gehen sie aber im allgemeinen Sicherungsrecht auf und unterliegen der Gleichbehandlung nach dem funktionalen Ansatz. Die Vereinbarung eines gage sur fonds de commerce oder eines gage au privilège agricole ist zwar weiterhin möglich, führt aber *nicht* zu speziellen Rechtsfolgen. Der Vorteil der Vereinbarung

[159] Dirix, De hervorming, 14.
[160] Cattaruzza, Droit bancaire et financier, 185; Steennot, in: Baeck/Kruithof, 48.
[161] Steennot, in: Baeck/Kruithof, 49.
[162] Georges, Revue de la Faculté de droit de l'Université de Liège 2013, 335.

dieser Rechtsinstrumente liegt nunmehr allein darin, dass sowohl körperliche Gegenstände als auch Forderungen zusammen Gegenstand eines Sicherungsrechts sein können.[163]

Die Absicht des Gesetzgebers war es, durch die Einfügung in das neue Gesetz den neuen, veränderten Umfang dieser Pfandrechte deutlich zu machen. Beide Pfandrechte umfassen zwar wie zuvor die Gesamtheit der Güter, die das Handelsgeschäft bzw. den Landwirtschaftsbetrieb ausmachen, es sei denn, es gibt eine abweichende Vereinbarung. Die Begrenzung der Besicherung auf 50 % des Wertes der gelagerten Güter wird jedoch abgeschafft.[164] Folglich kann jeweils der gesamte Betrieb besichert werden. Außerdem entfällt die zuvor bestehende Einschränkung des Personenkreises. Diese Pfandrechte kann der Pfandgeber nun nicht mehr nur mit Kreditinstituten, sondern mit jedermann vereinbaren.[165] Letztlich bleibt also festzuhalten, dass ein allgemeines Sicherungsrecht mit jedermann vereinbart werden kann und Handelsgeschäft, Landwirtschaftsbetrieb und Sachgesamtheit vollumfänglich Gegenstand dieses Rechts sein können.

Der Gesetzgeber hat sein eigentliches Ziel jedoch augenscheinlich verfehlt, da teilweise von einer „Neubelebung des Handelspfands" die Rede ist.[166] Meines Erachtens ist zu kritisieren, dass diese Sicherungsrechte als Sondertatbestände geregelt werden. Es ist zum einen unklar, warum diese Spezialpfandrechte nicht gleich abgeschafft werden. Schließlich gibt es nun den funktionalen Ansatz, nach dem alle Sicherungsrechte gleichbehandelt werden sollen. Bezeichnend ist auch, dass diese Pfandrechte an keiner anderen Stelle mehr erwähnt werden, abgesehen von dem Artikel, der die Abschaffung der diesbezüglichen Spezialgesetze bestimmt.[167] Auch von anderer Seite wird die Hinzufügung dieser Absätze bedauert; allerdings seien diese Pfandrechte auch vorher nicht besser geregelt gewesen.[168] Das Argument, dass der Rechtsprechungskorpus auf diese Weise erhalten bleiben kann[169], überzeugt nicht. Das Handelspfand ist durch die Aufhebung der Einschränkungen deutlich verändert, sodass die bestehende Rechtsprechung sowieso nicht unbedingt übertragbar ist.

---

[163] Cattaruzza, Droit bancaire et financier 2013, 186 f.
[164] Exposé des Motifs, 37 f.
[165] Derijke, RDC 2013, 703; Steennot, in: Baeck/Kruithof, 44.
[166] Loof/Berlee, 20.
[167] Art. 105, 107.
[168] Georges, Revue de la Faculté de droit de l'Université de Liège 2013, 335.
[169] Steennot, in: Baeck/Kruithof, 44.

Art. 12 I regelt den Umfang des Sicherungsrechts aus Sicht des Gesetzgebers klar[170]: Es umfasst nicht nur die Hauptsumme der besicherten Forderung(en), sondern auch Zinsen, Vertragsstrafen und die Verwertungskosten – letztlich also alle Nebensummen im Zusammenhang mit der Forderung, solange die Höchstsumme eingehalten wird, die eingetragen ist. Dabei wird auf den Zeitpunkt der Anrechnung bzw. Verteilung abgestellt. Art. 12 II legt fest, dass die in Art. 12 I genannten Nebenforderungen nicht mehr als 50 % der eingetragenen Hauptsumme betragen dürfen, sofern der Schuldner ein Verbraucher ist. Bei mehreren Forderungen muss dies genau berechnet werden. Diese Regelung soll vor allem den Bürgen schützen.[171] Art. 12 hält demnach eine Regelung gegen Übersicherung für Verbraucher, nicht jedoch für Unternehmer bereit. Auch an dieser Stelle wird wieder deutlich, dass auf den Verbraucherschutz besonders viel Wert gelegt wird.

Gewährt ein Gläubiger einem Verbraucher beispielsweise einen Kredit über 10000 € und betragen die Zinsen bei Fälligkeit plus die Vertragsstrafe wegen verspäteter Rückzahlung mehr als 5000 € (also mehr als 50 % der Hauptforderung), so kann der Gläubiger dennoch nur 5000 € verlangen. Diese Schutzvorschrift erscheint auch nicht unbillig, weil sowohl die Zinsen als auch die festgelegte Vertragsstrafe im Vorhinein berechnet werden können und somit die Deckelung auf 50 % beachtet werden kann.

III. Berechtigung

Der Sicherungsschuldner muss zur Vereinbarung des Sicherungsrechts berechtigt sein, Art. 6 I. Grundsätzlich muss er der Eigentümer des Sicherungsgegenstandes sein oder eine sonstige Berechtigung vorweisen können. Allerdings kann der Gläubiger das Sicherungsrecht auch vom Nichtberechtigten erwerben, wenn er vernünftigerweise annehmen konnte, dass eine Verfügungsbefugnis zum Zeitpunkt der Vereinbarung bestand, Art. 6 II. Damit wird im Grundsatz auf den Maßstab des guten Glaubens verwiesen, der sich aus Art. 2279 des belgischen C.c. ergibt: Der Gläubiger kann auf eine Berechtigung vertrauen, wenn der Schuldner im Besitz des Gegenstandes ist.[172] Es gibt folglich eine Eigentumsvermutung für den Besitzer. Allerdings soll der fehlende Verweis auf Art. 2279 C.c. im Gesetzestext nach einer Ansicht darauf hindeuten, dass eine solche vernünftige Annahme

---

[170] Expose des Motifs, 40.
[171] Exposé des Motifs, 40.
[172] Exposé des Motifs, 37.

der Verfügungsbefugnis auch im Falle des Abhandenkommens möglich sei.[173] Der Gesetzes*kommentar* verweist jedoch umfänglich auf Art. 2279 C.c., sodass es aus meiner Sicht naheliegt, dass ein Abhandenkommen den guten Glauben auch bei Artikel 6 II ausschließt.[174]

Sowohl Gläubiger als auch Schuldner können sich bei der Begründung des Sicherungsrechts vertreten lassen. Art. 5 regelt die Drittverpfändung: Die Vereinbarung kann auch von einem Dritten für den Schuldner geschlossen werden, Art. 5 I. Der Drittverpfänder wird besonders geschützt, indem er eine vorrangige Verwertung der Sicherungsmittel des Schuldners verlangen kann, wenn sowohl er als auch der Schuldner für dieselbe Forderung haften, Art. 5 II.[175] Dieser Passus ist allerdings abdingbar, weil er dem Dritten einen starken Anspruch einräumt.[176]

Art. 3 regelt dagegen die Vertretung des Gläubigers und wird im nächsten Abschnitt näher erläutert.

IV. Akzessorietät

1. Grundregel

Das Sicherungsrecht ist weiterhin akzessorisch ausgestaltet, es findet keine Veränderung der Rechtslage statt. Das gegenwärtige oder zukünftige Bestehen einer Forderung ist Voraussetzung für die Begründung des Sicherungsrechts. Der Zusammenhang von Forderung und Sicherungsrecht wird durch mehrere Vorschriften verdeutlicht:

Jedwede Forderung soll besichert werden können. Sowohl gegenwärtige als auch zukünftige Forderungen können (einzeln oder in Mehrzahl) besichert werden, selbst wenn sie noch nicht im Besitz des Sicherungsgebers sind. Sie müssen allerdings bestimmbar sein. Die Akzessorietät wird dadurch hergestellt, dass immerhin der Höchstbetrag der besicherten Forderungen in der Sicherungsvereinbarung angegeben werden muss, Art. 10 II. Das Sicherungsrecht ist also an der Höhe nach bestimmbare Forderungen geknüpft.

---

[173] Steennot, in: Baeck/Kruithof, 42.
[174] Exposé des Motifs, 37.
[175] Georges, Revue de la Faculté de droit de l'Université de Liège 2013, 331.
[176] Derijcke, RDC 2013, 702.

Die untrennbare Einheit von Sicherungsrecht und Forderung wird durch die Unteilbarkeit des Sicherungsrechts bestätigt, Art. 13 I.

Auch wenn ein Rechtsnachfolger des *Schuldners*, z.B. sein Erbe, einen Teil der Schuldforderung begleicht, kann er ein teilweises Erlöschen des Sicherungsrechts nicht verlangen. Das Erlöschen des Sicherungsrechts ist erst bei vollständiger Begleichung der Schuldforderung möglich, Art. 13 II, weil Sicherungsrecht und Schuldforderung als Ganzes akzessorisch verbunden sind.

Andersherum hat ein Rechtsnachfolger des *Gläubigers* auch nicht die Möglichkeit, das Sicherungsrecht erlöschen zu lassen, wenn er seinen Teil der Schuldforderung erfüllt bekommen hat, weil das mit der Forderung verbundene Sicherungsrecht nur bei der vollständigen Begleichung der Forderung erlischt. Eine andere Lösung würde zu Lasten der übrigen Rechtsnachfolger des Gläubigers gehen, die dann kein Sicherungsrecht mehr hätten, Art. 13 III.

Außerdem folgt das Sicherungsrecht dem Sicherungsgegenstand. Wird über das mit dem Sicherungsrecht belastete Gut verfügt, so wird derjenige, der das Gut in Besitz nimmt, zum Sicherungsschuldner, Art. 24 I. Es gibt somit ein Verfolgungsrecht des Gläubigers, „droit de suite" genannt.[177] Beim Erwerb des Sicherungsgegenstands durch einen Dritten ist dieser grundsätzlich mit dem Sicherungsrecht belastet, was der aktuellen Regelung für das Unternehmenspfandrecht entspricht (Art. 11 Hyp.). Das Risiko des Verfolgungsrechts ist dem neuen Sicherungsschuldner zuzumuten, weil die Belastung des Gegenstands durch das Register drittwirksam und öffentlich ist, der Erwerber also wissen kann, in welche Position und in welche Rechte und Pflichten er eintritt.

Wenn man gleichzeitig die grundsätzliche Einräumung einer freien Verfügungsmacht des Sicherungsschuldners aus Art. 21 vor Augen hat, mag dieses Verfolgungsrecht zunächst widersprüchlich erscheinen.[178] Schließlich wird der Gläubiger grundsätzlich dadurch geschützt, dass sich sein Sicherungsrecht an den Forderungen fortsetzt, die an die Stelle des Gegenstandes treten. Dabei bleibt dann auch der eigentliche Sicherungsschuldner Anspruchsgegner. Deshalb gibt es auch drei Ausnahmen von dieser Regelung: Der Erwerber ist vor dem Verfolgungsrecht des Schuldners geschützt, wenn der Sicherungsschuldner zur Verfügung im Rahmen der normalen Betriebsführung (gemäß Art. 21) berechtigt gewesen ist, so z.B. bei Vorräten. Gleiches gilt, wenn dem Sicherungsschuldner ein Recht zur Verfügung eingeräumt wurde. Außerdem kann der Erwerber in gutem Glauben (Art. 2279 belg. C.c.) sein, auch wenn die Verfügung nicht im Rahmen der normalen Betriebsführung erfolgt. Ob und in welchem Umfang für den guten

---

[177] Dirix, De hervorming, 25.
[178] Derijcke, RDC 2013, 704.

Glauben eine Untersuchungspflicht vonnöten ist, ergibt sich aus den Umständen, die durch die Rechtsprechung festgelegt sind.[179] Denn nur die Unternehmer sind gemäß Art. 25 zur Konsultation des Registers verpflichtet und können nicht lastenfrei erwerben, wenn das Sicherungsrecht registriert ist.

Da das Sicherungsrecht nicht ohne Forderung bestehen kann, geht das Sicherungsrecht über, wenn die besicherte Forderung abgetreten wird, Art. 23 I. Damit kann auch ein Übergang von Surrogaten oder Früchten gemeint sein; hier sieht der Gesetzgeber eine weite Auslegung vor.[180] Die Übertragung des Sicherungsrechts wird jedoch erst drittwirksam, wenn ein Registereintrag erfolgt oder der Besitz der Sicherungsgegenstände an den Zessionar abgetreten wird, Art. 23 II. Dabei wird keine neue Vereinbarung eingetragen, sondern nur die Abtretung registriert. Dementsprechend bleibt der ursprüngliche Rang gesichert.[181] Bei einer erlaubten teilweisen Abtretung der Forderung wird das Sicherungsrecht in demselben Verhältnis übertragen, Art. 23 III. Die Regelung zur Drittwirksamkeit stellt einen Gleichlauf mit der Regelung im Hypothekenrecht her.[182]

2. Durchbrechung der Akzessorietät: Verwaltungstreuhand

Begrüßenswert ist die Einführung einer Verwaltungstreuhand.[183] Eine treuhänderische Verwaltung ermöglicht eine vereinfachte Bestellung der Sicherheit und einen Austausch von Gläubigern ohne Sicherheits- oder Rangverlust. Zugleich können Beitreibung und Verwertung gebündelt durchgeführt werden.[184] Daher war die Einführung dieser Möglichkeit erklärtes Ziel des Gesetzgebers. An der Vereinbarung des Sicherungsrechts müssen Gläubiger und Schuldner nun nicht mehr unbedingt persönlich mitwirken.

Gemäß Art. 3 kann sich der Gläubiger oder eine Mehrheit von Gläubigern durch einen Stellvertreter, der in eigenem Namen, aber auf Rechnung des Gläubigers handelt, vertreten lassen, solange die Identität des Gläubigers aus der Vereinbarung feststellbar ist. Dann ist die Vereinbarung gültig und drittwirksam. Dem Gläubiger kommen alle vermögenswerten Rechte aus der Vereinbarung zu, Art. 3 I. Da das Sicherungsrecht nicht Teil des Vermögens des Stellvertreters

---

[179] Dirix, De hervorming, 25.
[180] Exposé des Motifs, 45.
[181] Steennot, in: Baeck/Kruithof, 60.
[182] Exposé des Motifs, 46.
[183] Derijcke, RDC 2013, 701; Dirix/Sagaert, EPLJ 2014, 244.
[184] Exposé des Motifs, 9.

wird und die Vereinbarung Drittwirksamkeit entfaltet, haben seine Gläubiger keinen Zugriff darauf.[185]

Der Stellvertreter kann sämtliche Rechte und Pflichten des eigentlichen Gläubigers ausüben; dementsprechend haftet der Gläubiger auch für sämtliche Versäumnisse und Fehler seines Stellvertreters.[186] Umgekehrt haftet der Vertreter bei von ihm verschuldeten Versäumnissen mit dem Begünstigten gesamtschuldnerisch, Art. 3 II, sofern nichts Gegenteiliges vereinbart ist. Tritt ein solcher Fall ein, dann kann der Vertreter allerdings auch sämtliche prozessuale Mittel benutzen, die dem Gläubiger zur Verfügung stehen.[187]

Die Verwaltungstreuhand führt zu einer Durchbrechung des Akzessorietätsgrundsatzes, weil die Schuldforderung den Gläubigern zusteht, das Sicherungsrecht aber zugunsten des Treuhänders vereinbart wird, sodass Forderung und Sicherheit entkoppelt werden.[188] Das Sicherungsrecht wird also nicht zugunsten der Person vereinbart, die Gläubiger der besicherten Forderung ist. Bisher scheiterte eine treuhänderische Verwaltung am Erfordernis der festgelegten Identität des Gläubigers in der Sicherungsvereinbarung, sodass stets eine Vertragsänderung notwendig wurde, wenn der Gläubiger ausgewechselt wurde.[189]

Die Neuregelung erleichtert den Rechtsverkehr, weil im Wirtschaftsleben nicht selten mehrere Gläubiger an einem Sicherungsgeschäft beteiligt ist, die auf diese Weise durch eine Person vertreten werden können. Sie wird als eine der wichtigsten Änderungen angesehen und wurde sehnlichst erwartet, da die Konstellation vor allem bei Kreditunternehmen immer häufiger genutzt wird.[190] Sicherheitslücken sind nicht zu befürchten, da sich der Schuldner an den Gläubiger zu halten hat und eine Insolvenz des Vertreters nicht von Belang ist.[191]

C. Registerpfand

Der belgische Gesetzgeber hat sich im Zuge der Reform für die Einführung eines allgemeinen besitzlosen Sicherungsrechts entschieden. Begleitet wird die Einführung von der Inbetriebnahme eines nationalen, elektronischen Registers, das in

---

[185] Exposé des Motifs, 35.
[186] Exposé des Motifs, 35.
[187] Exposé des Motifs, 35.
[188] Dirix, De hervorming, 50; Dirix/Sagaert, EPLJ 2014, 244.
[189] Cattaruzza, Droit bancaire et financier 2013, 187.
[190] Derijcke, RDC 2013, 701; Grégoire, Droit bancaire et financier 2016, 82; Steennot, in: Baeck/ Kruithof, 40.
[191] Avant-Projet de loi, 47.

Art. 26–38 ausführlich geregelt wird. Das Register ergänzt und ersetzt die Besitzübertragung als Publizitätsmittel; ohne ein solches Register wären allein publizitätslose besitzlose Mobiliarsicherungsrechte (oder eben der gänzliche Verzicht
auf diese) möglich. Die Herstellung der Drittwirksamkeit durch Eintragung des
Sicherungsrechts in ein nationales Pfandregister, Art. 26 I, wird als fundamen-
talste Neuregelung angesehen.[192] Zentrale Funktionen des Registers sind die Offenlegung der Sicherungsrechte zur Information über die Vermögensverhältnisse sowie die Klärung der Rangfolge von Sicherheitsrechten.[193]

Allerdings soll nicht die tatsächliche Rechtslage wiedergegeben werden, wie
dies beim deutschen Grundbuch der Fall ist. Angelehnt an seine Vorbildmodelle
erklärt der belgische Gesetzgeber, dass er für die Registereinträge ein „notice filing"-System vorsieht.[194] Ein solches System zeichnet sich durch folgende Charakteristika aus:

Der Eintrag in das Register ist keine Entstehungsvoraussetzung für das Sicherungsrecht.[195] Vielmehr dient er sowohl den Interessen der Parteien als auch interessierten Dritten: Auf der einen Seite regelt er das Rangverhältnis der Gläubiger vorhersehbar und verlässlich nach der „first to file"-Regel, auf der anderen
Seite werden interessierte Dritte darüber informiert, dass der Sicherungsgeber
sein Vermögen mit Sicherungsrechten belastet haben könnte, sodass diese eine
informierte Entscheidung über die Kreditvergabe treffen können.[196]

Sowohl für die Festlegung der Rangfolge als auch für die Warnfunktion ge-
nügen eine generelle Beschreibung des Sicherungsgegenstands und die Angabe
der Namen und Kontaktdaten von Schuldner und Gläubiger. Das Informations-
system ist nämlich zweistufig ausgestaltet: Die sogenannte „notice" oder Notiz
dient lediglich als Hinweis, Details über die Belastung des Sicherungsgegenstandes erfährt man erst durch Anfrage beim jeweiligen Gläubiger, dessen Kontaktdaten im Register angegeben sind.[197]

Konsequenterweise handelt es sich daher auch nicht um ein sogenanntes „as-
set-based register" wie das Grundbuch, wo die Eintragungen nach dem Titel abgelegt werden. Stattdessen wird ein „debtor-based register" eingeführt, d.h. die
Registereinträge erfolgen unter dem Namen des Sicherungsschuldners.

Das „notice filing" ist außerdem vom „transaction filing" abzugrenzen. Während das „notice filing" tatsächlich nur einen Hinweis auf mögliche Belastungen

---

[192] Exposé des Motifs, 47.
[193] Exposé des Motifs, 22.
[194] Exposé des Motifs, 22.
[195] So Art. IX.-2:101 DCFR.
[196] Sigman/Kieninger, Introduction, in: Sigman/Kieninger (Hg.), Cross-Border Security over Tangibles, 2007, 42 f.
[197] Sigman/Kieninger, in: Cross-Border Security, 44 f.

gibt und eine zweite Ebene der Informationsbeschaffung beim Gläubiger vorsieht, wird beim „transaction filing" die gesamte Sicherungsvereinbarung mit allen Daten registriert, sodass die Auskunft durch den Gläubiger obsolet ist.

Ein Register besitzt allerdings nur eine Existenzberechtigung, wenn es tatsächlich genutzt wird. Dem können verschiedene Aspekte entgegenstehen: Eine
komplizierte Funktionsweise kann zu hohen Kosten durch Personal- und Verwaltungsaufwand führen, die sich wiederum in hohen Eintragungsgebühren nie-
derschlagen und Nutzer abschrecken können. Auch Hürden bei der Eintragung
können Nutzer davon abhalten, das Register zu nutzen. Hier ist vor allem an
übertriebene Eintragungsvoraussetzungen zu denken. Wenn der Zugang
schlecht geregelt ist, können zudem bestimmte Gruppen das Register möglicherweise gar nicht nutzen.

Mangelt es an einer übergreifenden Nutzung, dann ist das Register unvollständig und bietet keine umfassende Rechtssicherheit. Deshalb soll das belgische
Register bezüglich dieser Punkte im Folgenden untersucht werden. Eine lücken-
lose Darstellung ist dabei nicht intendiert und aufgrund der bisher nicht erfolg-
ten Detailregelungen durch ein königliches Dekret[198] auch gar nicht möglich. Die
Grundsatzregelungen sind jedoch bereits im Gesetz festgelegt und einer Analyse
zugänglich.

Insbesondere die Erarbeitung des Registers wurde von der Rechtsvergleich-
ung stark beeinflusst, ist sie doch gerade im Kreditsicherungsrecht ein bedeu-
tendes Reforminstrument. [199] Als Inspirationsquelle dienten Art. 9 UCC und der
DCFR sowie die Empfehlungen des UNCITRAL Legislative Guide on Secured
Transactions.[200] Auch deutsche Juristen haben durch ihre rechtsvergleichenden
Arbeiten einen Teil dazu beigetragen.[201]

---

[198] Der „arrêté royale" ist eine Besonderheit des belgischen Rechts. „Königliches Dekret" bedeutet
nicht, dass der König inhaltlich entscheidet, sondern dass eine Materie in ihrer Ausführung näher
geregelt wird – wie bei einer Verordnung. Das Reformgesetz nimmt mehrfach auf das Dekret
Bezug, dessen Erscheinungsdatum aber noch nicht feststeht.

[199] Dirix, ZEuP 2015, 274.

[200] Exposé des Motifs, 16 ff. Zu weiteren Vorbildern mit Quellenangaben Pieters, Het pandregister,
in: Baeck/Kruithof (Hg.), Het nieuwe zekerheidsrecht, 2014, 80.

[201] Dirix, ZEuP 2015, 274.

I. Allgemeines

Das zentrale Registersystem wird als komplette Neuerung eingeführt. Es ist anders als die bisher existierenden dezentralen und papierbasierten Register ausgestaltet und muss dementsprechend ausführlich geregelt werden. Der belgische Gesetzgeber will das System national und elektronisch zugänglich ausgestalten.[202]

Das „Nationale Pfandregister" wird elektronisch beim „Hypothekendienst der Generalverwaltung Vermögensdokumentation des Föderalen Öffentlichen Dienstes Finanzen" geführt, Art. 26 I. Das Datenverarbeitungssystem dient der Registrierung und der Auskunft über besitzlose Sicherungsrechte sowie ihrer Änderung, Erneuerung, Abtretung oder Streichung und der Rangabtretung des Registereintrags, Art. 26 II. Nach der neuesten Gesetzesversion gilt dies auch für den Eigentumsvorbehalt.[203] Art. 26 V legt daher fest, dass die Art. 27, 28, 32 –37 analog auf die Registrierung des Eigentumsvorbehalts anzuwenden sind. Art. 27 schreibt eine Authentifizierung des Benutzers bei jeder Registrierung, Konsultierung, Änderung, Erneuerung, Streichung, Rangabtretung oder Abtretung des Sicherungsrechts vor. Die Art und Weise der Authentifizierung wird noch mit den allgemeinen technischen Möglichkeiten abgestimmt, wobei auch auf datenschutzrechtliche Probleme Rücksicht genommen werden soll.[204]

Diesbezüglich bleibt abzuwarten, wie umständlich dieser Prozess ausgestaltet sein wird, immerhin ist die Authentifizierung für jeden Arbeitsschritt notwendig.

Jegliche Aktivität bezüglich des Registers soll mit Kosten belegt werden, deren Höhe noch durch das königliche Dekret festzulegen ist, Art. 28. Welche Gruppen und Institutionen von der Kostenpflicht ausgenommen werden, wird erst durch das königliche Dekret bestimmt (Art. 28 II). Allerdings könnten die Zugangsgebühren im Vergleich zu anderen Registersystemen höher ausfallen, weil das Finanzministerium durch den Betrieb Gewinne erzielen will.[205] Das Exposé deutet dies an[206], macht aber zugleich deutlich, dass diese Kosten nicht zu hoch ausfallen dürfen, damit sie die Nutzer nicht abschrecken.

Im Gegensatz zum Expertenvorschlag ist die kostenlose Nutzung durch den Sicherungsschuldner bereits normiert. Dies erscheint sinnvoll, hat er doch das

---

[202] Exposé des Motifs, 47.
[203] Exposé des Motifs II, Änderungsartikel 11, 10.
[204] Exposé des Motifs, 48.
[205] Dirix, ZEuP 2015, 282.
[206] Exposé des Motifs, 48: „ Un registres[…] est en outre susceptible de générer des recettes via les redevances…".

Recht, den Registereintrag, der stets dem Sicherungsgläubiger obliegt, zu überprüfen. Müsste er für die Nutzung zahlen, so würde er möglicherweise vor den Kosten zurückschrecken und auf sein Überprüfungsrecht verzichten.

Nachdem der Zugang für jedermann öffentlich sein wird, erscheint es sinnvoll, ihn zumindest durch eine Zugangsgebühr zu kontrollieren. Die Effektivität hängt allerdings tatsächlich stark davon ab, welche Gruppen kostenfreien Zugang erhalten und wie hoch die Gebühren für andere Gruppen sein werden. Unklar bleibt zudem, wer kontrollieren wird, ob die Nutzer jeweils in eine der Kategorien fallen. Bei einem offenen Zugang wird der Prüfungsaufwand voraussichtlich hoch sein.

II. Registereintrag

1. Allgemeines

Grundsätzlich obliegt es dem Sicherungsgläubiger, sein Sicherungsrecht zu registrieren; berechtigt wird er dazu in Art. 29 I. Schließlich hat vor allem er Interesse daran, dass das Sicherungsrecht Dritten gegenüber wirksam wird und er seinen Rang durch Eintrag sichert.[207] Zugleich übernimmt er verschuldensunabhängig die Schadenshaftung bei Falscheintragung, da er stets für den Eintrag verantwortlich ist, Art. 29 II. Schließlich muss er den Pfandschuldner schriftlich über die Eintragung informieren, Art. 29 II, III. Die Information des Schuldners dient der Zweitkontrolle – dieser kann den Eintrag überprüfen und mögliche Fehler aufdecken.[208]

An dieser Vorschrift wird deutlich, dass die Rolle des Registerführers eine passive ist. Der Gläubiger trägt die belasteten Sachen ein, der Schuldner kontrolliert – nicht aber die Registerstelle selbst.

Außerdem ist durch die letzte Änderung des Gesetzesvorschlags ein zweiter Abschnitt zum Artikel 29 hinzufügt worden. Hierin werden die Regelungen des ersten Abschnitts dem Inhalt nach wiederholt, allerdings angepasst an die Terminologie beim Eigentumsvorbehalt. Der Gesetzgeber fügt diesen Abschnitt aus Gründen der Rechtssicherheit hinzu, um zum einen die fakultative Möglichkeit des Registereintrags für den Eigentumsvorbehalt aus Artikel 71 eindeutig zu regeln. Zum anderen deutet er an, dass diese Regelung zu einem späteren Zeitpunkt

---

[207] Grégoire, Droit belge: Perspectives de droit des sûretés: vers une nouvelle maîtrise du risque, Revue de droit bancaire et financier 2016, 82.

[208] Exposé des Motifs, 49.

grundsätzlich für eine eventuelle Registrierung des Eigentumsvorbehalts und Leasings genutzt werden könne.[209]

Die Vorschrift des Art. 29 weicht stark vom Expertenvorschlag ab. Dieser normierte noch im ersten Absatz, dass eine Eintragung vor oder nach der Vereinbarung möglich sei – eine solche Regelung ist insofern bedeutsam, als die Rangfolge bereits vor Vereinbarung, also während Verhandlungen, festgelegt werden kann.

Die Neuregelung legt den Schwerpunkt stattdessen auf den Inhalt des Eintrags – es müssen alle Daten, die in Art. 30 vorgesehen sind, bezüglich der besicherten Gegenstände eingetragen werden. Wieder wird die genaue Beschreibung betont. Im Grunde wird also keine kleine Notiz für das Register vorgesehen, sondern die gesamte Vereinbarung wie in Art. 4 wiederholt (transaction statt notice filing). Der Expertenvorschlag war vom Wortlaut her an dieser Stelle offengeblieben. Er sah noch keine explizite Pflicht des Sicherungsgläubigers vor, den Schuldner zu informieren; es sollte generell über eine Eintragung oder deren Änderung informiert werden. Nach der Gesetzesregel soll nun der Sicherungsgläubiger den Sicherungsschuldner schriftlich über die Eintragung informieren, Art. 29 III. Wenn man bedenkt, dass der Sicherungsgläubiger den Eintrag vornimmt, so ergibt die Präzisierung Sinn und ist zu begrüßen. Das Register ist passiv, also ohne eine aktiv kontrollierende Instanz ausgestaltet, sodass keine andere Person zur Information infrage kommt. Es wäre allenfalls eine automatische Benachrichtigung möglich. Außerdem ist der Sicherungsgläubiger auch bei Vorliegen eines Faustpfands letztlich berechtigt, das Sicherungsrecht zu registrieren, wie es aus dem allgemein gehaltenen Wortlaut des Art. 29 I hervorgeht. Allerdings werden beim Faustpfand Publizitätszeitpunkt und Rang durch die Besitzaufgabe festgelegt, sodass der Zeitpunkt der Eintragung keinerlei rechtliche Konsequenzen hat, sondern vielmehr mit einem weiteren Datum verwirrt.[210]

2. Inhalt des Registereintrags

Art. 30 bestimmt die anzugebenden Daten, die denen im Schriftstück über das Pfand (Art. 4) entsprechen müssen:

1. Identität des Sicherungsgläubigers oder seines Vertreters im Sinne des Art. 3,
2. Identität des Sicherungsschuldners,

---

[209] Exposé des Motifs II, Änderungsartikel 11, 10.
[210] Julienne, RDC 2014, 659.

3. die Identität des Bevollmächtigten, falls ein Fall des Art. 3 vorliegt,
4. Bestimmung der mit dem Sicherungsrecht belasteten Güter,
5. Bestimmung der besicherten Forderungen, die Gegenstand des Eintrags sind,
6. Höchstbetrag, bis zu dem die Forderungen besichert und Gegenstand der Eintragung sind,
7. Erklärung des Sicherungsgläubigers oder seines Vertreters darüber, dass er für jeglichen Schaden haftet, der sich eventuell aus der Eintragung fehlerhafter Daten ergibt.

Bezüglich der Identitätsbestimmung (Nrn. 1–3) müssen bei einer natürlichen Person (a) der Nachname, die ersten zwei Vornamen, das Land, die Postleitzahl, die Unternehmensnummer (falls vorhanden) oder die nationale Registernummer bei Berechtigung zur Verwendung und das Geburtsdatum angegeben werden.

Bei einer juristischen Person müssen ihre Firma, die Gesellschaftsform, Land, Postleitzahl und Gemeinde des Sitzes und die Unternehmensnummer (falls vorhanden) angegeben werden.

Auch zum Artikel 30 wurde durch die letzte Änderung ein zweiter Abschnitt hinzugefügt, der den Eigentumsvorbehalt regelt.

Punkt 1 bis 3 sind dabei identisch mit den Erfordernissen beim Sicherungsrecht.

Punkt 4 verlangt die Bestimmung der verkauften Sachen, die Gegenstand der Eintragung sind, Punkt 5 erfordert die Angabe der Höhe des nicht gezahlten Kaufpreises zum Zeitpunkt der Eintragung. Zuletzt wird ebenfalls die Haftungserklärung gefordert. Diese „rudimentären" Daten sollen dem interessierten Dritten einen Überblick darüber geben, in welchem Umfang der Schuldner seine Vermögensgegenstände belastet hat.

Das Erfordernis der Angabe der besicherten Forderungen wurde abweichend vom Expertenvorschlag ergänzt. Seine Sachdienlichkeit wurde ebenso wie die Angabe der Identität des Sicherungsgebers vom Staatsrat angesichts der Zweckbestimmung hinterfragt, ist aber laut Gesetzgeber (ohne nähere Begründung) für eine umfassende Information des Dritten notwendig.[211]

---

[211] Exposé des Motifs, 50.

Die Erklärung des Pfandgläubigers wird gefordert, weil sie das Gegenstück zur Berechtigung des Sicherungsgläubigers darstelle, die Registrierung vornehmen zu können.[212]

Unklar sind die Folgen, wenn gar kein Schriftstück vorliegt. In Art. 29 I wird auf die einzutragenden Daten des Artikels 30 verwiesen, die dieselben wie im Schriftstück aus Artikel 4 sein sollen. Art. 15 wiederum macht die Drittwirksamkeit von der Beachtung des Art. 29 I abhängig. Nach einer Ansicht ist die Sicherungsvereinbarung gültig, aber nicht drittwirksam, denn die Daten aus einem Schriftstück können nicht eingetragen werden.[213]

Der Expertenvorschlag sah weiterhin einen Artikel vor, der nun leicht verändert auch wieder im endgültigen Gesetzesvorschlag auftauchte, und zwar als Unterpunkt zu Art. 30 I Nr. 1 und Nr. 2: Dort wird spezifiziert, wie die Identität der Parteien anzugeben ist.

Die Bestimmung der Identität nach den Gebräuchen des Herkunftslandes bei ausländischen Personen wurde allerdings nicht übernommen.

Demnach misst der Vorschlag gerade der Identität der Parteien eine wichtige Rolle zu. Angesichts der Bedeutung der Identität des Sicherungsschuldners für die Suche im Register und des Sicherungsgläubigers für die Kontaktaufnahme durch interessierte Dritte erscheint eine explizite Regelung dahingehend sinnvoll. Andererseits kann eine genaue Beschreibung datenschutzrechtlichen Bedenken begegnen, wobei die Informationen allerdings auch in Firmenregistern etc. aufzufinden sein sollten. Immerhin werden keinerlei genaueren Informationen zur Vermögenslage offengelegt.

Art. 31 bestimmt daran anknüpfend, dass eben jene Daten durchsucht werden können[214]; hinzu kommen die Registrierungsnummer und das Datum der Registrierung.

Der Expertenvorschlag sah noch nicht vor, dass man nach der Haftungserklärung des Sicherungsgläubigers suchen kann – da die Haftungsfolgen sowieso gesetzlich vorgeschrieben sind, erscheint dies auch nicht notwendig.

3. Fehlerfolgen beim Registereintrag

Fehler bei der Registereintragung haben unterschiedliche Konsequenzen, grundsätzlich ist die Unwirksamkeit als Fehlerfolge aber selten:

---

[212] Exposé des Motifs, 49. Avant-Projet de loi, 61.
[213] Steennot, in: Baeck/Kruithof, 36.
[214] Grégoire, Droit bancaire et financier 2016, 83.

Besonders bedeutsam ist die korrekte Angabe des Sicherungsschuldners. Liegt diesbezüglich ein Fehler vor, so ist die Registrierung unwirksam, es sei denn, der Registereintrag kann trotzdem anhand der korrekten Daten gefunden werden, Art. 15 II.

Die Registereinträge sind unter dem Namen des Sicherungsschuldners abgelegt und werden durch Angabe seines Namens gesucht, weshalb ein Fehler in dieser Hinsicht besonders schwer wiegt. Er führt in der Regel dazu, dass der Eintrag nicht auffindbar ist.[215] Allerdings soll die Funktion des Registers möglichst weitgehend gesichert werden, sodass eine Ausnahme gilt, sofern der Eintrag dennoch auffindbar ist. So wird eine Suche im Zweifel erfolgreich sein, wenn es lediglich einen Fehler in der Groß- bzw. Kleinschreibung des Namens gibt. Allerdings muss zunächst auch noch festgelegt werden, was genau der „Name" der juristischen oder natürlichen Person ist, z.B. ob Gesellschaftsformen oder Mittelnamen angegeben werden müssen. Gerade bei Ausländern stellt sich die Frage, welcher Name aus welchem Dokument übernommen werden muss. Auch nähere Regelungen für den Fall einer Namensänderung stehen noch aus.

Konkrete Richtlinien für die Festlegung der Identität des Gläubigers gibt das Gesetz an dieser Stelle nicht. Der Kommentar verweist auf die Empfehlungen 56 ff. des UNCITRAL Legislative Guide[216], die nähere Regelungen vorsehen. Hier gewinnt allerdings das noch ausstehende königliche Dekret, in dem die Modalitäten näher geregelt werden sollen, an Bedeutung. Außerdem hängt die Möglichkeit der Auffindbarkeit des Namens trotz eines Fehlers vom verwendeten Suchalgorithmus ab. Demnach ist abzuwarten, wie eng oder weit Ergebnisse im Fehlerfall angezeigt werden. Wird der Suchende mit zu vielen ähnlichen Ergebnissen konfrontiert, arbeitet das Register nicht mehr effektiv.

Die fehlerhafte Identifizierung der Person des Sicherungsgläubigers, seines Vertreters bzw. die fehlerhafte Bestimmung der Sicherungsgegenstände führen zwar auch zur Unwirksamkeit der Registrierung, allerdings sind die Anforderungen an eine Heilung nicht so hoch: Wenn eine „vernünftige Person" eine Suche durchführt und „nicht ernsthaft in die Irre" geführt wird, so bleibt der Eintrag wirksam, Art. 15 III. Damit wird ein objektiver Test eingeführt; es muss geprüft werden, ob ein Suchender theoretisch in die Irre geführt worden wäre. Bei einem geringfügig falsch geschriebenen Namen wird dies im Zweifel zu verneinen sein. Inwieweit eine fehlerhafte Bestimmung der Sicherungsgegenstände schädlich ist, wird erst das königliche Dekret oder die Rechtsprechung zeigen; hierzu gibt es

---

[215] Exposé des Motifs, 42.
[216] Vgl. Empfehlungen 56–65 des UNICTRAL Guide, 165–171.

noch keine Angaben. Allerdings ist zu bemerken, dass eine generelle Beschreibung ausreichend ist, sodass die Fehleranfälligkeit in diesem Punkt nicht zu hoch ausfallen wird. Eine fehlerhafte Bestimmung der besicherten Forderung oder des Höchstbetrags führen gar nicht erst zur Unwirksamkeit, Art. 15 IV.

Nach einer Ansicht soll allerdings entgegen dieser Tendenz ausgerechnet die fehlende Erklärung der Schadenshaftung des Sicherungsgläubigers automatisch zur Unwirksamkeit der Eintragung führen, weil ihr Fehlen nicht bei den Fehlerfolgen geregelt wird.[217] Träfe dies zu, so wäre das wirklich „kontraintuitiv", da die Haftung des Eintragenden vorauszusetzen ist. Aus diesem Grunde ist die fehlende Haftungserklärung meines Erachtens unschädlich, auch wenn dies nicht ausdrücklich geregelt wird.

Zu kritisieren ist ferner die Verwendung subjektiver Umschreibungen: Was eine „vernünftige" Person ist und wann diese „ernsthaft in die Irre geführt" wird, ist Auslegungssache und führt deshalb zunächst einmal zu Rechtsunsicherheit. Wenngleich die Regeln UNCITRAL-Empfehlungen folgen und somit durchaus international anerkannt werden[218], bleibt abzuwarten, ob diese praktisch gut durchführbar sind. Der doppelt subjektive Standard verstärkt dieses Problem. Als Kriterium wäre es vollkommen ausreichend, darauf abzustellen, ob eine vernünftige Person einem Fehler unterliegt, der zu weiteren Fehlern führen kann.[219] Dies ist gerade bei der Heilung durch eine dennoch mögliche Auffindbarkeit zweifelhaft: Es ist bisher unklar, welche Maßstäbe bei der Suche angelegt werden müssen, da es verschiedene Herangehensweise an eine Suche gibt. Hinzu kommen die diesbezüglichen Beweisschwierigkeiten.

4. Änderungen

Art. 32 regelt die Berechtigung des Sicherungsgläubigers zur Vornahme von Änderungen, falls sich die zugrundeliegende Sicherungsvereinbarung ändert, fehlerhafte Eintragungen existieren oder eine Aktualisierung notwendig wird, Art. 32 I. Die Art und Weise der Veränderung wird durch die Parteivereinbarung und die Vorgaben des königlichen Dekrets geregelt.

Diese Regelung ist insofern sinnvoll, als dadurch die gesamte Bandbreite des Eintrags – dessen Entstehen, Änderung, Löschen – in einer Hand ist und eine übersichtliche Pflichtenverteilung gegeben ist.

---

[217] Derijcke, RDC 2013, 706.

[218] Exposé des Motifs, 42. Die Fehlerfolgen sind in Anlehnung an die Empfehlungen 58 ff. des UNCITRAL Guide normiert worden.

[219] Cattaruzza, Droit bancaire et financier 2013, 190.

Bei einer Änderung bleibt auch der originale Eintrag bestehen, Art. 32 II. So kann eine nachträgliche Kontrolle und die Nachvollziehung von Änderungen ermöglicht werden. Der Gläubiger muss den Sicherungsschuldner über die Änderung schriftlich in Kenntnis setzen, Art. 32 III. Dies ist im Einklang mit der Pflicht beim originären Eintrag. Hier wird wiederum das Kontrollrecht des Sicherungsschuldners verankert.

Der Expertenvorschlag hatte noch keine Informationspflicht im Falle von Änderungen vorgesehen. Auch hatte er keine Gründe benannt, weshalb der Sicherungsgeber eine Änderung eintragen darf, sondern nur, dass dies später möglich ist, solange der anfängliche Eintrag nicht erweitert wird. Die nachträgliche Ergänzung präzisiert dieses Recht.

Bemängeln könnte man allenfalls wieder die Pflicht zur schriftlichen Benachrichtigung. Eine automatisierte Benachrichtigung wäre unkomplizierter.

Aus Art. 32 I lässt sich entnehmen, dass sowohl eine Erweiterung als auch eine Verringerung der Haftung durch Vereinbarung möglich sind. Danach ist grundsätzlich eine Änderung der Registereintragung möglich; Einschränkungen sind im Normtext nicht vorgesehen. Die Möglichkeit an sich ist jedoch weder im Gesetz noch in den Gesetzesmaterialien angesprochen worden.[220]

Außerdem ist die Unterscheidung von Änderung und teilweisem Löschen und Erneuern des Eintrags, wie sie in Art. 35, 36 geregelt ist, nicht ganz trennscharf. Die Änderung betrifft anscheinend die zugrundeliegende Vereinbarung und eine Änderung des Eintrags infolgedessen, wohingegen Art. 35, 36 auf den Eintrag selbst abstellen. Da dieser jedoch ebenfalls auf der Vereinbarung beruht, ist der jeweilige Anwendungsbereich nicht klar abgegrenzt. Art. 33 normiert als Gegenstück den Anspruch des Sicherungsschuldners gegen den Gläubiger auf Streichung oder Änderung fehlerhafter Daten.

Bei der letzten Gesetzesüberarbeitung wurde Art. 33 II gestrichen. Dieser sah bei einer Weigerung des Gläubigers, fehlerhafte Daten zu ändern oder zu streichen, eine kostenlose Überprüfung durch die Registerstelle auf Antrag des Schuldners vor.

Diese Änderung ist zu begrüßen. Die Möglichkeit der Anrufung des Hypothekendienstes, also der verwaltenden Stelle, war nämlich unstimmig. Zwar wären die Gerichte zunächst entlastet, jedoch hätte die Registerstelle hierdurch die ihr ansonsten zugeteilte passive Rolle verloren. Bei einer solchen Kontrolle wären auch höherer Personaleinsatz und Mehraufwand die Folge gewesen.

---

[220] Faber, Entwicklungslinien und Entwicklungsperspektiven, 268.

Sofern der Gläubiger die Löschung oder Änderung verweigert, muss letztlich ein Gericht angerufen werden, auch wenn dies nicht explizit im Gesetz vorgesehen ist.[221] Nur ein Richter kann außerdem eine rechtliche Bewertung von fehlerhaften Einträgen vornehmen.

Eine solche fehlerhafte Eintragung würde nicht nur den Schuldner, sondern auch das Verhältnis des Gläubigers zu anderen Gläubigern des Schuldners betreffen, weshalb der Schuldner in keinem Fall einseitig Maßnahmen ergreifen können sollte.[222]

Der Expertenvorschlag sah in Artikel 33 ferner ein Recht aller registrierten Personen auf Zugang und Änderung vor. Diese Regelung wurde vom Staatsrat als überflüssig betrachtet und gestrichen.[223]

Hier ist dem Staatsrat zuzustimmen; wenn zu viele Parteien das Recht auf Eintragung, Änderung etc. haben, führt dies zu Unübersichtlichkeit. Zerstrittene Parteien könnten gegenseitig ihre Einträge ändern, ohne Gewähr auf dauerhafte Richtigkeit. Die klare Zuweisung ist vorzuziehen. Vor allem ist der Sicherungsschuldner insofern geschützt, als dass er in letzter Instanz den Vollstreckungsrichter anrufen kann und der Gläubiger grundsätzlich für fehlerhafte Eintragungen haftet, sodass einem Missbrauch vorgebeugt wird.

Artikel 32 und 33 zeigen deutlich die passive Rolle des Registers, wie sie in notice-filing-Systemen üblich ist[224]: Der Gläubiger trägt die Daten selbst ein; der Schuldner kontrolliert sie. Das Eingreifen eines Registerführers bei Eintragung und Abruf ist grundsätzlich nicht notwendig.[225] Die Haftung für Schäden, die sich aus der Eintragung fehlerhafter Daten ergeben können, obliegt dem Sicherungsgläubiger, Art. 29 II. Diese einseitige Haftung ergibt Sinn angesichts der Tatsache, dass er die Daten einträgt und aufgrund der passiven Rolle des Registerführers auch kein anderer die Daten verändert.

5. Dauer, Erneuerung und Löschung

Die Daten werden nach zehn Jahren automatisch gelöscht und sind nicht mehr im Register auffindbar, Art. 35 I, es sei denn, es erfolgt eine Erneuerung vor Ablauf der ersten zehn Jahre, die dann jeweils für weitere zehn Jahre gilt, Art. 35 II

---

[221] Derijcke, RDC 2013, 706. So nun auch Exposé des Motifs II, Änderungsartikel 15, 12.
[222] Exposé des Motifs II, Änderungsartikel 15, 12.
[223] Exposé des Motifs, 109.
[224] Faber, Entwicklungslinien und Entwicklungsperspektiven, 264.
[225] Loof/Berlee, 20.

und über die der Sicherungsgläubiger den Sicherungsschuldner wiederum schriftlich unterrichten muss, Art. 35 V.

Die Erneuerung erfolgt durch eine weitere Eintragung im Register, Art. 35 III.

Sie kann ganz oder teilweise erfolgen und mit einer Verringerung des Betrags der gesicherten Forderungen oder des Umfangs der besicherten Gegenstände einhergehen, Art. 35 IV. Außerdem muss sie die Registrierungsnummer und das Datum des ursprünglichen Eintrags enthalten.

Hier weicht das endgültige Gesetz sowohl von Gesetzesentwurf als auch Expertenvorschlag ab, indem die Dauer der Gültigkeit der Eintragung auf zehn statt fünf Jahren verlängert wird. Damit bewegt sich die maximale Dauer gerade noch im international gebräuchlichen Rahmen, der zwischen fünf und zehn Jahren liegt.[226]

Fraglich ist, ob diese Verlängerung tatsächlich sinnvoll ist. So werden vor allem eine Menge Eintragungen angesammelt. Es besteht stets die Möglichkeit, dass der Änderungs-/Löschungspflicht nicht rechtzeitig oder gar nicht nachgekommen wird oder das Sicherungsrecht nur kurzzeitig besteht.

Vor allem im ersten Fall bestehen eventuell Einträge sehr lange fort, obwohl sie nicht mehr relevant sind, und spiegeln eine unrichtige Vermögenslage wider.

Andererseits ist eine lange Dauer für langfristig vereinbarte Sicherungsrechte durchaus interessant, weil der Verlust des Rangs mangels einer Verlängerung des Eintrags eher vermieden wird.

Die gesonderten Regelungen zu vollständiger und teilweiser Erneuerung werden eingeführt, weil in einer teilweisen Erneuerung zugleich auch eine teilweise Löschung inbegriffen ist. Der Kommentar betont, dass dafür nicht zweimal Gebühren gezahlt werden sollen.[227] Deutlich wird am Wortlaut außerdem, dass eine Erhöhung der Forderungssumme oder der belasteten Gegenstände weder vorgesehen noch erlaubt ist.

Nicht nur die Erneuerung, sondern auch die Streichung des Sicherungsrechts aus dem Register obliegt dem Sicherungsgläubiger. Diese ist vorzunehmen, sobald die Schuld bezahlt wurde, Art. 36 I. Falls er die Löschung unterlässt, kann die Löschung gerichtlich gefordert werden, unbeschadet eines möglichen Schadensersatzanspruches und Verzugszinsen. Diese Regelung ist dem Staatsrat be-

---

[226] So der UNCITRAL Legislative Guide, 171 f.
[227] Exposé des Motifs II, Änderungsartikel 17–18, 15.

sonders wichtig, so soll der Sicherungsgläubiger sogar eine Kontrollpflicht dahingehend haben, dass der Eintrag gelöscht wird.[228] In Art. 36 II ist nun eine
teilweise Löschung normiert, sofern sich der Höchstbetrag vermindert, durch die
Verminderung der Forderungen oder eine Verringerung der registrierten Güter.
Wenn eine teilweise Löschung vorgenommen wird, bleibt der originale Eintrag
ebenfalls bestehen.

Die einvernehmliche Löschung ist nun nicht mehr vorgesehen. Stattdessen
muss der Schuldner sogleich das Gericht anrufen. Diese Änderung ist konsequent und entspricht dem Vorgehen, das in Artikel 33 vorgesehen ist.

Der Expertenvorschlag sah hier insgesamt eine wesentlich einfachere Regelung vor: Der Sicherungsgläubiger hätte jederzeit das Recht gehabt, den Eintrag
zu löschen. Nachdem allerdings ein Kontrollsystem für den Schuldner eingefügt
wurde, ist es sinnvoll, dass nur in dem einen für den Gläubiger relevanten Moment, bei Zahlung der Schuld, einseitig eine Löschung erfolgen kann. Insofern
folgt der Gesetzgeber auch der Anmerkung des Staatsrats, dass man diese Regel
präzisieren kann.[229]

Der Gesetzgeber lehnt richtigerweise den Vorschlag des Staatsrats ab, den
Gläubiger zu einer teilweisen Löschung zu verpflichten. Tatsächlich ist es in der
Praxis unrealistisch, dass dem Gläubiger bei jeder Änderung des Höchstbetrags
der Forderungen und des Umfangs der belasteten Güter die Bürde auferlegt werden soll, einen neuen Eintrag vorzunehmen.[230] Weder in Art. 33 noch Art. 36
wird ausgeführt, wie der Gläubiger die Streichung vornehmen soll. Liest man die
beiden Artikel gemeinsam, so obliegt die eigentliche Löschung dem Hypothekendienst auf Verlangen beider Parteien bzw. des Sicherungsschuldners allein.[231]

Eine Abtretung der Schuldforderung ist grundsätzlich durch Parteivereinbarung möglich, wird aber erst in dem Moment drittwirksam, in dem sie im Register eingetragen wird, Art. 37 I. Dies entspricht den Abtretungsregeln im Hypothekenrecht (Art. 5).[232]
Der Eintrag muss den Zessionar identifizieren und wird bei der Abfrage angezeigt, Art. 37 II. Durch die Akzessorietät geht nämlich das Sicherungsrecht auf
ihn über; dies muss wiederum publik gemacht werden. Nach einer Ansicht ist es

---

[228] Exposé des Motifs, 52.
[229] Exposé des Motifs, 113.
[230] Exposé des Motifs II, Änderungsartikel 17–18, 15.
[231] Derijcke, RDC 2013, 713.
[232] Exposé des Motifs, 53.

fraglich, ob dieser Eintrag notwendig ist, da das Informationsinteresse beim Sicherungsrecht geringer als bei den großen Werten wie im Immobiliar- und Hypothekenrecht sei.[233] Die Registrierung muss durch den Zedenten vorgenommen werden, Art. 37 III. Schließlich veranlasst dieser die Abtretung. Auch die Abtretung des Rangs ist möglich, muss aber ebenfalls im Register für die Herstellung der Drittwirksamkeit eingetragen werden, Art. 38 I. Die genauen Modalitäten werden noch durch den königlichen Erlass bestimmt. Die Registrierung der Rangabtretung obliegt demjenigen, der seinen Rang abtritt, bzw. seinem Vertreter oder ihrem Beauftragten im Sinne des Artikels 3, Art. 33 II.

Falls eine Rangabtretung vorliegt, wird sie bei der Abfrage des Registereintrags angezeigt, Art. 33 III.

Erst die Eintragung im Register bestimmt die Rangfolge, daher kann diese auch allein durch eine weitere Eintragung kenntlich gemacht und drittwirksam geändert werden.

Wünschenswert ist diese Regelung allemal, entspricht sie doch praktischen Bedürfnissen.

Die Angabe der Kreditvertragsnummer erscheint durchaus geeignet, um das Nachschieben späterer Kredite unter ein bestehendes Sicherungsrecht zum Nachteil dritter Gläubiger zu verhindern oder zu erschweren. Allerdings können die Parteien ohnehin die Besicherung sämtlicher gegenwärtiger und zukünftiger Verbindlichkeiten vereinbaren, insofern wäre also „Nachschieben" ohne weitere Eintragungen möglich und erlaubt.[234] Demnach ist die Angabe der Kreditvertragsnummer nicht notwendig.

Der Expertenvorschlag sah noch ein weiteres Verfahren mit Informationspflichten des Sicherungsgläubigers vor: So sollte dieser jedem interessierten und berechtigten Dritten auf dessen Nachfrage hin bei Einverständnis des Sicherungsschuldners binnen 14 Tagen Auskunft über das Bestehen des Sicherheitsrechts, die Höhe der Schuldforderungen und belasteten Gegenstände geben müssen.

Diese zweite Ebene der Informationsbeschaffung hat der belgische Gesetzgeber jedoch letztlich abgelehnt, obwohl sie eigentlich typisch für ein notice filing-System wäre.

---

[233] Grégoire, Droit bancaire et financier 2016, 84.
[234] Faber, Entwicklungslinien und Entwicklungsperspektiven, 268.

III. Zugang zum Register

Das Reformgesetz sieht nach der letzten Überarbeitung in Art. 34 einen offenen Zugang zum Register für alle vor. Die konkrete Zugangsregelung wird durch königlichen Erlass festgelegt werden.

Ein öffentlicher Zugang war bereits im Vorentwurf vorgesehen gewesen, stieß jedoch auf Widerstand.[235] Deshalb wurde dieser Artikel zunächst grundlegend geändert und sah explizit nur noch einen Zugang für Sicherungsschuldner und -gläubiger vor, während weitere Kategorien noch festgelegt werden sollten.

Letztlich hat man sich nun doch noch auf einen allgemeinen Zugang verständigt. Immerhin beruht das neue System ganz auf besitzlosen Sicherheiten und eben dem Register. Eine Einschränkung würde eine unterschiedliche Behandlung von Personen mit und ohne Zugang zur Folge haben, der zur Diskriminierung führen würde, die auch schwerlich durch Datenschutzgründe zu rechtfertigen wäre.[236] Wäre der Zugang nicht öffentlich, so wäre jedenfalls die Publizitätswirkung eingeschränkt. Hinzu kommt, dass die Prüfung eines legitimen Interesses viel Zeit und Geld gekostet hätte.[237] Weiterhin wären potenzielle ungesicherte Drittgläubiger dadurch gegenüber den gesicherten Drittgläubigern, die sowieso bereits eine stärkere Position innehaben, benachteiligt worden.[238] Genau diese Kritikpunkte beherzigt der Gesetzgeber schlussendlich und führt zudem aus, dass das Register den Gegenpart zum Faustpfand bilde. Solle der Publizitätsmodus für besitzlose Sicherheiten funktionieren, so müssten auch alle Kenntnis von der Eintragung haben.[239]

IV. Guter Glaube

Durch die Zulässigkeit besitzloser Sicherungsrechte besteht ferner das Risiko, dass der Schuldner über die Sache verfügt und ein gutgläubiger Erwerber die Sache lastenfrei erwirbt. Der gute Glaube ist im Falle der Registrierung jedoch beschränkt: Handeln die Erwerber im Rahmen ihrer beruflichen Tätigkeit, so können sie sich nicht auf den guten Glauben berufen, Art. 25, selbst wenn sie von einem Händler im normalen Geschäftsgang erwerben. Begründet wird das mit

---

[235] Faber, Entwicklungslinien und Entwicklungsperspektiven, 269.
[236] Derijcke, RDC 2013, 707.
[237] Faber, Entwicklungslinien und Entwicklungsperspektiven, 270.
[238] Faber, Entwicklungslinien und Entwicklungsperspektiven, 270.
[239] Exposé des Motifs II, Änderungsartikel 16, 12 ff.

ihrer Möglichkeit, das Register jederzeit konsultieren zu können, sowie ihrer Nachforschungspflicht aufgrund des geschäftlichen Hintergrunds des Erwerbs. Diese Vorschrift gilt jedoch nur für die Einzelrechtsnachfolger, d.h. diejenigen, die den Gegenstand direkt vom Schuldner erwerben.

Bei dieser Vorschrift ist unklar, warum nicht wieder auf den Verbraucher abgestellt wird, wie es im sonstigen Gesetzestext der Fall ist.[240] Allerdings kann man den Wortlaut des Artikels 25 so auffassen, dass nur berufsmäßige Erwerber das Register konsultieren müssen.[241] Zweifelhaft ist auch, ob die Regel praktikabel ist. Schließlich ist der Zugang laut dem letzten Gesetzesentwurf für alle offen. Wenngleich die Verbraucher mit Kosten belastet würden, wäre eine Nachforschungspflicht bei Privatverkäufen, wie sie im US-amerikanischen Recht vorgesehen ist, zu begrüßen. Immerhin erfolgt ein solcher Verkauf unter Privatleuten nicht im „gewöhnlichen Geschäftsgang", auf den Art. 24 verweist. Insbesondere da das Sicherungsrecht bei gutem Glauben unabhängig davon erlischt, wer es begründet hat, sollte die Gutgläubigkeit nicht zu sehr ausgedehnt werden.

V. Erste Bewertung des belgischen Systems

1. Eintrag

Die Neuregelung legt einen Schwerpunkt auf den Inhalt des Eintrags – Art. 30 erfordert die Angabe von mehr Daten, als für eine Notiz notwendig sind. Neben einer *genauen* Beschreibung des Sicherungsgegenstandes und den Namen und Adressen von Sicherungsgeber und -nehmer müssen zusätzlich der Höchstbetrag der Besicherung und die besicherten Forderungen[242] angegeben sowie eine Haftungserklärung abgegeben werden.

Tatsächlich sieht das belgische Reformgesetz demnach kein „notice filing", sondern ein „transaction filing"-System vor: Im Grunde wird die Angabe der gesamten Daten gefordert, die auch für die Vereinbarung des Sicherungsrechts – die „Transaktion" – gemäß Art. 4 Voraussetzung sind. Daher wird von einem „transaction filing" oder auch einem transaktionellen System gesprochen.[243] Deshalb entfällt im belgischen Recht auch die Notwendigkeit einer Verpflichtung des

---

[240] Julienne, RDC 2014, 660.
[241] Dirix, De hervorming, 26.
[242] Diese Anforderungen sind teilweise noch unpräzise formuliert, dazu Faber, Entwicklungslinien und Entwicklungsperspektiven, 267.
[243] Dirix, ZEuP 2015, 282.

Gläubigers zur Auskunft. Viele Daten lassen sich nämlich bereits aus dem Register selbst entnehmen.

Insofern wird der Gesetzgeber seinen ausdrücklich erklärten Zielen (insbesondere der Einführung eines „notice filing") nicht gerecht.

Man kann zwar sagen, dass es ein hohes Maß an Übereinstimmung bezüglich der Zielsetzung von notice und transaction filing gibt[244], nämlich die Erfüllung von Publizitäts-, Rang- und Beweisfunktion. Allerdings unterscheiden sich die Systeme nach Effizienzgesichtspunkten erheblich.

Die belgische Regelung schafft auf den ersten Blick mehr Rechtssicherheit; der interessierte Dritte und die betroffenen Gläubiger erhalten bereits bei der Abfrage mehr Informationen. Dadurch entfällt die Nachfrage beim Gläubiger, jedoch steigt auf der anderen Seite der Aufwand für die Parteien.[245]

Das Erfordernis der genauen Angabe der besicherten Forderungen schließt aus, dass der Eintrag mehrfach für Sicherungsrechte ohne Bezug zu einer bestimmten Forderung „aufladbar" ist.[246] Stattdessen ist jedes Mal eine neue Registrierung notwendig. Ändern sich Forderung oder Höchstsumme, muss der Eintrag geändert werden, was zu Mehrkosten führt.[247]

Nicht zuletzt wird die Eintragung selbst durch die höhere Datenangabe (zeit)aufwändig.[248] Die Fehleranfälligkeit steigt mit der Anzahl der einzutragenden Daten, sodass Genauigkeit gefragt ist, um Korrektureinträge zu vermeiden.

Kritisiert wird zudem die Menge der anzugebenden Daten. Nach einer Ansicht ist die Datenmenge nicht exzessiv; so sei es auch schon bei gage sur fonds de commerce, privilège agricole und Hypothek gewesen und keinen habe es gestört. Zudem habe es lange keine weithin zugängliche Möglichkeit zur Feststellung der Besitzverhältnisse bei besitzlosen Pfandrechten zu Gunsten der anderen Gläubiger gegeben. Diese Situation sei nicht akzeptabel gewesen, sie sei nun verbessert.[249]

Der Staatsrat hatte hingegen betont, dass die Daten sachlich, hinreichend und nicht zu ausführlich sein sollten. [250]

---

[244] So Brinkmann, 391.

[245] Vgl. zum englischen Recht Kieninger, AcP 208 (2008), 206.

[246] Diese „Aufladbarkeit" nennt beispielsweise der UNCITRAL Legislative Guide als Vorteil, Empfehlung 14.

[247] Sigman/Kieninger, in: Cross-Border Security, 46 f.

[248] A.A Derijcke, RDC 2013, 705, der den Katalog der Daten als offensichtlich und einfach ansieht. Auch der Staatsrat hat in seiner Stellungnahme jedoch die Angabe der Daten als exzessiv bezeichnet. Nachzulesen im Exposé des Motifs, 113.

[249] Georges, Revue de la Faculté de droit de l'Université de Liège 2013, 338.

[250] Exposé des Motifs, 50, 113.

Welche Angaben zur gesicherten Forderung genau bei der Registrierung anzugeben sind, ist nicht klar. Hier kommen verschiedene Informationen zur Kreditvertragsnummer, Kreditbetrag, einmaliger oder wiederholter Ausnutzbarkeit des Kredits in Betracht. Der Wortlaut des Art. 10 spricht für die Angabe allein einer Kreditvertragsnummer, denn es wird danach nur verlangt, dass die gesicherten Forderungen bestimmt oder bestimmbar sind.[251]

Dies wird von der Bestimmung des Art. 29 I untermauert: Demnach müssen die in Art. 30 genannten Daten, wie sie auf dem Schriftstück über die Sicherungsrechtsbestellung vorhanden sind, eingetragen werden. Abgesehen von den präzisen Angaben ist gemäß Art. 4 nichts weiter erforderlich, also sollte ebenfalls eine Identifizierung mittels der Kreditvertragsnummer ausreichend sein.[252]

Zu fragen ist auch nach dem Zweck der Bezeichnung der gesicherten Forderung, wenn sowieso schon der Höchstbetrag für die Haftung angegeben ist. Das Erfordernis aus Art. 30 Nr. 4 war zunächst nicht vorgesehen. Eine Begründung für seine Existenz ist nicht zu finden, stattdessen wurden sogar datenschutzrechtliche Bedenken durch den Staatsrat geäußert, wie auch zur Angabe der Person des Gläubigers (Art. 30 Nr. 1).

Die Begründung in den Materialien zur letztgenannten Anforderung ist unbefriedigend: Der interessierte Dritte solle genau erfahren, wie es um den Umfang des Pfandrechts bestellt ist.[253] Bedenkt man jedoch, dass der belgische Gesetzgeber auf die zweite Informationsebene vieler notice filing-Systeme, nämlich die weitere Informationsbeschaffung beim Gläubiger, verzichtet, so ist die Angabe des Gläubigernamens nicht plausibel und erscheint nicht als erforderlich.[254]

Zudem sollen die Angaben zur gesicherten Forderung (Bezeichnung allein) gering gehalten werden. Schlussfolgerungen kann der Dritte jedoch nur aus der Angabe ziehen, wenn die tatsächliche Höhe der Forderung und Wiederausnutzung des Kredits angegeben sind. Deshalb ist an der Regelung zu kritisieren, dass der Erkenntnisgewinn für interessierte Dritte gering ist.[255]

Bezüglich des Sicherungsguts wird eine präzise Beschreibung der Sache zur hinreichenden Identifizierung verlangt, Art. 30 III.[256]

Anstelle einer weiteren Nachforschung soll der mögliche Gläubiger des Betroffenen durch die vielfältigen Angaben alles aus dem Register erfahren.[257]

---

[251] Faber, Entwicklungslinien und Entwicklungsperspektiven, 266.
[252] Faber, Entwicklungslinien und Entwicklungsperspektiven, 266.
[253] Exposé des Motifs, 50.
[254] Faber, Entwicklungslinien und Entwicklungsperspektiven, 267.
[255] Faber, Entwicklungslinien und Entwicklungsperspektiven, 267.
[256] Exposé des Motifs, 36.
[257] Faber, Entwicklungslinien und Entwicklungsperspektiven, 269.

Aus meiner Sicht ist diese Informationsmenge überflüssig und offenbart die finanzielle Situation des Schuldners übermäßig. Auch ist die Regelung kompliziert, sofern es um zukünftige Forderungen geht.

Wenngleich zunächst scheinbar nur eine kleine Menge von Daten verlangt wird, sind die Pflichtangaben doch relativ ausführlich geraten und gehen über die Angaben bei der Sicherungsvereinbarung selbst hinaus. Diese Datenmenge ist für eine Benachrichtigung der Gläubiger und interessierter Dritter nicht notwendig. Faktisch wird der interessierte Dritte durch den Registereintrag also nicht nur über belastete Gegenstände, sondern über ganze Bestellungsvorgänge informiert.

Entweder es erfolgt zur Vermeidung des Aufwands dann – soweit möglich – gar kein Eintrag durch den Nutzer, sodass das Register unvollständig ist oder es müssen Dienstleistungsunternehmen für die Eintragung in Anspruch genommen werden.[258] In jedem Fall ist durch die Ablehnung des „notice filing", das von anderen Staaten angewendet wird, kein Effizienzgewinn auszumachen.

Stattdessen bringt das „transaction filing" einen weiteren Nachteil mit sich. Es verhindert das „advance filing": Selbst wenn ein Sicherungsrecht noch nicht entstanden ist, kann die Notiz schon im Voraus („in advance") registriert werden. So ist es möglich, dass sich Gläubiger bereits im Verhandlungsstadium einen Rang sichern, oder wenn der Schuldner noch nicht im Besitz des Gegenstandes ist.[259]

Im Gegensatz zum Register des Art. 9 UCC, des Buchs IX DCFR und den Empfehlungen des UNCITRAL Security Guide ist eine Eintragung nach dem belgischen Gesetz erst nach der Vereinbarung des Sicherungsrechts möglich. Dies ergibt sich aus dem Wortlaut des Art. 29 I, wonach „der Pfandgläubiger (...) aufgrund der Pfandvereinbarung berechtigt [ist], sein Pfandrecht zu registrieren (...)".

Zwar gibt das Register so den gegenwärtig tatsächlich bestehenden Stand bezüglich bestehender Sicherungsrechte wieder. Allerdings kann die tatsächliche Rechtslage auch beim „advance filing" schnell geklärt werden. Eine Nichtbelastung kann durch Auskunft des vermeintlichen Gläubigers herausgefunden werden. Zudem ist es im Interesse des Sicherungsgebers, eine diesbezügliche Aufklärung voranzutreiben. Sofern ein Sicherungsrecht nicht besteht, wird er

---

[258] In den USA gibt es einen derartigen Dienstleistungszweig, hierzu LoPucki/Warren, Secured Credit: A Systems Approach, 7. Auflage 2011, 290 f.

[259] Faber, Entwicklungslinien und Entwicklungsperspektiven, 266.

mit Informationen entgegenkommen sein, damit er den Gegenstand neu besichern kann und so Kredit erlangt.[260]

Insgesamt ist die fehlende Möglichkeit des „advance filing" im belgischen Register zu bedauern, denn sie würde zum erklärten Ziel – mehr Nutzerfreundlichkeit und Effizienz – führen.

2. Funktionsweise

Erfüllt die Registerstelle eine reine Verwaltungsfunktion und führt keine inhaltlichen Prüfungen durch, können Personal und Zeit und somit Kosten gespart werden, die wiederum die Gebühren für die Nutzer des Registers gering halten und letztlich günstigeren Kredit bedeuten.[261]

Durch die passive Ausgestaltung des Registers kann auf teure und aufwändige Formalitäten und Beglaubigungen verzichtet werden, wie sie beispielsweise beim Grundbuch vonnöten sind.[262]

Durch die letzte Änderung des Gesetzesentwurfs existiert nun keine Durchbrechung der Passivität in Form einer inhaltlichen Prüfungsmöglichkeit mehr. Einer reibungslosen Funktion des Registers steht daher nur noch die technische Umsetzung entgegen.

3. Zugang

Die Bereitstellung einer Vielzahl von Daten bedeutet zugleich, dass diese besser geschützt werden müssen, was sich auf den Zugang zum Register auswirkt. Eine „notice" enthält wenig Daten, sodass ein geringes Maß an Datenschutz erforderlich ist. Ein Eintrag mit dem Inhalt der gesamten Sicherungsvereinbarung enthält hingegen mehr Informationen, die zudem vertraulicher sind. Deshalb könnte man vertreten, dass eine höhere Schwelle für den Zugang geboten ist. Schließlich sind Datenschutzbedenken gerade in Europa stark ausgeprägt.[263]

Trotz des Datenschutzinteresses muss jedoch ein gleichberechtigter Zugang für alle gewährleistet werden: Wird der Zugang nicht öffentlich ausgestaltet, so

---

[260] Faber, Entwicklungslinien und Entwicklungsperspektiven, 266, 429 f. A.A. Helsen, Security in Movables Revisited: Belgium's Rethinking of the Article 9 UCC System, ERPL 2015, 1011, der eine höhere Zahl an betrügerischen Einträgen befürchtet und das „advance filing" als Instrument zu einer zu starken Begünstigung des Gläubigers betrachtet.

[261] In den US-Bundesstaaten liegen die Gebühren für Zugang und Suche zwischen 3 und 100 US-Dollar (Quelle: Brinkmann, 349).

[262] Kieninger, RNotZ 2013, 216.

[263] Faber, Juridica International 2014, 33 zu den Bedenken in Österreich.

ist die Publizitätswirkung und damit einhergehend die Rechtssicherheit eingeschränkt. Es ist nicht auszuschließen, dass potenzielle ungesicherte Drittgläubiger ohne Zugang dadurch gegenüber den gesicherten Drittgläubigern, die
sowieso bereits eine stärkere Position innehaben, benachteiligt werden.[264] Sie
können mangels Einsicht ihre Risiken nicht einschätzen, während die ohnehin
gesicherten Gläubiger vollen Einblick erhalten. Eine solche diskriminierende Behandlung ist schwerlich durch Datenschutzgründe zu rechtfertigen.[265]

Insbesondere die noch nachträglich ergänzte Zugangsmöglichkeit zum Register für jedermann ist zu begrüßen und zeigt, dass sich die Legislative kritisch
mit den Reaktionen der Praktiker und Rechtswissenschaftler auseinandergesetzt
hat. Allerdings bleiben Widersprüche bestehen: Im Vorfeld wurden Datenschutzbedenken stark betont und nun stehen jedermann Daten zur Verfügung,
die in ihrer Fülle durchaus einen Schluss auf die Finanzsituation der jeweiligen
Schuldner zulassen können.

D. Faustpfand

Neben den besitzlosen Sicherungsrechten bleibt auch das Faustpfand bestehen,
wenngleich es seine zentrale Rolle verliert. Sowohl bezüglich des Drittwirksamkeitsmodus als auch der Rechte und Pflichten der Parteien unterscheidet sich das
Faustpfand teilweise vom Registerpfand, da weiterhin eine Besitzübertragung erfolgt.

I. Drittwirksamkeit

Es bleibt neben der Registereintragung möglich, durch Besitzübertragung an den
Gläubiger oder an einen von den Parteien bestimmten Dritten Drittwirksamkeit
herzustellen (Art. 39). Insofern entspricht die Regelung dem alten Art. 2076 C.c.;
ein Faustpfand kann weiterhin vereinbart werden. Hier findet keine wesentliche
Änderung der Rechtslage statt, abgesehen davon, dass das Sicherungsrecht nach
neuem Recht schon mit Vereinbarung und nicht erst bei Inbesitznahme zwischen den Parteien wirksam wird. Besitzübertragung und Drittwirksamkeit erfolgen demnach durch einen *einheitlichen* Vorgang.

---

[264] Faber, Entwicklungslinien und Entwicklungsperspektiven, 270.
[265] Derijcke, RDC 2013, 706 f.

Der zuvor herrschende Regelfall zur Herstellung von Drittwirksamkeit, d.h. die Inbesitznahme, ist nun an eine subsidiäre Stelle getreten; die systematische Stellung der Vorschriften nach dem Register im Gesetz verdeutlicht dies. Der Gesetzgeber nimmt in seiner Erklärung Bezug auf § 9-313 UCC, Art. 2:103 DCFR und Art. 2337 Abs. 2 französischer Code civil, die neben einem Registereintrag ebenfalls diese Möglichkeit beibehalten[266], da das Faustpfand zumindest in Pfandleihhäusern durchaus noch vereinbart wird. Das Faustpfand wird jedoch nicht detailliert geregelt. Stattdessen sind die Regeln der Drittwirksamkeit durch Registereintrag analog anzuwenden, sofern sie sich auf das Faustpfand übertragen lassen.[267]

Allerdings bestehen Unterschiede in der Art und Weise der Herstellung der Drittwirksamkeit. So wird für die Drittwirksamkeit durch Besitzverlust gerade kein Schriftstück als Nachweis verlangt, weil die Besitzübertragung des Sicherungsgutes an den Gläubiger dem Publizitätsprinzip genügt.[268] Allein für den Verbraucher gilt wiederum, dass die Vereinbarung schriftlich nachzuweisen ist – nicht jedoch als Wirksamkeitsvoraussetzung, sondern zu Beweiszwecken. Beim Verbraucherschutz wird also nur scheinbar ein Gleichlauf mit der Regelung im allgemeinen Teil hergestellt.

Eine Ansicht kritisiert die unterschiedliche Regelung beim Faustpfand und beim besitzlosen Sicherungsrecht.[269] Dem kann jedoch entgegengehalten werden, dass das Schriftstück jeweils unterschiedliche Funktionen erfüllt. Beim besitzlosen Sicherungsrecht ist es Gültigkeitsvoraussetzung, beim Faustpfand dient es nur als Beweismittel *inter partes*. Beim Faustpfand gibt es ferner eine klare Erkennbarkeit der Besitzverhältnisse, weil die Gläubiger nicht auf die Möglichkeit der Besicherung des Gegenstands vertrauen können, wenn er nicht mehr im Besitz des Schuldners ist.[270] Allerdings ist die Anwendung der inhaltlichen Anforderungen des Artikels 4 (d.h. Angabe der mit dem Sicherungsrecht belasteten Güter, die besicherten Forderungen und der Höchstbetrag, bis zu dem die Forderungen besichert sind) nicht ausgeschlossen. Nehmen die Parteien diese in ihr Schriftstück auf, erreichen sie größtmöglichen Schutz für den Verbraucher.[271]

Abschließend ist noch zu erwähnen, dass der alten Regelung des Art. 2074 belg. Code civil nicht gefolgt wurde. Dieser sah eine zwingende Regis-

---

[266] Exposé des Motifs, 54.
[267] Exposé des Motifs, 54.
[268] Art. 40 Reformgesetz. Vgl Art. 2279 belg. C.c.: „En fait des meubles, la possession vaut titre".
[269] Georges, Revue de la Faculté de droit de l'Université de Liège 2013, 346.
[270] Cattaruzza, Droit bancaire et financier 2013, 189.
[271] Steennot, in: Baeck/Kruithof, 35.

trierung des Faustpfands vor. Das Pfandrecht entstand danach zwar bereits mittels der Übergabe der Sache durch den Schuldner an den Gläubiger, die Drittwirksamkeit jedoch erst durch Eintragung. Die Registrierungspflicht war schon beim Handelspfand abgeschafft worden.[272]

Es ist zu begrüßen, dass sie nicht in das neue Gesetz aufgenommen wurde. Zwar ist dadurch das Register unvollständig. Jedoch ergeben sich bei der Besicherung und Verwertung kaum Konflikte, weil sich der Gegenstand beim Faustpfand bereits im Besitz des Gläubigers befindet und sich ein anderer Gläubiger damit nicht auf eine Verfügungsberechtigung des Schuldners verlassen kann. Zudem wird beim Faustpfand für die Bestimmung der Priorität auf den Zeitpunkt der Besitzübertragung abgestellt. Daher könnte das zweite Datum des Registereintrags für Unklarheit sorgen.

II. Rechte und Pflichten des Sicherungsgläubigers

Beim Faustpfand gelangt der besicherte Gegenstand in den Besitz des Sicherungsgläubigers, sodass vor allem sein Umgang mit dem Sicherungsgut geregelt werden muss. Art. 41 entspricht dem alten Art. 2079 C.c. und legt fest, dass der Gläubiger den Sicherungsgegenstand verwahren, aber nicht darüber verfügen darf, da der Sicherungsschuldner weiterhin Eigentümer ist und der Gläubiger den Gegenstand nur zu Sicherungszwecken im Besitz hat. Art. 42 regelt ergänzend, dass der Sicherungsgläubiger die Gegenstände auch nicht nutzen darf, es sei denn, es dient ihrer Erhaltung. Maßstab ist dabei die Notwendigkeit. Anders sah dies noch der Vorschlag der Expertengruppe vor, nach dem eine Nutzungsmöglichkeit vertraglich vereinbart werden konnte.[273] Die Ablehnung der wirtschaftlichen Nutzung durch den Gläubiger kann man zwar damit rechtfertigen, dass dieser sein Recht möglicherweise missbrauchen würde und dass eine solche Nutzungsmöglichkeit für die Mehrheit der Gläubiger gar nicht interessant ist, da sie z.B. als Banken keine Gelegenheit haben werden, eine Produktionsmaschine selbst zu verwenden. Andererseits spricht für die Einräumung dieser Möglichkeit, dass sie zu wirtschaftlicher Effizienz führen kann, falls der besicherte Gegenstand nicht nur nutzlos beim Gläubiger herumsteht, sondern von ihm verwendet wird. Den Missbrauchsbedenken hätte man entgegenhalten können, dass das Gesetz sowohl einen Schadensersatzanspruch als auch ein Kontrollrecht des

---

[272] Georges, Revue de la Faculté de droit de l'Université de Liège 2013, 346.
[273] Avant-Projet de loi modifiant le code civil en ce qui concerne les sûretés réelles mobilières, 65. Abrufbar unter: http://economie.fgov.be/nl/binaries/Voorontwerp_van_wet_zakelijke_zekerheden_tcm325-176415.pdf (zuletzt eingesehen am 14.03.2017).

Schuldners vorsieht. Daher ist es bedauerlich, dass diese Möglichkeit nicht in den endgültigen Vorschlag aufgenommen wurde.

Aus dem Besitz des Sicherungsgegenstandes folgen nämlich vor allem für den Gläubiger Pflichten: Er muss sorgfältig mit dem Gegenstand umgehen, Art. 43 I, ansonsten haftet er nach schuldrechtlichen Vorschriften für Verlust oder Beschädigung, sofern diese auf seine Nachlässigkeit zurückzuführen sind, Art. 43 II. Der Maßstab ist die Sorgfalt eines guten Sicherungsgläubigers. Muss der Gläubiger Erhaltungs- und Unterhaltungskosten für den Gegenstand aufbringen, so erhält er diese vom Schuldner zurückerstattet, Art. 43 III. Insoweit entspricht die Regelung dem alten Art. 2080 C.c. Neu hinzugekommen ist die Berechtigung des Schuldners, die Güter jederzeit zu inspizieren, Art. 43 IV.[274]

Art. 44 I verpflichtet den Gläubiger, Sicherungsgegenstände verschiedener Schuldner getrennt aufzubewahren. Diese Regel ist neu und lehnt sich an Art. 2341 des franz. C.c. an. Auch schließt sie sich an die Gesetze zu Finanzinstrumenten an.[275] Bei Vermischung ist eine Trennung nach Schuldnern bei gleichartigen Sachen problematisch. Im Insolvenzfall würde es für den Sicherungsgläubiger schwierig sein, seinen Gegenstand zurückfordern. Allerdings sieht Absatz 1 auch die Möglichkeit einer abweichenden Vereinbarung vor. Dabei geht es nicht darum, dass der Gläubiger den Schuldner möglichweise übervorteilt. Diese Ausnahme folgt vielmehr der Tradition des abgeschafften warrant-Systems.[276] Bei diesem Institut werden die Güter einem Dritten anvertraut, was für die Parteien weiterhin eine interessante Option ist. Demnach ist die anderweitige Vereinbarung so zu verstehen, dass ein Treuhänder die Trennungspflicht erfüllen kann.[277]

Art. 44 II sieht im Falle einer Vermischung vor, dass die gleiche Menge zurückgegeben wird oder eine proportionale Befriedigung stattfindet, sodass kein Schuldner leer ausgeht. Dies dient dem verbesserten Schutz des Sicherungsschuldners. Art. 44 III erweitert diese Rechte des Sicherungsschuldners auf Insolvenz , Konkurrenz- und Pfändungssituationen beim Gläubiger. Auch in solchen Fällen kann er seine Rückgabeansprüche an den getrennten Gütern geltend machen, oder im Fall der Vermischung eine proportionale Befriedigung verlangen.

---

[274] Derijcke, RDC 2013, 715.

[275] Exposé des Motifs, 55. Dirix, De hervorming, 29.

[276] Der Inhaber eines sog. Lagerscheins (warrant) hat ein Pfandrecht an der lagernden Ware, welche ohne seine Einwilligung nicht herausgegeben wird. Da die Belastung durch Vormerkung auf dem Lagerschein kontrolliert wird, werden beweglichen Gegenständen die Vorteile und die Sicherheit eines Immobiliarkredits verschafft.

[277] Derijcke, RDC 2013, 715.

Diese Regelungen gleichen den Rechten und Pflichten des Sicherungsschuldners, sofern ein besitzloses Pfand vereinbart wird. Beim Faustpfand sind die
Rechte und Pflichten allerdings umgekehrt verteilt, weil der Schuldner weiterhin
die tatsächliche Sachherrschaft ausübt. Deshalb ist die Zuweisung im Gesetz
noch einmal gesondert geregelt.

III. Recht des Sicherungsschuldners

Neben dem Inspektionsrecht wird zudem das Rückforderungsrecht des Schuldners normiert. Art. 45 ist an den alten Art. 2082 I C.c. angelehnt und regelt, dass
der Schuldner erst nach vollständiger Rückzahlung der Sicherungsschuld das Sicherungsgut zurückfordern kann. Eine Ausnahme davon besteht, sofern der Sicherungsgläubiger oder der Drittverwahrende sich seinen Verpflichtungen
„ernsthaft" entzieht. Dann wird dem Gläubiger sein Sicherungsrecht aber-
kannt.[278] Nach bisherigem Recht hat der Schuldner ein Rückforderungsrecht,
wenn der Inhaber des Pfands dieses missbraucht. Als Sanktion ist die Umwandlung der Forderung in eine ungesicherte Forderung vorgesehen, sodass das Sicherungsgut vom Pfandrecht frei wird und deshalb zurückverlangt werden kann.
Im Gesetzesentwurf bleibt die Folge dieselbe (Aberkennung des Sicherungsrechts), nur wird sie nun anders genannt.[279]

E. Forderungspfand

Zum einen wird in Art. 60–68 das Forderungspfand allgemein geregelt, zum anderen wird im Speziellen die Wirkung der Vereinbarung einer Sicherungsabtretung geregelt (Art. 62).

I. Begründung des Forderungspfands

Die Vereinbarung über ein Forderungspfand muss zum Zwecke des Nachweises
schriftlich geschlossen werden. Dabei müssen die mit dem Sicherungsrecht belasteten Forderungen und die besicherten Forderungen sowie die Höchstsumme
der Besicherung angegeben werden, Art. 61 I. Hier verweist der Gesetzgeber auf

---

[278] Julienne, RDC 2014, 658.
[279] Derijcke, RDC 2013, 717.

den allgemeinen Teil, da sich insofern keine Abweichungen ergeben. Danach muss der Höchstbetrag der besicherten Forderungen in der Sicherungsvereinbarung angegeben werden, Art. 10 II. Dieses Erfordernis lehnt sich an Art. 4 an, da der Nachweis eine Angabe des Höchstbetrags fordert und der Sicherungsgegenstand im Falle eines Verbrauchervertrags nicht mehr als doppelt so viel wert sein darf, Art. 7 IV. Da das Schriftstück jedoch allein Beweiszwecken dient, führt dessen Fehlen bei Nicht-Verbrauchern nicht zur Unwirksamkeit der Vereinbarung.[280] Sofern ein Sicherungsrecht an zukünftigen oder wechselnden Forderungen bestellt wird, wird die Akzessorietät gewahrt, indem die Verwertung nur durchgeführt werden kann, wenn Kredit gewährt wurde und nur bis zu der Höhe, in der die Forderungen tatsächlich bestehen, wobei hier der Maximalbetrag die Obergrenze darstellt.

Sofern der Schuldner ein Verbraucher ist, müssen jedoch die noch strengeren Formanforderungen aus Artikel 1325 f. des Code Civil eingehalten werden. Zudem ist das Schriftstück dann Entstehungsvoraussetzung für das Sicherungsrecht.

Sofern die Forderungen bestimmbar sind, kann eine Sicherheit auch an zukünftigen Forderungen bestellt werden, Art. 63. Damit ist die objektive Bestimmbarkeit gemeint, also eine Bestimmung ohne weitere Parteiabsprache. Das entspricht der bisherigen Gesetzeslage, ist allerdings beim Forderungspfand keine Option, die sich offensichtlich anbietet.[281] Schließlich sieht sie eine fiktive Besitzübertragung vor, die für zukünftige Sachen aber eigentlich nicht möglich ist.

Das Sicherheitsrecht erstreckt sich auf Hauptsumme, Zinsen und Vertragsstrafe, Art. 65. Das entspricht Art. 1692 C.c. Somit kann der Sicherungsgläubiger auch die Rechte ausüben, die die Forderung beinhaltet.

Bei einer teilbaren Forderung kann auch an einem Teil der Forderung eine Sicherheit bestellt werden, Art. 66. Diese Regelung führt der Gesetzgeber zur Rechtssicherheit neu ein.[282] Diese Regelung könnte allerdings beim Beitreibungsrecht auf praktische Probleme stoßen, denn es ist nicht klar, ob der Schuldner dann an einen Gläubiger oder *pro rata* an alle Gläubiger zahlen muss.[283]

---

[280] Derijke, RDC 2013, 702.
[281] Exposé des Motifs, 66 f. Avant-Projet de loi, 77; Peeters/Nobels, in: Baeck/Kruithof, 116.
[282] Exposé des Motifs, 68.
[283] Peeters/Nobels, in: Baeck/Kruithof, 119.

II. Drittwirksamkeit in Form der „contrôle"

Zwar wäre zur Wahrung der Publizität und Herstellung der Drittwirksamkeit
eine Registrierung der Vereinbarung und somit ein Gleichlauf mit dem Pfandrecht an Gegenständen möglich. Der neueste Gesetzesentwurf stellt jedoch klar,
dass die Registrierung für Sicherungsrechte an Forderungen ausgeschlossen ist
(Art. 15 I). Das wird damit begründet, dass das Sicherungsrecht an Forderungen
bereits durch einen anderen Publizitätsmodus drittwirksam werde. Ein zusätzliches Registrierungserfordernis würde zu unnötigen Formalitäten und somit zu
Ineffizienz führen.[284]
    Der Gesetzgeber hält bewusst an der bisherigen Methode für die Drittwirk-
samkeit eines Forderungspfands fest, sodass neben Register- und Faustpfand
eine dritte Form der Drittwirksamkeit, die „contrôle", besteht. Bereits vor der
Einführung des Registers wurde hierdurch die Besitzübertragung fingiert und
dadurch ermöglicht, dass auch Forderungen Gegenstand eines Sicherungsrechts
sein konnten. Anders als bei körperlichen Gegenständen war eine Inbesitznahme
oder Übertragung des tatsächlichen Besitzes nämlich nicht möglich. Stattdessen
erhielt der Gläubiger durch die Fiktion der Besitzübertragung die Möglichkeit,
die Rechte des Forderungsinhabers auszuüben.[285] Art. 60 umschreibt die Konstruktion der „contrôle" wie folgt: Danach erhält der Sicherungsgläubiger durch
Abschluss der Sicherungsvereinbarung „Besitz" an einer besicherten Forderung,
wenn er die Befugnis hat, dem Schuldner der verpfändeten Forderung den Besitz
anzuzeigen. Im Regelfall wird die Sicherungsvereinbarung eine dementspre-
chende Klausel enthalten, die den Gläubiger zur Anzeige berechtigt. Die Anerkennung der contrôle durch den Forderungsschuldner bzw. die Anzeige der Besicherung an diesen führt zur Drittwirksamkeit des Sicherungsrechts gegenüber
dem Forderungsschuldner und kann ab dem Moment diesem gegenüber geltend
gemacht werden. Sobald der Schuldner benachrichtigt worden ist, kann er daher
nur noch an den Sicherungsgläubiger befreiend zahlen/leisten, Art. 60 II.[286] Ab
diesem Moment ist zudem die Drittwirksamkeit gegenüber den sonstigen ungesicherten Gläubigern des Sicherungsgebers hergestellt.

    Gemäß Art. 60 III sind die allgemeinen Gutglaubensregeln bezüglich Forde-
rungen aus Art. 1690 § 1 Absätze 3 und 4 und 1691 anwendbar, d.h. auf das For-

---

[284] Exposé des Motifs II, Änderungsartikel 7, 9 f.
[285] Exposé des Motifs, 65.
[286] Peeters/Nobels, in Baeck/Kruithof, 123.

derungspfand sind dieselben Regeln anwendbar, die auch für die Drittwirksamkeit der Forderungsabtretung gelten.[287] Der Rang wird nicht durch die *Befugnis* zur Benachrichtigung des Debitors aus Art. 60 I festgelegt. Falls eine Forderung mehrfach verpfändet oder abgetreten wurde, so erhält derjenige Zessionar oder Sicherungsgläubiger den Vorrang, der nachweisen kann, dass er in gutem Glauben zuerst den Forderungsschuldner von der Abtretung informiert hat, Art 1690 § 1 III belg. C.civ.

Wenn der Forderungsschuldner gutgläubig ist und vor der Notifikation an den Zedenten gezahlt hat, kann der Zessionar die Abtretung nicht mehr geltend machen, weil der Schuldner befreiend gezahlt hat, Art. 1691 belg. C.civ.

Die Drittwirksamkeit des Forderungspfands durch „contrôle" wird aus dem alten Recht übernommen. Am derzeitigen Artikel 2075 C.c. wurde jedoch bereits kritisiert, dass er den Begriff der „dépossession" verwendet, obwohl die Besitzübertragung nur fiktiv stattfindet.[288] Die Herstellung der Drittwirksamkeit durch contrôle wird nun näher erläutert: Dies soll durch Abschluss der Sicherungsvereinbarung geschehen, die aber nur zwischen den Parteien geschlossen wird. Bei dieser Art der Drittwirksamkeit wird fast keine Publizität hergestellt, da eine Anzeige gegenüber dem Forderungsschuldner später erfolgen kann. Auch ist die Regelung recht weitgreifend, da sie alle Arten von Forderungen umfasst. Dadurch können große Vermögenswerte (Forderungsbestände) publizitätslos belastet werden.[289] Dieser Modus der Drittwirksamkeit wird daher teilweise kritisiert, weil er zu Rechtsunsicherheit führen kann.[290] Als Kompromisslösung sieht der Gesetzgeber nun eine Beibehaltung der Formulierung vor, ergänzt sie jedoch um die Regelung, dass der Gläubiger befugt ist, den Schuldner der Forderung zu benachrichtigen.[291]

Die Beibehaltung der alten Regelung ist deshalb umstritten. Die „contrôle" sei eine Fiktion, und es sei ärgerlich, dass diese Regel nicht abgeschafft werde.[292] Viel besser sei ein Registereintrag, gerade weil das Mobiliarsicherungsrecht umfassend reformiert werde und der Schwerpunkt auf dem Register liege.[293] An der contrôle wird kritisiert, dass sie das Registersystem untergrabe. Es wird vorhergesagt, dass diese undurchsichtigen Modi stärker genutzt werden, gerade weil die

---

[287] Grégoire, Droit bancaire et financier 2016, 89.
[288] Cattaruzza, Droit bancaire et financier 2013, 194.
[289] Faber, Entwicklungslinien und Entwicklungsperspektiven, 262.
[290] Cattaruzza, Droit bancaire et financier 2013, 194.
[291] Exposé des Motifs, 65.
[292] Georges, Revue de la Faculté de droit de l'Université de Liège 2013, 352.
[293] Georges, Revue de la Faculté de droit de l'Université de Liège 2013, 354.

Registrierung Kosten verursacht, die man so vermeiden kann.[294] Zudem bringe auch die Notifizierungsanzeige wenig.[295] Der einzige Vorteil sei die vereinfachte Vereinbarung von Sicherungsrechten an zukünftigen Forderungen.[296]

Tatsächlich führt die Beibehaltung eines weiteren, weitgehend intransparenten Drittwirksamkeitsmodus zu einer Lückenhaftigkeit des neuen Registers, die nicht zu begrüßen ist.

III. Durchsetzung der Forderung

Art. 67 regelt das Beitreibungsrecht des Gläubigers: Sofern nichts anderes vereinbart ist, soll der Gläubiger[297] die Erfüllung der besicherten Forderung (Zahlung oder Herausgabe, je nach Art der Forderung) sowohl außergerichtlich als auch gerichtlich bei Fälligkeit verlangen und alle Nebenrechte der Forderung ausüben dürfen, Art. 67 I. Mit Nebenrechten ist beispielsweise ein Vollstreckungstitel gegen den Drittschuldner gemeint.

Falls der Gläubiger die Vollstreckung bei einem Drittschuldner betreibt oder durch die Erfüllung der besicherten Forderung sonstige geldwerte Vorteile erlangt, so muss er den Erlös auf die Schuld des Sicherungsgebers anrechnen; der Überschuss gebührt dem Schuldner, Art. 67 II. Der Sicherungsgeber kommt in eine nachteilige Situation, wenn die besicherte Forderung bereits fällig wird, seine eigene Schuld aber noch nicht. Dann kann der Sicherungsnehmer nämlich noch nicht den Forderungserlös und die Schuld seines Sicherungsgebers miteinander verrechnen. Ist die besicherte Forderung noch nicht fällig, muss der Gläubiger daher die schon eingeforderten Beträge auf ein zweckgebundenes Konto einzahlen und dem Schuldner den Restbetrag zukommen lassen, wenn die Schuld erfüllt wird, Art. 67 V.

Um einen Zugriff auf die besicherte Forderung durch andere Gläubiger des Sicherungsgebers zu vermeiden, muss der Drittschuldner an den Gerichtsvollzieher zahlen, der dann den Forderungsbetrag an den berechtigten Gläubiger auszahlt, Art. 67 IV.

Aus Sicht des Gesetzgebers waren das Beitreibungsrecht des Gläubigers bei Fälligkeit der besicherten Forderung und die Schutzmechanismen bisher nicht ausreichend geregelt und wird nun in Anlehnung an französisches und nieder-

---

[294] Cattaruzza, Droit bancaire et financier 2013, 189.
[295] Georges, Revue de la Faculté de droit de l'Université de Liège 2013, 353.
[296] Julienne, RDC 2014, 661.
[297] Bei einer Mehrheit von Gläubigern nur der ranghöchste, Art. 67 III.

ländisches Recht ohne Unterscheidung zwischen Handels- und Zivilrecht normiert.[298] Hier gehen die Meinungen auseinander: Nach einer Ansicht sei die Regelung bei Nicht-Fälligkeit die einzige tatsächliche Neuerung[299], nach anderer
Ansicht ist die neue Regelung deutlicher.[300] Der Gesetzgeber intendiert jedenfalls
mit diesen detaillierten Regelungen, dass durch die Einschaltung eines Gerichts-
vollziehers und die Zahlungspflicht auf ein separates Konto alle Parteien (Gläubiger, Schuldner und Drittschuldner) optimal abgesichert werden.

IV. Abtretungsverbot

Häufig wird in Verträgen zwischen Forderungsinhaber und Forderungsschuldner vereinbart, dass die Forderung nicht abgetreten oder verpfändet werden darf,
jedenfalls nicht ohne Einverständnis des Schuldners. Sofern die Forderung dennoch abgetreten wird, stellt sich die Frage, inwieweit das Abtretungsverbot Dritten gegenüber durchgreift. Dies wird europaweit unterschiedlich gehandhabt.[301]

In Deutschland ist die Abtretung gemäß § 354a I 1 HGB trotz eines vereinbarten Verbots wirksam, wenn das Rechtsgeschäft, das die Forderung begründet
hat, für beide Teile ein Handelsgeschäft war. Andererseits ist entfaltet ein Abtretungsverbot Wirksamkeit und schützt so den unbeteiligten Drittschuldner, wenn
es sich um Forderungen aus Kreditdarlehen handelt, deren Gläubiger eine Bank
ist, § 354a II HGB.[302] Daran kann man erkennen, dass die Behandlung verschiedener Abtretungsverbote durchaus differenziert behandelt wird.

Nach dem neuen belgischen Gesetz ist ein Abtretungsverbot zwischen Sicherungsschuldner und Schuldner der besicherten Forderung allerdings *grundsätzlich nicht* gegenüber Dritten wirksam.

Nur wenn Dritte vom vereinbarten Verbot Kenntnis haben und absichtlich
gegen die Klausel verstoßen, gilt etwas anderes, Art. 64. Der belgische Gesetzgeber versäumt es, im Normtext selbst eine konkrete Sanktion für einen Verstoß
festzulegen. Im Gesetzeskommentar jedoch deutet er an, dass der Gläubiger mit

---

[298] Exposé des Motifs, 68.
[299] Cattaruzza, Droit bancaire et financier 2013, 192.
[300] Dirix, De hervorming, 34; Peeters/Nobels, in: Baeck/Kruithof, 119.
[301] In Art. 11:301 Principles of European Contract Law (PECL) wird grundsätzlich die Wirksamkeit
von Abtretungsverboten festgelegt, in Art. 9.1.9 Principles of International Commercial Contracts
(PICC) und Art. 9 UN Convention on the Assignment of Receivables in International Trade (CARIT)
wird im Grundsatz von der Unwirksamkeit der Verbote gegenüber Dritten ausgegangen.
[302] Kieninger, Das Abtretungsrecht des DCFR, ZEuP 2010, 732.

einer Vertragsauflösung rechnen muss[303], die mangelnde Gutgläubigkeit also gar
zu einer dinglichen Wirkung des Abtretungsverbots führt.

Auch wird nicht geklärt, wie und ob der Drittschuldner mit befreiender Wirkung an Zedent oder Zessionar leisten kann.[304] Damit ist kein besonderer Schutz
für den Drittschuldner vorgesehen. Auf der anderen Seite wird damit der Wirtschaftsverkehr gestärkt, da Forderungen mangels einer Wirksamkeit solcher
Verbote stets abtretbar sind und für eine Refinanzierung des jeweiligen Zedenten
zur Verfügung stehen.

Die Unwirksamkeit von Abtretungsverboten entspricht dem bisherigen
Recht. Der Gesetzgeber führt an, dass der Sicherungsgläubiger bei einer Wirksamkeit von Abtretungsverboten gegenüber Dritten ansonsten mit einer Nachforschungspflicht belastet werden würde, die die freie Übertragung von Forderungen behindern würde. Zudem würden solche Klauseln häufig zwischen den
stärksten und schwächsten Parteien ausgemacht. Die Nachforschungspflicht
würde aber Gläubiger abschrecken und folglich die schwächsten Parteien einer
Sicherungsmöglichkeit für Kredit berauben.[305]

V. Sicherungsabtretung

Darüber hinaus wird die Forderungsabtretung zu Sicherungszwecken in Art. 62
normiert. Bei einer Sicherungszession tritt der Schuldner (Zedent) an den Gläubiger (Sicherungszessionar) seine Forderungen gegen einen Drittschuldner als
Sicherheit für eine Forderung des Gläubigers gegen den Schuldner ab. Sofern der
Schuldner seine Forderung gegenüber dem Gläubiger erfüllt, ist dieser verpflichtet, die Forderungen gegen den Drittschuldner an seinen Schuldner zurück zu
übertragen. Erfüllt der Schuldner seine Forderung nicht, so muss der Gläubiger
nicht zur Verwertung schreiten, sondern kann einfach auf die Rückübertragung
verzichten.[306] Deshalb ist die Sicherungsabtretung in der Praxis beliebt. Ihre
Wirksamkeit war bisher in Belgien umstritten und wurde traditionell mangels
Publizität abgelehnt.[307] Inzwischen wird sie zwar einerseits vom Kassationshof

---

[303] Exposé des Motifs, 29.
[304] Vgl. wiederum mit § 354a I HGB, der die Unwirksamkeit bejaht, aber die befreiende Zahlung an
den bisherigen Gläubiger zulässt, um dem Drittschuldner seine Einwendungen zu erhalten.
[305] Exposé des Motifs, 67.
[306] Sagaert/Dirix, The New Belgian Act on security rights in movable property, EPLJ 2014, 253.
[307] Dirix, ZEuP 2015, 276; Sagaert, Le droit belge: vers une espace de sûretés flexibles et efficaces?, in:
Attard/Dupuis/Laugier/Sagaert/Voinot (Hg.), Un recouvrement de créances ans frontières?,
2013, 164 f.

als wirksam angesehen[308], sodass der Gläubiger den oben genannten Vorteil der Vermeidung der Verwertung grundsätzlich nutzen kann. Anderseits ist sie aber im Falle der Insolvenz des Schuldners in ihren Wirkungen lediglich als Sicherungsrecht anzusehen.[309] Im Ergebnis folgt die Gesetzesregelung nun der Rechtsprechung; es besteht nur ein Sicherungsrecht an der abgetretenen Forderung, d.h. gegenüber dritten Gläubigern des Zedenten kann sich der Sicherungszessionar nicht auf sein Sicherungseigentum und ein Aussonderungsrecht berufen, sondern wird wie ein gesicherter Gläubiger nach dem Rangprinzip aus dem Verwertungserlös befriedigt.[310] Der Rang ergibt sich wiederum aus der Zeitpunkt der Drittwirksamkeit durch contrôle.

Die Regelung signalisiert nach einer Ansicht, dass es in Belgien ein geschlossenes System der Sicherheitsrechte gibt, in der die fiduziarische Eigentumsübertragung keinen Platz hat.[311] Die Forderungsabtretung zu Sicherungszwecken wird allerdings vom allgemeinen Sicherungsrecht separat geregelt und ist ihr nur in ihren Wirkungen gleichgestellt. Anders als beim Forderungspfand, auf das die Regelungen des allgemeinen Teils Anwendung finden (vgl. Art. 61 I, „mit Bezug auf die Angabe des Höchstbetrags, bis zu dem die Forderungen besichert sind"), muss z.B. kein Höchstbetrag für die besicherten Forderungen angegeben werden. Diese Interpretation könnte diese Option attraktiv für Gläubiger machen, weil sie weniger Form- und Schutzvorschriften einhalten müssen, und eine nicht gewollte Konkurrenz der beiden Systeme hervorrufen.[312] Die Ergänzung, dass eine Nichteinhaltung der Erfordernisse des Art. 61 die Forderungsabtretung nicht berührt, stützt diese Auslegung. Sofern der Zedent allerdings Verbraucher ist, erhält der Zessionar kein Sicherungsrecht an der Forderung.

Eine Forderung kann sich nicht nur auf die Zahlung einer Geldsumme beziehen. Bei Beitreibung einer Forderung zur Lieferung von Gütern geht das Sicherungsrecht auf diese über, Art. 68. Damit ist also nicht nur eine Forderung, sondern eine Mehrzahl von Forderungen gemeint, auch wenn sie noch nicht im Besitz des Sicherungsgebers sind.[313]

---

[308] So eine erste Entscheidung des Cour de cassation vom 17.10.1996, R.W. 1996–97, 1395, die die Zulässigkeit bestätigte.

[309] Cour de cassation vom 3.12.2010, R.W. 2010-11, 1177.

[310] Exposé des Motifs, 65 f. Cattaruzza, Droit bancaire et financier 2013, 193; Georges, Revue de la Faculté de droit de l'Université de Liège 2013, 355 f.

[311] Peeters/Nobels, in: Baeck/Kruithof, 136.

[312] Cattaruzza, Droit bancaire et financier 2013, 193.

[313] Steennot, in: Baeck/Kruithof, 54.

F. Eigentumsvorbehalt

I. Einordnung

Der Eigentumsvorbehalt ist zwar *per se* kein klassisches Sicherungsrecht, wird aber vielfach so behandelt. Schließlich gewährt der Verkäufer dem Käufer dadurch Kredit, dass er nicht auf einer sofortigen Zahlung besteht. Zur Sicherung der Kaufpreiszahlung behält sich der Verkäufer aber zugleich bis zum Eintritt der Bedingung das Eigentum an der Kaufsache vor. So gesehen dient der Eigentums-vorbehalt also wirtschaftlich der Kreditsicherung.[314]

Trotz der weitgehenden Gleichbehandlung von allgemeinem Sicherungs-recht und Eigentumsvorbehalt sind diese doch strukturell unterschiedlich: Der Unterschied zwischen sachenrechtlichen Sicherheitsrechten und dem Eigen-tumsrecht bestehe darin, dass bei Ersteren der Schwerpunkt auf dem wirtschaft-lichen Wert und bei Letzterem der Schwerpunkt auf der Sache *in natura* liege. Deshalb seien bei einer Nichterfüllung auch einerseits eine Sicherheitsverwer-tung und andererseits die Vindikation der Sache vorgesehen.[315] Beim Eigentums-vorbehalt erfolge die Durchsetzung des Rechts durch Rücknahme der Sache.[316]

Die Zwitterstellung des Eigentumsvorbehalts im Reformgesetz spiegelt sich systematisch wider: Innerhalb des belgischen Reformgesetzes wird er zwar einer-seits gesondert behandelt, indem er individuell in einem zweiten Kapitel geregelt wird, aber andererseits werden zugleich Vorschriften des allgemeinen Teils ana-log angewendet. Schließlich dient er zwar der Sicherung einer Forderung, aber das Mittel zur Durchsetzung der vorrangigen Befriedigung ist anders. Der Ver-käufer will im Falle der Nichtzahlung nämlich nicht die Sicherheit verwerten, sondern das Eigentum zurückerhalten; er macht also einen Herausgabeanspruch geltend.[317] Deshalb wird der Eigentumsvorbehalt in Art. 69–72 mit Sondervor-schriften normiert, aber ansonsten nach dem funktionalen Ansatz als Siche-rungsrecht eingeordnet und weitgehend den allgemeinen Anwendungsregeln unterworfen.[318] Zwar sind die Instrumente methodisch unterschiedlich, aber Zweck ist stets die Sicherung des Gläubigers.[319]

---

[314] Dirix/Sagaert, EPLJ 2014, 252.
[315] Jansen, in: Baeck/Kruithof, 142 f.
[316] Faber, Entwicklungslinien und Entwicklungsperspektiven, 261.
[317] Derijcke, RDC 2013, 718.
[318] Exposé des Motifs, 70.
[319] Loof/Berlee, 21.

Wie aus den Bestimmungen des Artikels 9 hervorgeht, ist der Eigentumsvorbehalt akzessorisch, geht also mit der Abtretung der gesicherten Forderung auf den Zessionar über.[320] Weiteres Anschauungsbeispiel ist das Verbot der Bereicherung des Gläubigers in Art. 72, wie es ebenfalls für ein Sicherungsrecht typisch ist[321]: Wenn der Mehrerlös des zurückgeforderten Vorbehaltsguts den Forderungsbetrag überschreitet, muss der Verkäufer dem Käufer den Überschuss zurückerstatten, der Mehrerlös ist also anrechenbar.[322] Zudem wird kein Rücktritt vom Vertrag zur Geltendmachung des Eigentumsvorbehalts vorausgesetzt.[323]

Die analoge Anwendung der Vorschriften des allgemeinen Teils bedeutet konkret, dass die Regeln für die dingliche Surrogation (Art. 9), die Verarbeitung (Art. 18) und die Vermischung (Art. 20) entsprechend angewendet werden, Art. 70.

Eine Besonderheit ist die *fakultative* Möglichkeit der Registrierung, die der Gesetzgeber im Falle von Konflikten mit Hypothekengläubigern für sinnvoll erachtet. Der Verzicht auf ein zwingendes Registrierungserfordernis wird mit Blick auf die Praxis der Nachbarländer begründet, die – anders als das europäische Modellgesetz des Draft Common Frame of Reference oder Art. 9 des US-amerikanischen UCC – keine zwingende Registrierung vorsehen.[324] Hier entscheidet sich der Gesetzgeber bewusst für eine stark von DCFR und UCC abweichende Regelung.[325] Dadurch soll eine Angleichung an die europäischen Nachbarländer hergestellt werden.[326] Eine tiefergehende Begründung des Verzichts wird jedoch nicht gegeben, obwohl diese Lösung dazu führt, dass das Register die Rangverhältnisse unvollständig abbildet.

---

[320] Dirix, ZEuP 2015, 284.
[321] Derijcke, RDC 2013, 718; Dirix, ZEuP 2015, 284.
[322] Das Gesetz spricht hier vom „Wert"/"valeur" des Gegenstandes. Da aber keine Methode für die Wertermittlung angegeben wird (wie es an anderen Stellen im Gesetz durchaus der Fall ist), kann man m.E. vom Mehrerlös ausgehen.
[323] Faber, Entwicklungslinien und Entwicklungsperspektiven, 261.
[324] Exposé des Motifs, 69 f. Hierbei ist an Deutschland zu denken, aber auch an Frankreich, wo die von der Experten-Kommission geforderte Registerpublizität nicht umgesetzt wurde.
[325] Exposé des Motifs, 18.Faber, Entwicklungslinien und Entwicklungsperspektiven, 261.
[326] Loof/Berlee, 21.

II. Begründung des Eigentumsvorbehalts

Obwohl der belgische Gesetzgeber vorher keinen Eigentumsvorbehalt normiert
hat, verzichtet er auch nun auf eine klare Definition.[327] Die Konstruktion des Eigentumsvorbehalts wird innerhalb des Artikels 69 unter der Überschrift „Schriftstück" erläutert. Gemäß Art. 69 I können bewegliche Güter mit einer Klausel verkauft werden, die die Eigentumsübertragung unter der aufschiebenden Bedingung der vollständigen Kaufpreiszahlung vorsieht. Der Verkäufer hat bei
Zahlungsverzug des Käufers ein Rückforderungsrecht. Allerdings muss eine solche Klausel spätestens bei Lieferung schriftlich vereinbart werden. Genauere
Formvorschriften werden nicht benannt; allein beim Verbraucher als Käufer
muss dessen Einverständnis schriftlich festgehalten werden, Art. 69 II. Demnach
genügt grundsätzlich ein Bestell- oder Lieferschein.[328] Art. 69 III war im Gesetzesentwurf noch gar nicht vorgesehen, sondern beruht auf einem Änderungsvorschlag der Repräsentantenkammer.[329] Er besagt, dass ein Herausgabeanspruch
geltend gemacht werden kann, ungeachtet der Art des Vertrages, in dem der Anspruch aufgenommen ist. Die Vorbehaltsklausel soll von der zugrundeliegenden
Vertragsart unabhängig betrachtet werden können.

III. Bewertung der Regelungen zum Eigentumsvorbehalt

Es ist durchaus begrüßenswert, dass der Gesetzgeber den Versuch der vereinheit-
lichten Einbettung des Eigentumsvorbehalts ins allgemeine Recht unter-
nimmt.[330] Die Unsicherheit über die Reichweite des Anwendungsgebiets wird
dadurch beseitigt.[331] Gerade die gesetzlich festgelegte Anwendung der dinglichen
Surrogation auch auf den Eigentumsvorbehalt ist für die Vorbehaltsverkäufer
wichtig; sie würden bei einer Verarbeitung ansonsten größtenteils ihr Eigentum
verlieren, wenn es dazu nicht die Erhaltungsregeln geben würde.[332] Banken und
Lieferanten sind durch den funktionalen Ansatz nun relativ gleichgestellt; die

---

[327] Jansen, in: Baeck/Kruithof, 140.
[328] Dirix, ZEuP 2015, 284.
[329] DOC 53 2463/008 vom 19.04.2013, abrufbar unter: http://www.lachambre.be/FLWB/PDF/
       53/2463/53K2463008.pdf (zuletzt eingesehen am 14.03.2017).
[330] Becue, De wet an 11 juli 2013 met betrekking tot de hervorming van de zakelijke zerheden op
       roerende goederen (nieuwe pandwet), Bulletin des assurances 2014, 364; Jansen, in: Baeck/Kruit-
       hof, 147.
[331] Dirix, De hervorming, 2013, 39.
[332] Loof/Berlee, 21.

Position des Lieferanten ist stärker als in anderen Systemen.[333] Eigentumsrechte bleiben in der Insolvenz bestehen, sofern sie identifizierbar sind. Der Verkäufer unbezahlter Güter ist durch den Eigentumsvorbehalt und seine Superpriorität gemäß Art. 58 II geschützt, die ihm vorrangige Befriedigung vor anderen Sicherungsgläubigern gewähren. Zudem kann er auch das formlose und automatisch entstehende gesetzliche Privileg des unbezahlten Verkäufers aus Art. 20 V Hypothekenrecht geltend machen.

Insgesamt kann man den Ausgleich des weitreichenden Sicherungsrechts im Verhältnis zu Eigentumsvorbehalt durch Anwendung der Erhaltungsvorschriften auch auf diese als gelungen bezeichnen.[334]

Zu kritisieren ist jedoch der Verzicht auf ein Registrierungserfordernis.[335] Es ist einerseits nachvollziehbar, dass man dem Beispiel der Nachbarländer folgt. Immerhin stellt die Notwendigkeit der Registrierung bei jeder Warenlieferung eine Bürde für kleinere Unternehmen dar und könnte zu Wettbewerbsnachteilen für die nationalen Unternehmen führen.[336] Allerdings sieht z.B. UNCITRAL Legislative Guide vor, dass man den Eintrag erweitern und für weitere Geschäfte zwischen denselben Parteien für eine Dauer von fünf Jahren gelten lassen kann, sodass die Nachteile bei einer solchen Regelung gering sind.[337] Die Möglichkeit der generellen Angaben zum Umfang des Sicherungsrechts machen es außerdem z.B. gemäß § 9-502(a)(3) UCC möglich, dass eine erneute Registrierung bei weiteren Sicherungsgeschäften unterbleiben kann.[338] Zudem müsste die Anerkennung nicht registrierter Eigentumsvorbehalte der Nachbarländer in grenzüberschreitenden Fällen überdacht werden. Andererseits hat Belgien durch die groß angelegte Neuordnung die einzigartige Gelegenheit, ein komplett einheitliches System besitzloser Mobiliarsicherungsrechte zu schaffen. Stattdessen bleibt die Publizität an dieser Stelle lückenhaft und das Register kann die Rangverhältnisse nicht umfassend abbilden. Vor dem Hintergrund des erklärten *Vorbild*anspruchs Belgiens überzeugt insbesondere die Begründung nicht, dass man sich an die Praxis der Nachbarländer *anpassen* wolle.

---

[333] Loof/Berlee, 22.

[334] Georges, Revue de la Faculté de droit de l'Université de Liège 2013, 320; Loof/Berlee, 22.

[335] Dirix, ZEuP 2015, 274.

[336] Georges, Revue de la Faculté de droit de l'Université de Liège 2013, 341.

[337] Vgl. Empfehlung 69 des UNCITRAL Legislative Guide, 171 f., 182.

[338] Sigman, in: The Future of Secured Credit in Europe, 151 f.

G. Die Behandlung des Sicherungsguts

I. Umgang mit dem Sicherungsgut

Durch die neu eingeführte Möglichkeit des besitzlosen Sicherungsrechts bleibt der Sicherungsschuldner häufig im Besitz der besicherten Sachen. Dementsprechend müssen die Rechte und Pflichten beider Parteien in dieser bisher seltenen Situation normiert werden.[339] Nachdem der Sicherungsschuldner bei Vereinbarung eines besitzlosen Sicherungsrechts im Besitz der Sache bleiben kann, ist die Regelung des Umgangs des Sicherungsschuldners mit der Sache mitsamt allen Verfügungsmöglichkeiten (Nutzung, Umwandlung, Verkauf, Leihe etc.) sinnvoll.[340]

Artikel 16 I legt den Sorgfaltsmaßstab eines „guten Sicherungsschuldners" fest – er soll mit der Sache so umgehen, wie es ein sorgfältiger Dritter in derselben Position tun würde.[341] Ergänzend dazu darf der Sicherungsgläubiger den Gegenstand jederzeit inspizieren und somit eine Kontrollfunktion ausüben, Art. 16 II.

Nach einer Ansicht werden die Rechte und Pflichten der Parteien sorgfältig ausbalanciert.[342] Dies kann man meines Erachtens jedoch auch anders bewerten: Obwohl die Grundidee einer Inspektionsmöglichkeit gut ist, ist sie in der Praxis nicht unbedingt leicht durchzuführen, wenn über die Gegenstände verfügt wird oder sie schlichtweg an einen anderen Ort gebracht werden. Faktisch ist dies aber das einzige Recht, das der Sicherungsgläubiger ausüben kann, wenn der Schuldner im Besitz der Sache bleiben darf. Hieran zeigt sich, dass dem Schuldner eine starke Position eingeräumt wird; grundsätzlich kann er die Verfügungsmacht allein ausüben.[343] Die untergeordnete Rolle des Inspektionsrechts spiegelt sich in seiner Abdingbarkeit im DCFR und UNCITRAL Legislative Guide wider. Der Wortlaut des belgischen Gesetzes räumt den Parteien eine solche Vereinbarung allerdings nicht explizit ein, sodass diesbezüglich Klärungsbedarf besteht.[344]

---

[339] Exposé des Motifs, 53.
[340] Exposé des Motifs, 20.
[341] Der Staatsrat spricht vom „bon père de famille".
[342] Cattaruzza, Droit bancaire et financier 2013, 190.
[343] Derijcke, RDC 2013, 704.
[344] Für eine Annahme der Abdingbarkeit Steennot, in: Baeck/Kruithof, 64, der die Möglichkeit aus dem DCFR und UNCITRAL Legislative Guide überträgt.

II. Verfügungen über das Sicherungsgut und dingliche Surrogation: Dispositivität als Grundsatz

Das neue belgische Recht legt im Grundsatz ein freies Verfügungsrecht und ein Weiternutzungsrecht des Schuldners fest. Dieser Grundsatz führt dazu, dass die Veränderungen, denen das Sicherungsrecht durch solche Verfügungen unterworfen wird, ebenfalls geregelt werden müssen. Neben der Ausweitung der wirtschaftlichen Flexibilität für den Schuldner muss zugleich das Sicherungsrecht des Gläubigers erhalten bleiben, um einen Interessenausgleich zu schaffen. An die Stelle des Sicherungsrechts können zum einen Forderungen und Früchte treten und zum anderen kann eine Veränderung des Sicherungsguts durch Verarbeitung, Verbindung und Vermengung erfolgen.

Während Artikel 9 allein die Erstreckung des Sicherungsrechts auf an seine Stelle tretende Forderungen betrifft, erfassen die Art. 18 ff. andere Rechte als Forderungen und ergänzen somit die dingliche Surrogation.

1. Umfang des freien Verfügungs- und des Weiternutzungsrechts

Um die wirtschaftlichen Möglichkeiten voll nutzen zu können, darf der Sicherungsschuldner über seine belasteten Güter außer bei gegenteiliger Vereinbarung frei verfügen, sofern dies im Rahmen der „normalen Betriebsführung" geschieht, Art. 21. Die Verfügung ist nicht wie im deutschen Recht begrifflich als Änderung, Übertragung, Belastung oder Aufhebung eines dinglichen Rechts zu verstehen. Der Schwerpunkt liegt vielmehr auf dem Kriterium der Nutzung im „normalen Geschäftsbetrieb", das der internationalen Rechtsentwicklung entlehnt ist.[345] Der Einzelhandelsverkäufer kann beispielsweise seine Gegenstände verkaufen, der Vermieter darf die belasteten Gegenstände vermieten. Beim Verkauf von Vorräten ist der Sicherungsnehmer nicht in seinem Recht gefährdet, weil Vorräte regelmäßig ersetzt werden.[346]

Problematisch stellt sich die Situation dar, wenn der Schuldner zwar im normalen Geschäftsgang verfügt, aber eine abweichende Vereinbarung mit dem Gläubiger getroffen hat, wonach der Schuldner gerade nicht über den Sicherungsgegenstand verfügen darf. Art. 21 sieht nämlich die Möglichkeit einer ge-

---

[345] Dieses findet sich auch in Art. 5:204 DCFR oder im UNCITRAL Guide Empfehlung 81, Exposé des Motifs, 45; Dirix, De hervorming, 24.

[346] Exposé des Motifs, 45.

genteiligen Vereinbarung vor, mit der das Verfügungsrecht gänzlich ausgeschlossen werden kann. Der Gläubiger ist nach belgischem Recht *nicht* grundsätzlich gutgläubig, wenn er im normalen Geschäftsgang erwirbt. Sind das Sicherungsrecht und die Vereinbarung nämlich registriert, so wird der Gläubiger nicht als gutgläubig angesehen, weil er die Beschränkung durch Konsultation des Registers und Lektüre der registrierten Vereinbarung mit dem abweichenden Inhalt hätte erkennen können und müssen. Das ist nicht wünschenswert und steht in starkem Kontrast zu den Regelungen der internationalen Vorbilder: Obwohl die Möglichkeit der Verfügung im normalen Geschäftsgang die Erleichterung des Handelsverkehrs zum Ziel hat, muss der Gläubiger stets das Register prüfen, weil er sich aufgrund der möglichen Abbedingung des Verfügungsrechts nicht sicher sein kann, ob er lastenfrei erwirbt. Das wird beispielsweise im DCFR anders geregelt (Art. IX.-5:303(2) und IX.-6:102(2) DCFR). Dort wird der Gläubiger stets als gutgläubig angesehen, wenn er etwas im normalen Geschäftsgang erwirbt, sodass er das Register nicht nach gegenteiligen Vereinbarungen durchsuchen muss.[347] Gleiches sieht auch Art. 9 UCC vor, wo es ebenfalls nicht auf das Wissen des Erwerbers ankommt. Dieser kann sogar lastenfrei trotz positiver Kenntnis erwerben.

Die Möglichkeit der gegenteiligen Vereinbarung entwertet das Merkmal der Verfügung im normalen Geschäftsgang demnach weitgehend.

Anders sieht die Rechtslage beim Weiternutzungsrecht aus: Der Verzicht auf das Erfordernis der Besitzaufgabe ermöglicht die Weiternutzung der Sache durch den Sicherungsschuldner, die ihm in Art. 17 *ausdrücklich gewährt* wird.[348] Daraus kann man folgern, dass die Weiternutzung nach dem endgültigen Entwurf nicht zur Disposition steht. Die Gestattung einer unabdingbaren Nutzungsmöglichkeit ist konsequent, da hierin der Sinn und Zweck besitzloser Sicherungsrechte liegt. Diese Möglichkeit wird zum Schutz des Sicherungsgläubigers dahingehend ergänzt, dass er durch die dingliche Surrogation in Art. 9 eine Ersatzsicherheit an den Weiterveräußerungserlösen erwirbt, falls der Sicherungsschuldner die Sache nicht nur weiter nutzt, sondern sogar veräußert.

Die Freiheit des Sicherungsschuldners wird außerdem begrenzt, indem ihm lediglich eine „angemessene" Nutzung gemäß Zweckbestimmung erlaubt ist.[349] An dieser Stelle ist die Verwendung des unbestimmten Begriffs der „angemesse-

---

[347] Steennot, in: Baeck/Kruithof 72 f.
[348] Der Expertenvorschlag hatte die Weiternutzung noch abdingbar ausgestaltet. Georges, Revue de la Faculté de droit de l'Université de Liège 2013, 326.
[349] Steennot, in: Baeck/Kruithof, 66.

nen Nutzung" unproblematisch, weil zugleich auf die Zweckbestimmung als objektiver Anhaltspunkt verwiesen werden kann.

Außerdem kann die Freiheit des Sicherungsschuldners auch jederzeit eingeschränkt werden, sofern er seinen Sorgfaltspflichten nicht nachkommt. Dafür stellen Art. 22 II, III Sanktionen bereit: Der Gläubiger muss bei einer Pflichtverletzung des Schuldners einen Antrag bei Gericht stellen, das daraufhin entweder eine Aushändigung oder eine gerichtliche Verwahrung der Sache anordnen kann. Voraussetzung ist hierfür das Vorliegen von „ernsthaften" Pflichtverletzungen des Schuldners, Art. 22 II. Dieser Fall ist gegeben, wenn der Schuldner nicht sorgfältig mit den Gegenständen umgeht oder über den normalen Geschäftsgang hinaus über die Sachen verfügt, mithin gegen Art. 17 oder 21 verstößt, wobei im Falle einer Veräußerung der Erwerber in letzterem Fall auch kein unbelastetes Eigentum erwirbt und sowieso ein Herausgabeanspruch besteht.

Das Kriterium der ernsthaften Pflichtverletzung („manquement grave") kann von den Parteien in der Vereinbarung näher definiert werden.[350] Ansonsten obliegt es dem Vollstreckungsrichter zu entscheiden, ob ein schweres Vergehen durch den Schuldner vorliegt und auch, ob dieses den Begünstigten beeinträchtigt.[351]

Liegt eine Vereinbarung zwischen den Parteien vor, so kann das Gericht nach einer Ansicht dennoch im Streitfall davon abweichend eine umfängliche Überprüfung durchführen; schließlich müsse es die schwere Pflichtverletzung objektiv feststellen können. Dafür spreche die angeordnete richterliche Kontrolle, die ansonsten unterlaufen werden könne.[352] Eine betrügerische Veräußerung der Sache wird strafrechtlich verfolgt, Art 22 III.

Dem Gläubiger selbst steht jedoch kein Sanktionsrecht zu: Er darf sich die Sache nicht einfach auf sein Verlangen hin aushändigen lassen. Eine Vereinbarung diesbezüglich ist unwirksam, Art. 22 I. So soll einem Missbrauch vorgebeugt werden. Eine Aushändigung soll nur möglich sein, wenn sie richterlich genehmigt wurde.[353] Durch das Verbot einfachen Aushändigens wird ferner unterstrichen, dass die Besitzaufgabe abgeschafft wurde.[354]

---

[350] Exposé des Motifs, 45.
[351] Derijke, RDC 2013, 700.
[352] Steennot, in: Baeck/Kruithof, 73.
[353] Exposé des Motifs, 45. Dazu Cattaruzza, Droit bancaire et financier 2013, 191; Dirix, De hervorming, 25.
[354] Derijke, RCD 2013, 698.

2. Regelung der Nutzungsmöglichkeiten

Die bestimmungsgemäße Nutzung kann auch beinhalten, dass über eine Sache derart verfügt wird, dass sie verändert wird. Die wirtschaftliche Nutzungsmöglichkeit des Sicherungsgegenstandes durch den Schuldner soll in diesem Fall vollumfänglich erhalten bleiben. Daher gestattet der Gesetzgeber grundsätzlich die Weiterverarbeitung (Art. 18 I), Immobilisierung (Art. 19) und die Vermischung (Art. 20 I), obwohl teilweise andere Gegenstände an die Stelle des Sicherungsguts treten.

a) Verarbeitung

Insbesondere die Weiterverarbeitung eines dazu bestimmten Sicherungsguts kommt in der Praxis häufig vor und ist nach belgischem Recht auch erlaubt, wenn die Parteien nichts anderes vereinbart haben, Art. 18 I.

Zur Anschaulichkeit möchte ich gleich zu Beginn zwei Beispielsfälle bringen, die nach Vorstellung der jeweiligen Regelungen gelöst werden sollen:

1. A vereinbart mit Stofflieferant B ein Sicherungsrecht an einem Ballen Stoff, den er sodann von B geliefert bekommt. A stellt aus dem Stoff, der mit dem Sicherungsrecht des B belastet ist, ein neues Kleid her. C hat ein umfassendes Unternehmenspfandrecht bezüglich aller gegenwärtigen und künftigen Gegenstände mit A vereinbart.

2. A vereinbart mit Stofflieferant B ein Sicherungsrecht an einem wertvollen Stoff, den B dem A sodann liefert und aus dem A später ein neues Kleidungsstück herstellt. Dabei werden auch weniger wertvolle Stoffe von Dritten in geringer Menge verwendet.

An diesen Beispielen kann man bereits erkennen, dass die erlaubte Weiterverarbeitung nicht ohne Folgen für den Sicherungsgegenstand bleibt. Im Regelfall besteht das Sicherungsrecht an einem Gut, das nach der Verarbeitung nicht mehr in seiner alten Form vorhanden ist, da hieraus ein neues Gut hergestellt wird. Damit würde das Sicherungsrecht eigentlich verloren gehen, wenn der Sicherungsgegenstand untergeht.

Um das zu verhindern, hat der Gesetzgeber bestimmt, dass sich das Sicherungsrecht im Falle der Verarbeitung auf das neu entstandene Gut (Art. 18 II) erstreckt. Dem Gläubiger bleibt sein Sicherungsrecht also erhalten, sofern diese

Folge nicht abbedungen wurde. Für den Fall der nicht erlaubten Verarbeitung (d.h., wenn die Parteien diese ausdrücklich ausgeschlossen haben) wird in Art. 18 auf die sachenrechtlichen Regelungen der Art. 570 ff. des belgischen Code Civil verwiesen, die Wertersatzansprüche vorsehen.

Allein durch die Anwendung des Art. 18 II ist bereits der erste Fall zu lösen: B hatte bereits ein Sicherungsrecht an dem zur Verarbeitung bestimmten Stoff, bevor er in das Eigentum des A gelangte und somit dem umfassenden Unternehmenspfandrecht des C unterfiel, insofern gilt das Prioritätsprinzip. Auch an dem neuen Kleid erhält der C kein Sicherungsrecht. Das Sicherungsrecht des B bleibt gemäß Art. 18 II aufgrund der Erstreckungswirkung bestehen und kann dem C entgegengehalten werden, obwohl der ursprünglich besicherte Stoff nicht mehr *in natura* vorhanden ist.

Problematisch wird es jedoch, wenn beim Verarbeitungsprozess verschiedene Güter oder Materialien, die mit Sicherungsrechten verschiedener Gläubiger belastet sind, zur Herstellung eines neuen Guts verwendet werden.[355] Dann muss geregelt werden, wessen Sicherungsrecht erhalten bleibt, also sich am neu hergestellten Gut fortsetzt. Der belgische Gesetzgeber macht das an dem (Wert-)Anteil am neu entstandenen Gut fest: Wenn das ursprüngliche Gut eines Gläubigers erkennbar den Hauptteil des neuen Guts bildet oder alternativ den größten Wertanteil an diesem neuen Gut hat, also einem spezifischen Sicherungsgläubiger weiter zuzuordnen ist, dann ist die gesamte neue Sache mit dessen Sicherungsrecht belastet. Andere dritte Gläubiger haben dann gegen diesen Sicherungsgläubiger einen Anspruch aus ungerechtfertigter Bereicherung, da auch ihre Materialien mitverarbeitet wurden, Art. 18 III. Dies entspricht den bisherigen Regelungen des Code Civil, vgl. Art. 567 C.c.

Ungeklärt ist die Abgrenzung von Art. 18 II und Art. 18 III: Art. 18 III spricht von „Dritten“. Dritte könnten zum einen andere Sicherungsgläubiger sein und zum anderen Dritte, die Eigentumsrechte an den verarbeiteten Sachen haben. Geklärt werden muss also ferner, ob sich der Absatz lediglich auf die Gläubiger mit Eigentumsrecht bezieht. Bei den Gläubigern mit einem Sicherungsrecht wäre es ja auch möglich, dass Art. 18 II anwendbar ist und eine Erstreckungswirkung an der neu hergestellten Sache eintritt.

---

[355] Faber problematisiert als Einziger den unbestimmten Begriff des Dritten, sodass im Folgenden seine Argumentation wiedergegeben wird. Faber, Entwicklungslinien und Entwicklungsperspektiven, 272.

Nach Auffassung von Faber sind wohl allein Eigentümer von der Regelung umfasst; dafür sprächen sowohl der Wortlaut als auch die Gesetzesmaterialien und Gesetzessystematik.[356] Tatsächlich ist sowohl in Art. 18 III als auch im Exposé des Motifs von den „biens de tiers", also den Sachen Dritter die Rede.[357] Außerdem verweisen Art. 18 III und das Exposé auf die Prinzipien der Art. 565 ff. des belgischen C.c., in denen es um die Verbindung von Sachen verschiedener Eigentümer geht.

Dagegen könnte jedoch das Fehlen einer Regelung des Verwertungsmodus sprechen, obwohl bei der Anwendung der Erstreckungswirkung mehrerer Gläubiger auf ein neu hergestelltes Gut diesbezüglich Klärungsbedarf bestünde. Immerhin könnte das grundsätzlich anwendbare Prioritätsprinzip nicht greifen, da die Sicherungsgüter gleichzeitig verarbeitet werden würden. Bei der Vermischung hingegen wird der abweichende Verwertungsmodus hingegen explizit geregelt. Zudem spricht Artikel 18 in Absatz drei erstmals von „Dritten", sodass dem Wortlaut nach sämtliche Verarbeitungsvorgänge, an denen mehr als ein Sicherungsgläubiger oder Eigentümer beteiligt ist, unter Art. 18 III fallen könnten.

Doch auch innerhalb des Absatzes drei ergibt sich dann eine Folgefrage, nämlich ob neben einem „normalen" Eigentümer auch der Vorbehaltsverkäufer als ein dritter *Eigentümer* anzusehen ist. Da nur die Hauptsache bzw. das wertvollste Material/Gut zur dinglichen Absicherung führt, wären dann jene Vorbehaltsverkäufer mit weniger wertvollen Gütern nicht dinglich gesichert, sondern hätten nur einen Bereicherungsanspruch. Nach dem funktionalen Ansatz soll der Eigentumsvorbehalt wie ein Sicherungsrecht behandelt werden, d.h. der Vorbehaltsverkäufer ist wie ein Sicherungsgläubiger zu behandeln und fällt als Nicht-Eigentümer nicht unter Art. 18 III. Stattdessen gilt für ihn wie für die anderen Sicherungsgläubiger die Erstreckungswirkung des Art. 18 II.

Wünschenswert ist für den Vorbehaltsverkäufer und die dritten Sicherungsgläubiger sicherlich eine Interpretation im Sinne Fabers: Dann bliebe der weite Anwendungsbereich der Erstreckung erhalten, die für die Gläubiger günstiger ist.[358] Eine dingliche Sicherung wird nämlich im Zweifel insolvenzfest sein, wohingegen die Durchsetzbarkeit des Bereicherungsanspruches nicht unbedingt garantiert ist.

Auf dieser Grundlage lässt sich nun auch der zweite Beispielsfall lösen: Da der Stoff, der mit dem Sicherungsrecht des B belastet ist, den Hauptwert des

---

[356] Faber, Entwicklungslinien und Entwicklungsperspektiven, 273.

[357] Exposé des Motifs, 43.

[358] Faber, Entwicklungslinien und Entwicklungsperspektiven, 273. So auch Loof/Berlee, 21.

neuen Kleides ausmacht, setzt sich sein Sicherungsrecht am Kleid fort, Art. 18 III. Die Eigentümer der anderen Stoffe haben in jedem Fall einen Anspruch aus ungerechtfertigter Bereicherung gegen den B, verlieren aber ihr Eigentumsrecht. Folgt man der Ansicht Fabers, so setzt sich das Recht von Sicherungsgläubigern und Vorbehaltsverkäufern der verarbeiteten Stoffe gemäß Art. 18 II am neuen Kleid fort. Sofern man der Meinung ist, dass sämtliche Sachverhalte mit Beteiligung von mehreren Gläubigern/Dritten unter Art. 18 III fallen, so steht allen nur ein Bereicherungsanspruch gegen B zu.

Welcher der Lösungen die belgische Lehre und die Rechtsprechung folgen werden, ist offen. Das Ergebnis verwundert allerdings noch in einer ganz anderen Hinsicht: Fraglich ist nämlich, warum Art. 18 III einen Bereicherungsanspruch gegen den gesicherten Gläubiger vorsieht. Die addierten Materialwerte und eine Wertsteigerung stecken zwar im Endprodukt, aber der gesicherte Gläubiger, dessen Recht gemäß Art. 18 III erhalten bleibt, erhält aus dem Endprodukt nicht mehr als vorher, ist also seinerseits *nicht* bereichert. Die Lösung des belgischen Rechts ist an dieser Stelle nicht nachzuvollziehen: A ist Eigentümer des neuen Kleidungsstücks, wohingegen B lediglich ein Sicherungsrecht daran hat. Der Anspruch aus ungerechtfertigter Bereicherung müsste sich also eigentlich gegen A richten. Das wäre nur anders, wenn das Endprodukt weniger wert ist, aber der Gläubiger trotzdem gleich viel bekommt oder wenn der Gläubiger ursprünglich mehrere Sicherungsrechte hatte, die teilweise erloschen sind, und nun durch Anteile derjenigen, deren Sicherungsrechte erloschen sind, trotzdem seine Forderung enthält – also in ziemlich konstruierten, theoretischen Fälle. Art. 18 III sieht demnach eigentlich einen falschen Anspruchsgegner vor. Richtigerweise müsste sich der Anspruch gegen den Alleineigentümer bzw. den überwiegenden Eigentümer des neu hergestellten Produkts richten.[359]

b) Immobilisierung

Falls der Sicherungsgegenstand durch Einbau unbeweglich wird oder dem Betrieb einer unbeweglichen Hauptsache dient, so muss dem Gläubiger der Wert erhalten bleiben. Diese Immobilisierung soll nicht das Recht des Sicherungsgläubigers auf vorrangige Befriedigung beeinträchtigen, d.h. bei einer Verbindung von beweglicher und unbeweglicher Sache kann der Gläubiger auf die weiterhin selbständig bestehende Sache zugreifen, falls eine Trennung der Sachen möglich ist. Im Falle des Einbaus soll der Sicherungsgläubiger aus dem Erlös bei Verkauf

---

[359] Faber, Entwicklungslinien und Entwicklungsperspektiven, 274.

der unbeweglichen Sache nach einer Insolvenz oder Zwangsvollstreckung vorrangig befriedigt werden, weil ein Zugriff im Zweifel nicht mehr möglich ist, Art. 19.[360]

Nach Auffassung von Faber kann der Sicherungsgläubiger der ehemals beweglichen Sache hier selbst die Verwertung herbeiführen, weil es ihm nicht zuzumuten ist, die Verwertung durch einen Dritten abzuwarten und somit die Gefahr der Verjährung in Kauf zu nehmen. Außerdem könne der Gläubiger seinen schuldrechtlichen Anspruch alternativ im Klageweg durchsetzen und daraufhin in das unbewegliche Vermögen vollstrecken und so die Verwertung herbeiführen.[361] Wenn man allerdings bedenkt, dass es sich bei der vormalig beweglichen Sache auch um einen Sache mit geringem Wert handeln kann und die Zwangsvollstreckung in ein Grundstück betrieben würde, erscheint diese Annahme sehr weitgehend.

In dieser Konstellation können ferner Kollisionen mit einem Hypothekengläubiger entstehen, die über die Prioritätsregel in Art. 57 gelöst werden.[362] Wird daher ein beweglicher Gegenstand mit einem Grundstück verbunden, auf dem eine Hypothek lastet, so kommt es für den Vorrang bei der Verwertung darauf an, ob das Sicherungsrecht bereits bestand, bevor die Verbindung stattfand. In diesem Fall hätte der Gläubiger im Fall der Verwertung gemäß Art. 57 II Vorrang vor dem Hypothekengläubiger.

Bezüglich der Verbindung von beweglicher und unbeweglicher Sache wird die vorhandene Rechtsprechung bestätigt. In Bezug auf den Einbau findet eine Rechtsänderung statt; hier ging das Recht früher verloren.[363]

Zur Veranschaulichung auch hier ein Beispiel:
A vereinbart mit B ein Sicherungsrecht an einer Spülmaschine. A baut sie in seine Küche ein. A hat zugunsten des C ein Sicherungsrecht an der Küche bestellt.

Gemäß Art. 19 bleibt das Sicherungsrecht des B dennoch bestehen. Sofern eine Verjährung des Anspruchs droht, kann B die Verwertung der gesamten Küche betreiben, weil ihm nicht zuzumuten ist, auf die Verwertung durch C zu warten und möglicherweise sein Recht zu verlieren.

---

[360] Exposé des Motifs, 44.
[361] Faber, Entwicklungslinien und Entwicklungsperspektiven, 275, Fn. 1452.
[362] Exposé des Motifs, 44.
[363] Steennot, in: Baeck/Kruithof, 68 f.

Vom Verkaufspreis der Küche erhält der Gläubiger jedenfalls den Anteil, der
dem Wert der Spülmaschine entspricht.

c) Vermischung

Auch bei einer Vermischung besteht eine Gefährdung des Sicherungsrechts, weil
die eigentlichen Gegenstände möglicherweise nicht mehr zu identifizieren sind.
Dennoch bleibt das Sicherungsrecht an der Sache bestehen, Art. 20 I. Werden
Güter vermischt, an denen mehrere Gläubiger Sicherungsrechte geltend machen
können, dann findet im Rahmen der Verwertung eine anteilige Befriedigung
statt, Art. 20 II.

Diese Konstellation lässt sich ebenfalls anhand eines Beispiels verdeutlichen:

Gläubiger A vereinbart mit D ein Sicherungsrecht an 10000 Fußbällen, Gläubiger B vereinbart mit D ein Sicherungsrecht an 20000 Fußbällen. Die Fußbälle
sind von der gleichen Marke und werden zusammen gelagert.

Die Sicherungsrechte werden nicht beeinträchtigt, auch wenn die Fußbälle
nicht zu unterscheiden sind, Art. 20 I. A kann sein Sicherungsrecht bezüglich 1/3
des Erlöses, B bezüglich 2/3 des Erlöses bei der Verwertung der Fußbälle geltend
machen, Art. 20 II.
Art. 20 II sieht eine Proportionalitätsregel vor, die in Einklang mit dem ansonsten geltenden Prioritätsgrundsatz (Art. 57) gebracht werden muss. Hierbei
ist wie folgt zu differenzieren: Sofern die Gläubiger ein Sicherungsrecht an derselben Sache haben, wird das Prioritätsprinzip angewendet, sofern ihre verschiedenen Gegenstände miteinander vermengt worden sind, wird die Proportionalitätsregel angewandt.[364]

3. Dingliche Surrogation

An die Stelle des Sicherungsgegenstandes können jedoch nicht nur neue Güter,
sondern auch Forderungen treten. Bei den vom Gesetzgeber beispielhaft genannten Forderungen, die aus einer Abtretung der Güter entstehen, ist vor allem an
Forderungen durch Veräußerung des Gegenstands zu denken, sowie bei den Forderungen zum Ausgleich von Verlust, Beschädigung oder Wertverlust an Forderungen gegen eine Versicherung (Art. 9 I).

---

[364] Steennot, in: Baeck/Kruithof, 70.

Als eine der bedeutenden Neuerungen[365] des Gesetzes ist hervorzuheben, dass sich das Sicherungsrecht nicht allein auf den besicherten Gegenstand, sondern auch auf seine dinglichen Surrogate (Forderungen und Früchte) erstreckt.[366] Dem Gläubiger bleibt nun auch in dieser Situation sein Sicherungsrecht erhalten, da er in die Forderungen, die an die Stelle des Sicherungsgutes treten, eintritt.

Die Beschränkung der Surrogation auf Forderungen führt jedoch dazu, dass die Erstreckung des Sicherungsrechts bei Erfüllung, d.h. bei der Zahlung des Kaufpreises an den Sicherungsschuldner oder der Zahlung der Versicherungssumme an diesen, endet, weil die Forderung dann erlischt.[367] Hierin liegt eine der großen Schwächen der dinglichen Surrogation. Hinzu kommt, dass der Sicherungsgläubiger möglicherweise nicht rechtzeitig darüber Kenntnis erlangen wird, dass der Schuldner die Sache veräußert hat. Diesbezüglich ist die gesetzlich normierte Notifizierungspflicht des Sicherungsschuldners an den Sicherungsgläubiger (bzw. andersherum, wenn der Sicherungsgläubiger im Besitz der Sache ist und sie veräußern will) in Art. 9 III zu begrüßen, durch die dem Gläubiger im Fall der dinglichen Surrogation auch tatsächlich ein Schutz seines Sicherungsrechtes ermöglicht wird.

Daran anknüpfend muss noch einmal klargestellt werden, dass es im Falle der Weiterveräußerung keine dingliche Surrogation an den Veräußerungserlösen, sondern lediglich an den Forderungen eintritt. Allerdings erwirbt der Käufer bei Weiterveräußerung grundsätzlich kein unbelastetes Eigentum, sondern ist dem Verfolgungsrecht des Sicherungsgläubigers ausgesetzt, sofern nicht eine Ausnahme greift (vgl. Kapitel 2, B.IV.1).

Sobald ein Fall der dinglichen Surrogation eintritt, muss die Partei – überwiegend der Sicherungsschuldner – der anderen Partei Rechenschaft ablegen, Art. 9 III. Sofern es um ein besitzloses Sicherungsrecht geht, trifft diese Pflicht den Schuldner, beim Faustpfand hingegen den Gläubiger, da er in diesem Fall den Besitz am Sicherungsgegenstand innehat.

---

[365] Bisher war die sogenannte dingliche Surrogation noch nicht allgemein anerkannt. Grundlegend hierzu Sagaert, Zakelijke subrogatie, 2003.

[366] Die Erstreckung auf Früchte kann jedoch abbedungen werden, Art. 9 II.

[367] Faber, Entwicklungslinien und Entwicklungsperspektiven, 271. Dieselbe Folge tritt auch im deutschen Recht ein, es sei denn, der Erlös wird getrennt gebucht.

4. Entsprechende Anwendung der Regeln beim Eigentumsvorbehalt

Beim Eigentumsvorbehalt stellen sich ähnliche Probleme wie beim Sicherungsrecht ohne Besitzübergabe: Den Besitz hat der Schuldner-Käufer inne. Es ist möglich, dass er über die Güter (im normalen Geschäftsbetrieb) verfügt, und dementsprechend sind Art. 9, 18, 20[368] bezüglich der dinglichen Surrogation, der Verarbeitung und Vermischung entsprechend anwendbar, Art. 70. Vor allem wird auch der Eigentumsvorbehalt nun nach der funktionalen Methode als Sicherungsrecht eingeordnet, sodass eine Anwendung der allgemeinen Regeln geboten ist.[369]

Die Erstreckungswirkung des Art. 18 II bei Verarbeitung gilt auch für den Eigentumsvorbehalt:
B verkauft dem A Stoff unter Eigentumsvorbehalt, aus dem dieser Gardinen herstellt. C hat ein umfassendes Unternehmenspfandrecht bezüglich aller gegenwärtigen und künftigen Gegenstände mit A vereinbart.
Der Eigentumsvorbehalt des B bleibt gemäß Art. 70 i.Vm. Art. 18 II bestehen und kann dem C entgegengehalten werden, obwohl der ursprüngliche Stoff nicht mehr *in natura* vorhanden ist.[370] Der Eigentumsvorbehalt setzt sich an den Gardinen fort.

Wenn dritte Eigentümer bei der Verarbeitung ins Spiel kommen, wird Art. 18 III angewandt, der auf den Hauptwert abstellt:
B verkauft dem A wertvollen Stoff unter Eigentumsvorbehalt, aus dem dieser ein neues Kleid herstellt. Dabei werden auch weniger wertvolle Stoffe von Dritten in geringer Menge verwendet.
Wenn der Stoff des B den Hauptwert ausmacht, so setzt sich sein Eigentumsvorbehalt am Kleid fort, Art. 18 III i.V.m. Art. 70.
Die Eigentümer der anderen Stoffe, die nicht den Hauptwert des Kleides ausmachen, haben dann einen Anspruch aus ungerechtfertigter Bereicherung gegen den B, verlieren aber ihr Eigentumsrecht.
Haben die anderen nur ein Sicherungsrecht an den verarbeiteten Stoffen, so setzt sich ihr Sicherungsrecht gemäß Art. 18 II fort, sofern man Fabers Interpretation des Art. 18 II, III folgt (s.o.).
Auch bei einer Vermischung bleiben die Vorbehaltsrechte erhalten:

---

[368] Bezüglich der Immobilisierung sieht das Gesetz beim Eigentumsvorbehalt eine Sonderregelung vor, siehe sogleich, sodass Art. 19 nicht anzuwenden ist.
[369] Exposé des Motifs, 70.
[370] Dies war nach Art. 101 Loi. Faill. nicht der Fall, der Eigentumsvorbehalt ging verloren.

A, B und C vereinbaren mit dem D jeweils einen Eigentumsvorbehalt an dem von ihnen gelieferten Pflanzenschutzdünger. Der D vermischt diese Düngervorräte.

Die Vorbehaltsrechte von A, B und C werden nicht beeinträchtigt. Sie können proportional geltend gemacht werden, Art. 70 i.V.m. Art. 20.

Die Kaufgegenstände können durch Einbau, Verbindung etc. unbeweglich werden, sodass in solch einem Fall ein Konflikt mit dem Hypothekengläubiger auftreten kann. Die Immobilisierung wird daher speziell in Art. 71 geregelt. Auch hierzu ein Beispiel:

B verkauft A eine Küche unter Eigentumsvorbehalt. A baut die Küche in sein Haus ein. A hat zuvor zugunsten des C eine Hypothek am Grundstück bestellt.

B kann dem C den Eigentumsvorbehalt entgegenhalten, wenn er ihn (freiwillig!) registriert hat, Art. 71. Als unbezahlter Verkäufer hat er wegen seines Eigentumsvorbehalts ferner Superpriorität gegenüber dem Hypothekengläubiger, Art. 58 II. Außerdem kann er sich als unbezahlter Verkäufer gemäß Art. 58 II alternativ auf sein Verkäuferprivileg berufen, sofern die Küche ein Investitionsgut ist. Er kann es dadurch geltend machen, dass er die Rechnung beim Handelsgericht hinterlegt und darlegt, dass es sich um Investitionsgüter handelt. So bleibt sein Recht sogar erhalten, wenn die Hypothek eigentlich zuerst eingetragen war. Grund hierfür ist der besondere Schutz, der Investitionsgütern gewährt werden soll.[371] Neben diesem Schutz bleibt der Eigentumsvorbehalt nun sogar bei Einbau erhalten, sofern er im Register eingetragen ist. Die *fakultative* Registrierung sollte also vorgenommen werden, falls die Möglichkeit besteht, dass der Gegenstand unbeweglich werden könnte.

H. Rangfolge und Rangkonflikte

I. Festlegung der Rangfolge in Art. 57, 58

Im Bereich der Rangkonflikte lohnt sich ein Blick auf die alte Rechtslage, weil diese als besonders reformbedürftig angesehen wird und ein Vergleich aufzeigt, wie groß die Veränderungen nach neuer Rechtslage tatsächlich ausfallen.

---

[371] Exposé des Motifs, 70.

Das bisherige System der Rangfolge und der Prioritäten gilt als hochkomplex.[372] Es gibt verschiedene Kategorien von Gläubigern, die Vorzugsrechte (voorrechten/privilèges) geltend machen können. Darunter fallen unter anderem Ansprüche auf Zahlung des Kaufpreises oder Entrichtung des Mietzinses, Ansprüche von Subunternehmern und Spediteuren, Ansprüche wegen Kosten, die zum Erhalt eines bestimmten Vermögenswerts angefallen sind oder Ansprüche bei unbezahlten Versicherungsprämien. Hinzu kommen allgemeine Vorzugsrechte bezüglich der Gesamtheit des Schuldnervermögens, die Steuer- und Sozialbehörden sowie Arbeitnehmern zustehen.[373]

Die neuen Prioritätsregeln werden übersichtlich in zwei Artikeln normiert. Dies darf jedoch nicht darüber hinwegtäuschen, dass die gesetzlichen Vorzugsrechte überwiegend *nicht* abgeschafft wurden. Art. 57 I legt zwar fest, dass das allgemeine Sicherungsrecht Vorrang vor allen anderen an dem Sicherungsgut begründeten Rechten hat. Allerdings gilt dies nur *unbeschadet* der Regeln der Art. 21–26 des Titels XVIII Buch III des Zivilgesetzbuches. Dabei handelt es sich um bestimmte, nicht abgeschaffte Vorzugsrechte, die im Rang neben das allgemeine Sicherungsrecht treten können.[374] Bei der Verwertung muss zum einen das Prioritätsverhältnis zwischen den Sicherungsrechten geklärt werden. Zum anderen müssen aber auch die speziellen Privilegien der Art. 21–26 des Hypothekengesetzes beachtet werden, die ebenfalls überwiegend der Prioritätsregel folgen.[375] Aufgrund der Unübersichtlichkeit der verschiedenen Klassen von Gläubigern wird man sich hierfür weiterhin eines umfangreichen Kommentars bedienen müssen, um eine Reihenfolge sicher determinieren zu können. Daher wird an dieser Stelle auch nur auf diese fortbestehende Problematik hingewiesen.

Grundsätzlich gilt, dass gesicherte Gläubiger vorrangig vor den ungesicherten Gläubigern aus der Verwertungssumme befriedigt werden. Bezüglich des Verhältnisses der gesicherten Gläubiger legt Art. 57 II des belgischen Reformgesetzes die *prior tempore, potior iure*-Regel fest. Die Rangfolge der Gläubiger bei der Verwertung bestimmt sich nach dem Datum der Registrierung oder der Inbesitznahme[376], also nach dem Zeitpunkt, in dem Drittwirksamkeit hergestellt

---

[372] Dirix, ZEuP 2015, 275.

[373] Dirix, ZEuP 2015, 275.

[374] Diese Vorrechte privilegieren u.a. den unbezahlten Subunternehmer, Frachtführer, den Gläubiger von Bestattungskosten etc. und werden teilweise in das Reformgesetz eingefügt, vgl. Art. 90–93, Art. 100.

[375] Derijcke, RDC 2013, 710.

[376] Für Sicherungsrechte an Forderungen ist eine fiktive Besitzübertragung, die „contrôle" vorgesehen. Diese Fiktion wird in Art. 60 ff. näher geregelt und erläutert.

wird. Das zuerst eingetragene Recht beziehungsweise die vorangegangene Inbe-sitznahme haben Vorrang.[377]

Sofern zwei Gläubiger am selben Tag Drittwirksamkeit bezüglich eines Siche-rungsrechts herstellen, so erhalten sie denselben Rang, Art. 57 III. Unbeachtlich ist dagegen der Tag der eigentlichen Begründung der Sicherheit.[378] Die Kenntnis der Bestellung des Sicherungsrechts allein genügt nicht, es muss immer ein Akt der Drittwirksamkeit vorliegen.[379] Art. 57 IV regelt den Spezialfall, dass die Güter zwischenzeitlich unbeweglich geworden sind. Dann wird der Rangkonflikt zwi-schen Sicherungs- und Hypothekengläubigern sowie anderen bevorzugten Gläu-bigern ebenfalls nach dem Datum der Registrierung entschieden. Das Datum der Registrierung der Hypothek und der Registrierung des Sicherungsrechts werden dafür miteinander verglichen. Hierzu ein Beispiel:

A vereinbart mit B ein Sicherungsrecht an einer Einbauküche, bevor sie ein-gebaut wird. A baut die Küche in sein Haus ein. A hat zugunsten des C eine Hy-pothek am Grundstück bestellt.

Hier bestimmt sich die Rangfolge von C und B nach dem Zeitpunkt der Re-gistrierung der Hypothek bzw. des Sicherungsrechts an der Küche gemäß Art. 57 IV. Sofern die Hypothek eingetragen wurde, bevor das Sicherungsrecht registriert wurde, hat der Hypothekengläubiger Vorrang. Das wird der Regelfall sein. Es ist zweifelhaft, ob diese Regelung so vom Gesetzgeber gewünscht ist, da sie zu einer einseitigen Bevorzugung des Hypothekengläubigers führt. Dieser wird ohnehin in einer stärkeren Position als der Lieferant der beweglichen Ge-genstände sein. Um seiner Benachteiligung vorzubeugen, könnte der Lieferant der Einbauküche allerdings einen Eigentumsvorbehalt vereinbaren. Dann kommt es nicht mehr auf das Datum des Registereintrags an, weil die Superpri-orität des Art. 58 greift.

Art. 58 normiert die Ausnahmen vom Prioritätsprinzip, die „Superprioritä-ten". Diese verschaffen einem Gläubiger unabhängig vom Zeitpunkt der Dritt-wirksamkeit Vorrang vor allen anderen Sicherungsgläubigern. Die „Superpriori-tät" wird nicht mit der wirtschaftlichen Funktion als Anschaffungssicherheit begründet, sondern mit der Konstruktion der Vorbehalts- und Vorzugsrechte, die zeitlich grundsätzlich vor den besitzlosen Sicherungsrechten vereinbart wer-

---

[377] Exposé des Motifs, 23.
[378] Derijcke, RDC 2013, 709.
[379] Exposé des Motifs, 23.

den. Sie begünstigt vornehmlich den unbezahlten Verkäufer, der sich auf den Eigentumsvorbehalt berufen kann, den Verkäufer mit einem gesetzlichen Privileg
sowie den Subunternehmer mit gesetzlichem Vorzugsrecht, Art. 58 II. Dasselbe
gilt für Gläubiger, die einen Anspruch auf Erhaltungskosten (z.B. aus Reparatur-
leistungen) haben, Art. 58 I.[380] Diese Nennung zweier Privilegien darf nicht darüber hinwegtäuschen, dass daneben noch zahlreiche andere Vorzugsrechte bestehen bleiben, wie bereits einleitend erwähnt wurde. Absatz 2 gilt vorbehaltlich
des Absatzes 1. Das bedeutet, dass der Gläubiger mit einem Sicherungsrecht aufgrund von Forderungen zur Erhaltung der Sache Vorrang vor sämtlichen anderen Sicherungsrechten und Superprioritäten hat.

Bezüglich der Gegenstände unter Eigentumsvorbehalt kommt dem Verkäufer der höchste Rang zu, selbst wenn er nicht vindiziert. Das ist ganz auf der Linie
der Lösung nach altem Recht. Selbst bei einer Behandlung des Vorbehaltsrechts
als Sicherungsrecht unter der Geltung des funktionalen Ansatzes ist dieses ein
vorbehaltenes Sicherungsrecht und somit chronologisch im Regelfall vor einem
besitzlosen Sicherungsrecht vereinbart.[381] Einzig dem Inhaber eines Sicherungsrechts mit Zurückbehaltungsrecht aufgrund von Forderungen wegen der Erhaltung einer Sache wird Vorrang vor dem Vorbehaltsverkäufer eingeräumt, was
auch unter altem Recht so war. Ihm gebührt ein besonderer Schutz, weil er notwendige Aufwendungen macht, die die Sache vor einer Verschlechterung bewah-
ren und so dem Eigentümer in jedem Fall zugutekommen.[382]

Zweifelhaft an der Regelung der Superprioritäten ist insbesondere, ob die Benachteiligung von Geld- gegenüber Warenkreditgebern gerechtfertigt ist – immerhin können auch sie eine Anschaffungsfinanzierung für Waren bereitstellen.
Diese Funktion ist an sich positiv zu bewerten, weil sie unabhängig von der Fi-
nanzierungsart das Vermögen des Schuldners zum Vorteil aller mehrt. Diese
Wertung spiegelt sich in der umfassenden Superpriorität für Sicherungsrechte
aufgrund einer Anschaffungsfinanzierung („acquisition financing devices") in
anderen Registersystemen wider.[383] Dem Wortlaut nach ist diese Gleichstellung
aber im belgischen Gesetz eindeutig nicht gegeben, wenngleich der Kommentar
diesbezüglich keine klaren Aussagen trifft.[384]

---

[380] Dirix, ZEuP 2015, 283 f.
[381] Jansen, in: Baeck/Kruithof, 165.
[382] Jansen, in: Baeck/Kruithof, 165.
[383] Art. 4:102(1) DCFR; § 9-324(a) UCC.
[384] Exposé des Motifs, 27, spricht von purchase money securities als Vorbild, dem Gesetzeswortlaut
     nach sind aber nur Warenkreditsicherheiten mit Superpriorität ausgestattet.

Umstritten ist zudem die gewollte Benachteiligung von anderen gesicherten Kreditgebern gegenüber den Gläubigern mit Superpriorität. Sie beruht auf dem Gedanken, dass insbesondere Vorbehaltsverkäufer und Subunternehmer durch die Einräumung einer Superpriorität und somit der Möglichkeit der vorrangigen Befriedigung im Insolvenzfall geschützt werden müssen. Daran wird kritisiert, dass eigentlich alle Geldgeber betroffen sind. Eine solche Diskriminierung könne möglicherweise verfassungsrechtlichen Bedenken nicht standhalten. Es gebe keinen Grund, warum allein der Verkäufer und der Subunternehmer Superpriorität erhalten. Gleiches müsse auch für Dienstleister/Werkunternehmer gelten, die sogar unfreiwillig zu Gläubigern werden können.[385]

Zudem bleibt das Verhältnis der Superprioritäten zu den Privilegien problematisch; hier widersprechen sich Hypotheken- und Zivilrecht zum Ungemach der Prozessbeteiligten.[386] Sowohl Derijcke als auch Georges weisen auf einen eklatanten Widerspruch hin: Art. 23 des Hypothekengesetzes, das auch nach der Reform weitergelten wird, gibt dem Gläubiger, der Frachtführer ist, Vorrang vor dem Verkäufer des Gegenstands, wohingegen Art. 58 des Reformgesetzes dem unbezahlten Verkäufer stets den Vorrang einräumt. Es ist also unklar, wem nun letztlich der Vorrang gebührt. Die Bestimmung der Reihenfolge ist also weiterhin nicht eindeutig und wird im Zweifel erst durch die Rechtsprechung oder eine weitere Gesetzesänderung gelöst werden können. Ob die *lex posterior derogat legi priori*-Regel anzuwenden ist und die Problematik so gelöst werden kann, ist unklar. Immerhin ist eine Weitergeltung der alten Regelungen neben dem Reformgesetz vorgesehen, sodass die Regeln grundsätzlich nebeneinander stehen.

II. Mehrfachbesicherungen

Nachdem die einzelnen Rechtsinstrumente und Rangprinzipien nun alle dargestellt wurden, soll zum Abschluss noch anhand von Beispielen geklärt werden, wie das Konfliktpotenzial zwischen den im Reformgesetz normierten Rechtsinstrumenten im Verwertungsfall einzuschätzen ist.[387]

---

[385] Derijcke, RDC 2013, 711.

[386] Cattaruzza, Droit bancaire et financier 2013, 184; Derijcke, RDC 2013, 710; Georges, Revue de la Faculté de droit de l'Université de Liège 2013, 365.

[387] Leider gibt es weiterhin sehr viele gesetzliche Privilegien, sodass eine ausführliche Darstellung der Konflikte mit diesen Vorzugsrechten den Rahmen der Arbeit sprengen würde.

1. Sicherungsrecht und Sicherungsrecht

A vereinbart mit B ein Sicherungsrecht an seinem Auto; mehrere Tage später vereinbart er auch mit C ein Sicherungsrecht an seinem Auto.

Eine Mehrfachbesicherung ist möglich, dabei geht das zuerst vereinbarte und *registrierte* Recht vor.

Die Vereinbarung selbst führt nur zur Wirksamkeit des Sicherungsrechts zwischen A und B bzw. A und C. Je nachdem, wer das Sicherungsrecht zuerst einträgt, kann dem anderen das Sicherungsrecht entgegenhalten und sich den besseren Rang sichern.

In diesem Fall greift grundsätzlich die *prior tempore*-Regel des Art. 57 I.

2. Forderung und Forderung

A vereinbart ein Sicherungsrecht mit B bezüglich einer Forderung des A gegen D. Mehrere Tage später vereinbart der A bezüglich derselben Forderung ein Sicherungsrecht mit C, der gutgläubig ist und die Abtretung dem D gegenüber anzeigt.

Obwohl das Sicherungsrecht zwischen A und B zeitlich zuerst vereinbart wurde, kann C sein Sicherungsrecht dem B entgegenhalten. Bei der Mehrfachbesicherung einer Forderung hat diejenige Forderung, die zuerst notifiziert wird, Vorrang, Art. 60 III i.V.m Art. 1690 belg. C.c.

3. Globalzession/Sicherungszession und dingliche Surrogation

Die B-Bank hat sich an allen gegenwärtigen und zukünftigen Forderungen des A ein Sicherungsrecht (Globalzession) einräumen lassen. Hersteller H verkauft A ein Auto unter Eigentumsvorbehalt, das dieser an einen Kunden K weiterverkauft.

Die B-Bank hat sich alle gegenwärtigen und zukünftigen Forderungen des A zur Sicherheit (Sicherungszession) abtreten lassen. Hersteller H verkauft A ein Auto unter Eigentumsvorbehalt, dass dieser an einen Kunden K weiterverkauft.

Auch in diesem Fall greift wieder die Superpriorität des unbezahlten Verkäufers unter Eigentumsvorbehalt gemäß Art. 58 II, sodass H sich vorrangig aus der Forderung befriedigen kann.

Da A das Auto im normalen Geschäftsbetrieb weiterverkauft und dazu gemäß Art. 21 berechtigt ist, verliert H sein Eigentum. Sein ursprüngliches Recht
setzt sich allerdings an der Kaufpreisforderung gegen K im Rahmen der dinglichen Surrogation gemäß Art. 70 i.V.m. Art. 9 fort.

In diesem Fall greift die Superpriorität des unbezahlten Verkäufers unter Eigentumsvorbehalt gemäß Art. 58 II, sodass H sich vorrangig aus der Forderung
befriedigen kann.

Außerdem ist eine Sicherungsabtretung gemäß Art. 62 zwischen den Parteien
zwar gültig, kann jedoch Dritten gegenüber nicht durchgesetzt werden.[388]

Der Vorbehaltsverkäufer wird also umfassend geschützt, muss jedoch beachten, dass seine dingliche Surrogation sich nur so lange an den Forderungen fortsetzt, wie diese nicht gegenüber dem Käufer erfüllt werden und erlöschen. Er
sollte sich also stets vom Vorbehaltskäufer das Recht einräumen lassen, den
Drittkäufer zu notifizieren, damit dieser nur noch befreiend an ihn leisten kann.

4. Unklarheit beim Zusammentreffen von Forderung und Unternehmenspfandrecht

Denkbar ist auch ein Konfliktfall zwischen Forderungen und einem Unternehmenspfandrecht, das weiterhin vereinbart werden kann und sowohl Gegenstände als auch Forderungen umfasst.[389] Grundsätzlich wird das gesamte Pfandrecht in das Register eingetragen. Auf welchen Zeitpunkt für die Drittwirksamkeit dann allerdings bezüglich der Forderungen abgestellt wird (Registereintrag
oder Benachrichtigung des Schuldners), ist unklar und wird auch von keinem
Autor problematisiert.

III. Bewertung der Regelungen zu den Rangverhältnissen

Nach einer Ansicht sind die vielfältigen Rangprobleme wie nach altem Recht
Vergangenheit.[390] Dem ist meines Erachtens jedoch nicht zuzustimmen. Es bleibt
weiterhin bei der Beibehaltung von unzähligen Privilegien, vor allem im Steuer-
recht.[391] Die im Reformgesetz klar normierten Vorrangregeln und Superpriori-

---

[388] Dirix, ZEuP 2015, 276.
[389] Cattaruzza, Droit bancaire et financier 2013, 186 f.
[390] Cattaruzza, Droit bancaire et financier 2013, 188.
[391] Loof/Berlee, 19.

täten dürfen nicht über fortbestehende Probleme des belgischen Rechts hinwegtäuschen. Die komplexen gesetzlichen Vorzugsrechte werden nicht abgeschafft[392] und erschweren den Überblick über die Rangordnung wiederum.

Neben der Regelung von Rangkonflikten von Sicherungsrechten müssen beim Vorliegen von Privilegien Art. 21, 26 Hypothekenrecht konsultiert werden, die Konflikte uneinheitlich lösen.

Die Beibehaltung der Privilegien kann man wahrlich als verpasste einmalige Chance ansehen.[393] Letztlich kommen nun zu den Privilegien die Superprioritäten hinzu, sodass sogar eine weitere Kategorie bei der Lösung von Rangkonflikten zu berücksichtigen ist.

J. Verwertung

Die Regelung der Verwertung ist in jeder Rechtsordnung von besonderem rechtlichem und wirtschaftlichem Interesse, da sich an ihrer Ausgestaltung zeigt, wie das Schutzbedürfnis und die Interessen der verschiedenen Gruppen von Gläubigern gewichtet werden. Insbesondere die Gläubiger selbst interessieren sich dafür, ob sich ihr Sicherungsrecht bei Zahlungsausfall gut durchsetzen lässt und berechnen danach das Ausfallrisiko und ihren Zinsaufschlag.

Der Ablauf der Verwertung unterscheidet sich nach bisheriger Rechtslage je nach zivil- und handelsrechtlichem Pfand:

Das zivilrechtliche Pfand musste zuvor zur Verwertung versteigert werden, sofern der Gläubiger nicht eine Schätzung durch einen Experten bevorzugte. Dieser geschätzte Wert wurde dann auf die Forderungen angerechnet. War dieser geringer, so behielt der Schuldner die Differenz. Das handelsrechtliche Pfand wiederum musste durch freihändigen oder öffentlichen Verkauf verwertet werden.[394] Das System ist veraltet und nicht mehr passend zum System bei den Finanzinstrumenten, wo die hier eingeführten Neuerungen bereits gelten.[395]

Der Verwertungsprozess nach neuem Recht wird in Art. 46–56 geregelt und gilt sowohl für das Faustpfand als auch für das besitzlose Sicherungsrecht und

---

[392] Dirix, ZEuP 2015, 287.

[393] Derijcke, RDC 2013, 710.

[394] Art. 2078 II belg. C.civ.

[395] Broeckx, Uitwinning van pandrechten, in: Baeck/Kruithof (Hg.), Het nieuwe zekerheidsrecht, 2014, 93 f.

das Forderungspfand (während der Vorbehaltsverkäufer beim Eigentumsvorbehalt ein Rückforderungsrecht bezüglich des Gegenstandes hat, vgl. Art. 69 I, III). Auch die bisher bestehende Differenzierung zwischen zivil- und handelsrechtlichem Pfandrecht entfällt. Die besondere Bedeutung und Kontroverse um den richtigen Verwertungsmodus zeigt sich in der starken Veränderung der Vorschriften des endgültigen Gesetzesentwurfs im Verglcich zum Expertenvorschlag. Letztendlich hat sich der belgische Gesetzgeber für eine ausgesprochen unterschiedliche Behandlung von Verbrauchern und Unternehmern entschieden, und die Regelungen für den Fall, dass der Sicherungsgeber nicht Verbraucher ist, haben gegenüber dem ersten Entwurf eine starke Veränderung erfahren.[396]

Grundsätzlich gilt, dass der Sicherungsgläubiger den Sicherungsgegenstand nicht selbst zur Sicherung weiterverwenden darf, Art. 41. Diese Vorschrift ist nach dem letzten Entwurf abdingbar, wenn der Sicherungsgeber (unabhängig davon, ob er Verbraucher ist oder nicht) zustimmt.[397] Sofern der Schuldner gegen die Weiterverwendung als Sicherungsrecht nichts einzuwenden hat, spricht nichts gegen diese Möglichkeit.[398]

I. Regelung bei Unternehmern als Sicherungsgebern

Die Regelungen für Unternehmer werden stark vereinfacht.[399] Der Gesetzgeber nennt hier das Leitbild der Verwertung auf wirtschaftlich verantwortungsvolle Art und Weise, wie es in Empfehlung 131 des UNCITRAL Legislative Guide vorgeschlagen wird.[400] Die Verwertung soll möglichst effizient ablaufen, damit im Interesse beider Parteien möglichst wenig Wertverlust eintritt. Aus diesem Grunde erfolgt die Verwertung grundsätzlich außergerichtlich; erst auf Verlan-

---

[396] Zunächst sollte der Gläubiger bei Säumigkeit eines jeden Schuldners über das Sicherungsgut verfügen können, indem er es verkauft oder verleiht.

[397] Dies entspricht dem bisherigen Recht. Damit wird der Vorschlag der Expertengruppe doch noch übernommen, sodass die Regelung nun klar ist. Darüber hatten Derijcke, RDC 2013, 704; Georges, Revue de la Faculté de droit de l'Université de Liège 2013 326; und Steennot, in: Baeck/Kruithof, 59 noch diskutiert, weil diese Option nicht explizit geregelt wurde, aber nach altem Recht möglich ist.

[398] Exposé des Motifs II, Änderungsartikel 6, 9.

[399] Exposé des Motifs, 56. Broeckx, in: Baeck/Kruithof, 95.

[400] Dirix, De hervorming, 45.

gen einer Partei wird das Gericht tätig.[401] Besonders hervorzuheben ist zudem die Einführung einer Verfallsklausel.

1. Art und Weise der Verwertung

Sofern der Sicherungsgläubiger im Besitz der Sache ist, ist eine außergerichtliche Verwertung in Form des (Teil-)Verkaufs oder der Vermietung bei Nichtzahlung zur Begleichung der Forderungsschuld möglich, Art. 47 I. Die Möglichkeiten der Verwertung für den Unternehmer sind also großzügig ausgestaltet.

In der Konsequenz hat der Sicherungsgläubiger beim Zahlungsverzug das Recht, frei über den Sicherungsgegenstand zu verfügen. Der Sicherungsschuldner kann jedoch Einspruch gegen die Verfügung erheben, Art. 47 II, woraufhin der Sicherungsgläubiger das Gericht anrufen muss, Art. 47 II i.V.m. Art. 54.

Durch diese Regelung wird der Privatautonomie Raum gegeben[402]; es besteht eine weitgehende Vertragsfreiheit in Bezug auf die Gestaltung des Verwertungsmodus.[403] Diese Regelung ist aus wirtschaftlicher Perspektive positiv zu bewerten, wenn man bedenkt, dass es bei Sicherungsgegenständen vor allem um Wertgewinnung geht und die Gewinnchancen durch eine freie Verfügungsgewalt steigen.[404]

Es kann jedoch zum Problem werden, dass die Besitzverschaffung an den Gläubiger logische Voraussetzung für die Verfügung über den Gegenstand ist. Bei einem Faustpfand ist die Regelung zwar einfach anzuwenden.[405] Problematisch ist aber der Fall bei einem besitzlosen Sicherungsrecht, wenn sich der Schuldner der Inbesitznahme durch den Gläubiger widersetzt. Die richterliche Anrufung gemäß Art. 47 II ist nur bei einem Einspruch des *Schuldners* vorgesehen. Erhaltungsmaßnahmen, wie sie im Insolvenzrecht vorgesehen sind, sind dann nicht ausreichend, schließlich muss der Gläubiger an die Sache selbst gelangen. Deshalb gibt es eine gesonderte Regel für diese Konstellation in Art. 54 I: Der zuständige *juge des saisies* (Richter für dinglichen Arrest, Zwangsvollstreckung, Pfändung) kann vom Sicherungsgläubiger (aber auch vom Sicherungsschuldner und betroffenen dritten Parteien) wegen jeglicher Streitigkeit hinsicht-

---

[401] Diese Herangehensweise entspricht den Empfehlungen 131 ff. des UNCITRAL Legislative Guide on Secured Transactions.

[402] Einerseits wird die zwingende gerichtliche Beteiligung abgeschafft, aber andererseits bleibt sie nach dem Willen einer Partei möglich.

[403] Exposé des Motifs, 56. Derijcke, RDC 2013, 707.

[404] Derijcke, RDC 2013, 707. Julienne, RDC 2014, 660.

[405] Broeckx, in: Baeck/Kruithof, 96 f.

lich der Verwertung angerufen werden, und gegen seine Entscheidung sind weder ein Einspruch noch eine Berufung möglich; er kann also ausnahmsweise
einstweilige Verfügungen erlassen.[406]

Die Art und Weise der Verwertung kann von den Parteien bei Vereinbarung
des Sicherungsrechts oder zu einem späteren Zeitpunkt geregelt werden (Art. 47
VI); sie muss gemäß Art. 47 III jedenfalls redlich und auf wirtschaftlich gerecht-
fertigte Weise erfolgen. Bei Fälligkeit der Forderung muss der Gläubiger die Sicherheit nicht sogleich verwerten, sondern kann auch andere Optionen verfolgen
oder die Sache einfach in Besitz nehmen.[407] Folglich gibt die Regelung dem Gläubiger große Freiheit. Eine konkrete Vorschrift über die Art und Weise der Verwertung gibt es nicht; der Schuldner trägt letztlich die Beweislast dafür, dass der
Gläubiger die Verwertung bösgläubig oder wirtschaftlich ungerechtfertigt
durchführt, Art. 47 V.[408] Zwar besteht für ihn die Möglichkeit, das Gericht anzurufen. Allerdings sind die Rechtsbegriffe bezüglich der Verantwortung des Gläubigers („bösgläubig"/„wirtschaftlich ungerechtfertigt") unbestimmt und ausle-
gungsbedürftig. Folglich kann für den Schuldner Rechtsunsicherheit bei Anrufung bestehen.[409] Allerdings trägt der Gläubiger zum Ausgleich das
Haftungsrisiko bei der Verwertung, weil er hier der Hauptakteur ist.[410] Er darf
seine Haftung nicht beschränken oder ausschließen, Art. 47 IV. Nach alter Gesetzgebung waren Parteivereinbarungen über den Verwertungsmodus ausgeschlossen. Nun folgt der Gesetzgeber den Regelungen der Nachbarländer, die
solche Vereinbarungen erlauben. Er sieht keine Gefährdung in der Hinsicht, dass
sich der Sicherungsgläubiger nicht wirtschaftlich effizient verhalten würde.[411]

Der Sicherungsschuldner sowie ein möglicher Drittverpfänder müssen von
der Verwertungsabsicht mindestens zehn Tage im Voraus durch Einschreiben
benachrichtigt werden, Art. 48 I. Auch die anderen Sicherungsgläubiger sowie
Personen, die mit dem Sicherungsrecht belastete Güter gepfändet haben, müssen
informiert werden, Art. 48 II. Die Benachrichtigung muss Angaben zum Betrag
der besicherten Forderung, zum beabsichtigten Zeitpunkt der Verwertung, eine
Beschreibung der mit dem Sicherungsrecht belasteten Güter, die vorgesehene
Verwertungsweise und das Recht des Schuldners oder des Sicherungsschuldners,

---

[406] Derijcke, RCD 2013, 699.
[407] Exposé des Motifs, 25, 57 f. Derijcke, RDC 2013, 707.
[408] Exposé des Motifs, 57.
[409] Derijcke, RDC 3013, 708.
[410] Exposé des Motifs, 57.
[411] Exposé des Motifs, 57.

die Güter durch Zahlung der besicherten Forderung zu befreien, enthalten, Art. 48 III.

Anders als das niederländische Recht (drei Tage) oder § 9-612 UCC (ausreichende Verzögerung) legt Belgien eine Benachrichtigungsfrist von 10 Tagen fest.[412] Hier sah der Expertenvorschlag noch fünf Tage vor; hinzugekommen ist weiterhin die Benachrichtigung per Einschreiben. Diese strengeren Erfordernisse waren danach zunächst allein für den Verbraucher vorgesehen gewesen; der Gesetzgeber sieht sie nun für alle Sicherungsgeber vor. Anders ist dies bei verderblichen Gütern oder solchen, deren Wert schnell abnimmt. Hier beträgt die Benachrichtigungsfrist gemäß Art. 49 nur drei Tage. Im Expertenvorschlag war in diesem Fall sogar ein Absehen von der Benachrichtigung vorgesehen gewesen; hier hat der Staatsrat jedoch einen Änderungsvorschlag gemacht, der übernommen wurde.[413]Als problematisch könnte sich erweisen, dass der Gläubiger das Register konsultieren muss, um sich die Informationen über Drittschuldner und Drittbetroffene zu beschaffen.[414] Dieses Erfordernis könnte ihn einerseits wegen der Abfrage Geld kosten und zudem verwaltungstechnisch aufwendig sein, zumal die Benachrichtigung innerhalb von zehn bzw. gar drei Tagen erfolgen muss.

Art. 50 zeigt Sinn und Zweck der Benachrichtigung auf: Hier wird festgelegt, dass der Schuldner oder interessierte Dritte die Forderung und mögliche Verwertungskosten durch Zahlung begleichen und so die Verwertung abwenden können. Mit den Benachrichtigungspflichten soll sichergestellt werden, dass der Schuldner die Möglichkeit zur Zahlung wahrnehmen kann.[415] Die Drittbetroffenen werden wiederum informiert, um mögliche Rangkonflikte frühzeitig zu antizipieren. Eine solche Benachrichtigung gibt dem Schuldner zudem genügend Zeit, Einspruch einzulegen.[416] Diese Regelung ist sowohl auf Verbraucher als auch Nichtverbraucher anzuwenden.

Der Verkauf oder die Vermietung der besicherten Gegenstände erfolgen im Auftrag des Gläubigers durch den Gerichtsvollzieher, Art. 51. Die Vorschrift gibt dabei dem Gläubiger das Recht, die Verwertungsart auszusuchen; sie muss je-

---

[412] Exposé des Motifs, 58.
[413] Exposé des Motifs, 58.
[414] Broeckx, in: Baeck/Kruithof, 98.
[415] Exposé des Motifs, 58. Broeckx, in: Baeck/Kruithof, 96. Eine Sanktion bei einem Verstoß gegen diese Pflicht wird vom Gesetz allerdings nicht vorgesehen. Möglicherweise ist aber eine Schadensersatzpflicht anzunehmen.
[416] Exposé des Motifs, 58.

doch wirtschaftlich gerechtfertigt sein.[417] Der Gläubiger darf die Sache grundsätzlich nicht selbst im freihändigen Kauf erwerben, Art. 52. Allerdings darf er
die Sache im Zuge eines öffentlichen Verkaufs erwerben.[418] Außerdem kann der
Schuldner im Falle seines Zahlungsrückstands eine Aneignung durch den Gläubiger erlauben, Art. 53 I. Eine dahingehende Vereinbarung zwischen den Parteien ist jederzeit möglich. Sie muss jedoch beinhalten, dass ein Sachverständiger
den Wert der Güter am Tag der Aneignung nach dem Marktpreis festlegt, sofern
die Sache auf einem Markt gehandelt wird, ansonsten nach dem Wert an sich,
Art. 53 II.

Damit ist eine sogenannte Verfallsklausel (*lex commissoria*) erlaubt, die nach
alter Rechtslage verboten war.[419] Sie sichert dem Gläubiger im Falle des Zahlungsausfalls dauerhaft das Sicherungseigentum an Erfüllungs statt. Man war be-
sorgt, dass der Sicherungsschuldner durch eine Verfallsklausel benachteiligt sein
könnte, wenn die Höhe der Forderung (die Leistung) und der Wert des Sicherungsgegenstandes (die Gegenleistung) in einem unverhältnismäßigen Verhältnis zueinander stehen und eine Zwangslage des Schuldners bei Vertragsschluss
oder später wegen der Knappheit seiner Finanzmittel ausgenutzt wird. Die Feststellung des Wertes durch den Sachverständigen soll dieser Sorge nun entgegenwirken und den Zweck des Schuldnerschutzes erfüllen.[420] Mit der Aufhebung des
Verbots der Verfallsklausel folgt der belgische Gesetzgeber dem Beispiel anderer
europäischer Länder[421] und bestätigt die Rechtsprechung, die bereits eine Aneignung der Güter durch den Sicherungsgläubiger nach Parteivereinbarung im Falle
der Nichtzahlung gestattet hatte. Hervorzuheben ist an der neuen Regelung, dass
die Möglichkeit einer solchen Aneignung bereits bei Abschluss der Sicherungsvereinbarung oder zu einem späteren Zeitpunkt vereinbart werden kann. So wird
dem Parteiwillen größtmögliche Freiheit eingeräumt.[422]

2. Gerichtliche Überprüfung

Eine richterliche Kontrolle ist bei Verwertungsangelegenheiten grundsätzlich
nachgeschaltet. Der Richter wird erst auf Antrag des Gläubigers, Schuldners oder
interessierter Dritter tätig, Art. 54 I. Dies dient der Entlastung der Gerichte und
zugleich einer zügigen Verwertung und folgt der Empfehlung 138 UNCITRAL

---

[417] Exposé des Motifs, 60.
[418] Exposé des Motifs, 60.
[419] Art. 2078 I belg. C.c. Dazu Faber, Entwicklungslinien und Entwicklungsperspektiven, 275.
[420] Exposé des Motifs, 60.
[421] Die Regelung lehnt sich an Art. 2348 französischer C.c. an.
[422] Exposé des Motifs, 60.

Legislative Guide.[423] Freilich haben alle diese Parteien in jeder Phase der Verwertung das Recht, den Richter wegen jedweder Streitigkeit hinsichtlich der Verwertung anzurufen. Eine Klage bewirkt die Aussetzung der Verwertung, Art. 54 II. Das wurde auf Anraten des Staatsrats präzisiert, um die richterliche Kontrolle während der Verwertung und im Nachhinein zu unterscheiden.[424] Die Klage wird durch Ladung oder durch kontradiktorische Antragsschrift gemäß Art. 1034 ff. der Zivilprozessordnung anhängig, Art. 54 III. Die Entscheidung des Richters besitzt keine materielle Rechtskraft, Art. 54 V, da sie vorläufig ist. Einspruch und Berufung sind nicht möglich, Art. 54 VI. Die Benachrichtigung der Parteien über die Entscheidung des Richters setzt allerdings eine Frist für die Einlegung einer Kassationsbeschwerde in Gang, Art. 54 VII. Leider werden die Zuständigkeitsregelungen lediglich im Kommentar zum Gesetz erwähnt. Für die gerichtliche Kontrolle ist der Vollstreckungsrichter (juge des saisies) funktionell zuständig. Die örtliche Zuständigkeit richtet sich nach dem Wohnort des Sicherungsschuldners.[425] Aus praktischer Sicht ist an dieser Stelle zu erwähnen, dass für Streitigkeiten bezüglich des Registers und der Vollstreckung jeweils dieselben Richter zuständig sind, um eine einheitliche Rechtsprechung und Spezialisierung der Richter möglich zu machen.[426]

Art. 55 regelt die Verteilung des Erlöses aus der Verwertung. Dieser wird zunächst auf die besicherte Forderung und die Verwertungskosten angerechnet, Art. 55 I; ein eventueller Restbetrag gebührt dem Schuldner, Art. 55 III. Bei mehreren Gläubigern wird der Nettobetrag nicht anteilig, sondern nach Rang verteilt, Art. 55 II. Diese Regelung unterscheidet nicht zwischen Verbrauchern und Nichtverbrauchern.

Nachdem die Verwertung durchgeführt wurde, kann sie im Nachhinein auf Antrag der berechtigten Parteien hinsichtlich der Art und Weise der Durchführung und der Verwendung des Ertrags gerichtlich überprüft werden, Art. 56 I. Eine solche Kontrollmöglichkeit gibt es bereits für Finanzsicherheiten. Wenngleich dieses Recht auch schon durch Art. 3 i.V.m. Art. 77 der Verfassung festgelegt wird, wollte man dies noch gesondert verdeutlichen.[427] Eine Klage ist binnen Monatsfrist möglich, Art. 56 II. Die Frist läuft ab dem Zeitpunkt, in dem dieselben Parteien, die bereits gemäß Art. 48 informiert werden mussten, eine Benachrichtigung über die Beendigung der Verwertung durch den Sicherungsgläubiger

---

[423] Exposé des Motifs, 61.
[424] Exposé des Motifs, 61. Broeckx, in: Baeck/Kruithof, 100.
[425] Exposé des Motifs, 61.
[426] Broeckx, in: Baeck/Kruithof, 101.
[427] Exposé des Motifs, 62.

erhalten. Diese Benachrichtigung muss per Einschreiben erfolgen, Art. 56 III. Diejenigen betroffenen Parteien, die keine Benachrichtigung im Sinne des Art. 56 II erhalten haben, können bis zu drei Monate nach Beendigung der Verwertung ihren Antrag stellen, Art. 56 IV. Die Formerfordernisse und Wirkung des Antrags gleichen gemäß Art. 56 V der Klage gemäß Art. 54.

II. Besondere Verbraucherschutzvorschriften

Sobald ein Verbraucher auf der Schuldnerseite involviert ist, ist die Parteiautonomie eingeschränkt und der Schuldner wird geschützt, indem die Rechte des Gläubigers begrenzt werden. Ist der Sicherungsschuldner Verbraucher, so darf der Sicherungsgläubiger bei Nichtzahlung nicht frei über das Sicherungsgut verfügen. Will er das Sicherungsgut als Ersatz für die Zahlung in seinem Besitz behalten, dann benötigt er eine gerichtliche Anordnung, verbunden mit einer Schätzung durch einen Sachverständigen, die ihm den Verbleib nach Zahlung in Höhe der Schuld gestattet. Der Wert des Sicherungsguts wird in diesem Fall auf die Forderung angerechnet. Dem Gläubiger stehen zudem die öffentliche Versteigerung oder der freihändige Verkauf als Optionen offen, Art. 46 I. Allerdings darf der Sicherungsgläubiger beim freihändigen Verkauf nicht als Käufer auftreten, Art. 46 II. Das Verfügungsverbot und die gerichtliche Anordnung sowie die anderen Verwertungsmodalitäten sind zwingend, Umgehungsklauseln sind nichtig, Art. 46 III.

Diese Regeln entsprechen grundsätzlich den alten Verwertungsvorschriften. Neu eingeführt wurde die Möglichkeit des freihändigen Verkaufs durch den Sicherungsgläubiger, mittels dessen der Verkauf und die Erlöse optimiert werden sollen.[428]

Die Regelungen zur Zahlung der Schuld und der Verteilung bei der Verwertung sind dieselben für Verbraucher und Unternehmer, Art. 46 IV; hier ist auf die Erläuterungen zu Art. 55 zu verweisen.

III. Bewertung der Verwertungsregelungen

Die Verbraucherregelungen aus dem alten Recht werden beibehalten, während ansonsten eine begrüßenswerte Vereinfachung der Verwertung und des eigent-

---

[428] Exposé des Motifs, 56. Derijcke, RDC 2013, 707.

lichen Verwertungsprozesses angestrebt werden.[429] Zwar wird die Regelung der
Verwertung im Reformgesetz stark verändert.[430] Allerdings wird nur für die Unternehmer die Innovation durchgesetzt, die die Möglichkeit für den Gläubiger
vorsieht, ohne Vollstreckungstitel und richterliches Einschreiten die Verwertung
voranzutreiben. Weshalb der Verbraucher-Schuldner in dieser Situation schüt-
zenswerter ist, bleibt unklar.[431]

Gut gelungen und ausbalanciert ist das System der eigenen Rechte des Gläubigers einerseits und andererseits der Notwendigkeit der Einschaltung des Voll-
streckungsrichters, wenn Dritte involviert sind oder der Sicherungsgläubiger
seine Befugnisse bei der Verwertung überschreitet.[432]

Außerdem sind die Zentralisierung der Verwertungsstreitigkeiten beim Vollstreckungsrichter und die Aufhebung des Unterschieds zwischen Handels- und
Zivilrecht positiv zu bewerten.[433]

K. Retentionsrecht

Das Retentionsrecht wird in Belgien als Sicherungsrecht betrachtet.[434] Dies lässt
sich im Reformgesetz daran erkennen, dass die Rechtsfolgen gemäß Art. 76 denjenigen des allgemeinen Sicherungsrechts (Art. 1) entsprechen. Bisher gibt es
keine gesetzliche Regelung des Zurückbehaltungs-/Retentionsrechts (retentie-
recht/droit de rétention) im Zivilgesetzbuch, allerdings existieren diverse Bezüge
auf das Recht, auch in anderen Gesetzen. Folglich ist das Recht in seiner Wirkung
und Natur unklar.[435] Es ist umstritten, ob es ein rein faktischer Anspruch, ein
persönliches oder ein dingliches Recht ist.[436] Der Gesetzgeber schickt voraus, dass
er sich nicht zum Ziel gesetzt hat, das Recht in seiner theoretischen Breite genau
zu regeln.[437] Die Neuregelung lehnt sich an Art. 2286 CCF und Art. 3:290 NBW
an. Die bisherigen Regelungen bezüglich Beschreibung, Verwertung und Aus-
übungsbedingungen werden nicht geändert.[438]

---

[429] Exposé des Motifs, 56. Broeckx, in: Baeck/Kruithof, 93.
[430] Cattaruzza, Droit bancaire et financier 2013, 191.
[431] Georges, Revue de la Faculté de droit de l'Université de Liège 2013, 326, 348.
[432] Dirix, De hervorming, 44.
[433] Dirix, De hervorming, 44.
[434] Hierzu mit weiteren Nachweisen Verougstraete, Retentierecht, in: Baeck/Kruithof (Hg.), Het
       nieuwe zekerheidsrecht, 2014, 169 f.
[435] Dirix, ZEuP 2015, 285.
[436] Derijcke, RDC 2013, 720. Dirix, ZEuP 2015, 285.
[437] Derijcke, RDC 2013.
[438] Exposé des Motifs, 72.

Art. 73 umschreibt den Begriff des Zurückbehaltungsrechts. Der Gläubiger darf die Rückgabe des Sicherungsgegenstandes in seinem Besitz bis zur Forderungserfüllung bezüglich dieses Guts aufschieben. Die Geltendmachung des Rechts setzt somit voraus, dass der Gläubiger aus demselben rechtlichen Verhältnis einen fälligen Anspruch gegen den Schuldner hat, auf dem seine Verpflichtung beruht. Die Konnexität ist dabei besonders wichtig. Jedenfalls dient das Retentionsrecht der Durchsetzung der eigenen Erfüllungsrechte des Gläubigers, indem der Herausgabeanspruch des Schuldners erst bei Erfüllung des Gläubigeranspruchs gewährt wird.[439]

Das Recht darf nur ausgeübt werden, wenn der Gläubiger die Sache in seinem Besitz hat, es sei denn, sie kommt unfreiwillig abhanden, Art. 74. Dies ist logisch, beruht das Retentionsrecht doch gerade auf dem tatsächlichen Besitz als Voraussetzung.[440] Es lebt wieder auf, wenn es der Gläubiger im Rahmen desselben Rechtsverhältnisses wiedererlangt.

In Art. 75 und 76 werden besonders Konflikte mit Dritten berücksichtigt. Die Drittwirksamkeit wird gemäß Art. 75 durch den Besitz des Gläubigers an dem Gegenstand begründet, wenn dieser eine körperliche bewegliche Sache ist, Art. 75 I. Demnach wird die Drittwirksamkeit wie beim Faustpfand hergestellt; immerhin ist auch hier der Besitz Publizitätsmittel. Das spricht dafür, dass es sich beim Zurückbehaltungsrecht um ein dingliches Recht handelt, da es gleich dem dinglichen Faustpfand behandelt wird; das Publizitätsprinzip muss eingehalten werden und es bezieht sich auf eine körperliche bewegliche Sache.

Art. 75 II regelt wiederum den guten Glauben, den der Gläubiger trotz eines älteren Rechts eines Dritten haben kann und durch den Drittwirksamkeit auch gegenüber diesem entsteht, wenn er zum Zeitpunkt der Inbesitznahme davon ausgehen durfte, dass der Schuldner zur Begründung eines Zurückbehaltungsrechts berechtigt war. So kann beispielsweise ein Zurückbehaltungsrecht gegenüber dem Eigentümer der Sache, aber nicht gegenüber einem Hypothekengläubiger Durchsetzungskraft haben, denn bei Letzterem ist sein früheres Recht registriert und somit veröffentlicht worden.

Art. 76 stellt eine Neuerung dar.[441] Bisher führte die Ausübung des Retentionsrechts in der Praxis zu nichts, wenn die Sachen nicht mehr im Besitz des Gläubigers waren, weil er dann sein Zurückbehaltungsrecht nicht mehr ausüben konnte. Das nun eingeräumte Vorrangrecht orientiert sich an Art. 2:114 DCFR.

---

[439] Derijcke, RDC 2013, 719.
[440] Dirix, De hervorming, 42.
[441] Cattaruzza, Droit bancaire et financier 2013, 194.

Wenn der Schuldner insolvent wird oder ein Drittgläubiger einen Titel bezüglich der Sachen ausübt, kann der Gläubiger sein Einverständnis zur Freigabe geben, weil er durch ein Vorzugsrecht am Erlös des Verkaufs des Guts geschützt ist. Gegenüber einem Gläubiger, der Kosten für Erhaltung oder Reparatur geltend macht, hat derjenige eine Superpriorität.[442] Hierbei hat sich der Gesetzgeber an Rechtsprechung und Literatur bei der Lösungsfindung orientiert.[443] Zuvor wurde das Recht als „unvollständig" bezeichnet, weil der Gläubiger bei Freigabe der Güter seine Rechte verlor.

Nachdem das Retentionsrecht nun auch dem funktionalen Ansatz unterliegt, erfolgt eine entsprechende Anwendung der Rechtsfolgen über das Pfandrecht.[444] Da Retentor und Sicherungsgläubiger gleichgestellt werden, ist auch eine gleichwertige Ausübung der Rechte geboten.[445] Vor allem sind die erstmalige gesetzliche Normierung und die daraus folgende Rechtssicherheit zu begrüßen.[446]

L. Geldsummenpfand

Artikel 59 regelt den Spezialfall, dass ein Geldbetrag Gegenstand des Sicherungsrechts ist. Dabei besteht die Gefahr der Vermischung beim Gläubiger. In der Praxis waren Schwierigkeiten aufgetreten, weil der Gläubiger als Eigentümer angesehen wurde, obwohl er lediglich treuhänderisch über die Geldsumme verfügen durfte. Die Neuregelung orientiert sich an der Rechtsprechung und sieht entsprechend dem generellen Willen der Parteien vor, dass der Gläubiger das Geld verwenden kann und als Eigentümer gilt.[447] Er muss bei Beendigung der Sicherungsvereinbarung einen gleich hohen Betrag in derselben Währung an den Schuldner zurückgewähren, Art. 59 I. Grundsätzlich muss der Gläubiger nur Verzugszinsen zahlen, dies kann aber auch anders vereinbart werden, Art. 59 II.

Bei einem Zahlungsrückstand des Schuldners kann der Gläubiger aufrechnen. Er muss dann bei Beendigung nur den Restbetrag herausgeben, Art. 59 III.

---

[442] Exposé des Motifs, 72 f.
[443] Exposé des Motifs, 72.
[444] Faber, Entwicklungslinien und Entwicklungsperspektiven, 261.
[445] Dirix, De hervorming, 42 f.
[446] So auch Georges, Revue de la Faculté de droit de l'Université de Liège 2013, 320.
[447] Exposé des Motifs, 64.

Dieses spezielle besitzlose Sicherungsrecht wird zwar erstmals normiert, ist aber nicht sonderlich praxisrelevant.[448] Letztlich werden Regeln normiert, die durch die Rechtsprechung bereits entwickelt wurden.[449]

M. Erstes Fazit zum Erreichen der Reformziele

Zum Abschluss des Kapitels soll nun geklärt werden, ob die erklärten Ziele des Gesetzgebers auch tatsächlich erreicht wurden. Bezüglich des Ziels der internationalen Harmonisierung kann diese Frage jedoch erst im dritten Kapitel nach einer rechtsvergleichenden Betrachtung beantwortet werden.

I. Vereinheitlichung und Vereinfachung

1. Abschaffung zahlreicher besonderer Pfandrechte

Die Reform widerruft das Gesetz vom 18.11.1862 bezüglich des Systems des warrant (Lagerschein), das Gesetz vom 15.4.1884 über die Landwirtschaftskredite (prets agricoles) und das erste Kapitel des Gesetzes vom 25.10.1919 über das Handelspfand (gage du fonds de commerce), den Diskont (l'escompte) und das Rechnungspfand (gage de la facture). Die Verwendung der Begriffe des Handelspfands und der exploitation agricole in Artikel 7 des neuen Gesetzes stiftet zwar Verwirrung[450], aber tatsächlich gehen die Pfandrechte im einheitlichen Sicherungsrecht auf.

Die Einführung des einheitlichen Ansatzes geht also mit einer Reduzierung der Pfandrechte einher.

2. Keine Vereinfachung bei Vorzugsrechten

Die Abschaffung der zahlreichen Privilegien bleibt ein frommer Wunsch für die Zukunft, nachdem nur zwei tatsächlich abgeschafft werden, nämlich bezüglich der Kosten für Saatgut und Ernte und das des Hoteliers, vgl. Art. 100 des Gesetzes, der Art. 20 Nr. 2, 6 Titel XVIII von Buch III des Cc abschafft. Ansonsten

---

[448] Peeters/Nobels, Pand op geldsommen en schuldvorderingen, in: Baeck/Kruithof (Hg.), Het nieuwe zekerheidsrecht, 2014, 114.

[449] Dirix, De hervorming, 37.

[450] Cattaruzza, Droit bancaire et financier 2013, 183.

werden lediglich Sicherungsrechte *per se* abgeschafft, so z.b. das Handelspfand, das Institut des warrant und das privilège agricole.[451]

Hierin liegt eine der größten Abweichungen vom Vorentwurf der Expertengruppe.[452]

3. Einheitliche Gesetzespräsentation

Die Präsentation eines einheitlichen Regimes durch die Unterteilung in allgemeingültige Abschnitte, die allein durch Besonderheiten bei der Drittwirksamkeit (für bewegliche Gegenstände und Forderungen) unterbrochen werden, gelingt nur oberflächlich.[453]

Positiv ist zu erwähnen, dass die Zusammenführung der Pfandrechte in einem einheitlichen Sicherungsrecht erfolgt ist. Eigentumsvorbehalt und Retentionsrecht werden nun rechtssicher in ihren Wirkungen normiert, sodass keine Rechtsfortbildung vonnöten erscheint.

Allerdings gibt es mehrere Beispiele, die eine mangelhafte Systematik illustrieren:

Gleich zu Beginn fällt auf, dass die Reihenfolge der Normen teilweise ungeschickt gewählt ist. Artikel 2 und 4 sind thematisch verwandt; sie regeln die Begründung des allgemeinen Sicherungsrechts. Sie werden aber durch Artikel 3 auseinandergerissen, der wiederum thematisch mit Artikel 5 verwandt ist. In diesen beiden Artikel wird die Vertretung der Parteien durch Dritte bei der Begründung des Sicherungsrechts normiert.

Außerdem finden sich im allgemeinen Teil bereits Normen, die systematisch in den besonderen Teil gehören.

Beispielsweise wird in Artikel 4 eigentlich der Nachweis für das besitzlose Sicherungsrecht an körperlichen Gegenständen, nicht aber an Forderungen bzw. bezüglich des Faustpfands geregelt. Diese werden jeweils an anderer Stelle gesondert und anders geregelt. Hier wäre also eine Klarstellung oder eine Verlagerung der Vorschrift insgesamt in den besonderen Teil sinnvoll gewesen.

Art. 15 soll dem Anschein nach die Drittwirksamkeit allgemein regeln, befasst sich aber lediglich mit der Drittwirksamkeit durch Registereintrag, sodass der Eindruck entstehen kann, es gebe nur diese Möglichkeit. Der Artikel nimmt

---

[451] Cattaruzza, Droit bancaire et financier 2013, 184; Derijcke, RCD 2013, 697 f.; Georges, Revue de la Faculté de droit de l'Université de Liège 2013, 326.

[452] Dirix, De hervorming, 6.

[453] Derijcke, RCD 2013, 698; Loof/Berlee, 19.

mehrmals auf Art. 29 Bezug und regelt bereits im Detail die Fehlerfolgen einer falschen Registrierung. Insofern wirkt die systematische Stellung der Norm verunglückt.

Beispielhaft hierfür ist die Festlegung der Rangfolge nach dem Zeitpunkt der *Eintragung* innerhalb des generellen Artikels zur Drittwirksamkeit. Schließlich bleiben contrôle und Faustpfand möglich, es wird aber nicht normiert, wie sie bei Herstellung der Drittwirksamkeit in die Rangfolge eingeordnet werden sollen. Im Zweifel ist dies bei Durchführung des Publizitätsakts anzunehmen; dies hätte man aber unproblematisch ausdrücklich im allgemeinen Teil regeln können.

An diesem Punkt weicht der Gesetzgeber vom Vorschlag der Expertengruppe ab, indem er Drittwirksamkeit, Fehlerfolgen und Prioritätsprinzip im selben Artikel regelt. Die Vermischung macht den Artikel unübersichtlich.

So muss bezüglich der Fehlerfolgen mehrfach auf Artikel 29 verwiesen werden. Sie betreffen eigentlich nur den Registereintrag und wären daher besser im Abschnitt „Drittwirksamkeit durch Registereintrag" geregelt worden. Es verwundert also nicht, dass die Expertengruppe auf diese Absätze hier verzichtet und sich so Verweise auf einen anderen Abschnitt gespart hat.

Auch die Regelung des Prioritätsprinzips ist nicht sonderlich geglückt. Diese Regelung ergänzt die Regelung zur Drittwirksamkeit, da der Zeitpunkt der Drittwirksamkeit in der Regel die Rangfolge bestimmt. Die Regelung des Expertenvorschlags stellte den Zusammenhang zwischen Rangfolge und Zeitpunkt der Eintragung in zwei aufeinander folgenden Absätzen her, die nun durch die Einfügung der Fehlerfolgen auseinandergerissen sind und zwischen denen man kaum noch den Sinnzusammenhang herstellen kann. Insgesamt ist dieser Artikel daher als verunglückt zu beurteilen.[454]

Zudem werden verschiedene Themen unübersichtlich in einem Paragrafen geregelt. Abweichend vom Vorschlag der Expertengruppe ist beispielsweise Art. 7 auf sechs Absätze ausgedehnt worden. Hier werden nicht nur der Gegenstand des allgemeinen Sicherungsrechts, sondern auch der veränderte Inhalt von Handelspfand und Pfand am Landwirtschaftsbetrieb geregelt. Zumindest eine Aufteilung in zwei separate Artikel hätte der Übersichtlichkeit gedient. Konsequenter und eindeutiger wäre jedoch ein gänzlicher Verzicht auf die Regelung gewesen. Denn auch nach der Ansicht des Gesetzgebers führt die Reform zur Abschaffung des gage sur fonds de commerce sowie des privilège agricole.[455] Letztlich gehen die Pfandrechte nämlich im allgemeinen Sicherungsrecht auf. Al-

---

[454] So auch Derijcke, RDC 2013, 705.
[455] Exposé des Motifs, 17.

les in allem entsteht hier durch die Vermischung der Regelungen des Gegenstands und Umfangs des allgemeinen Sicherungsrechts und zweier spezieller
Pfandrechte sowie des Übersicherungsschutzes für Verbraucher ein unübersichtlicher Artikel, dessen verschiedene Inhalte besser separat geregelt worden
wären.

Bedauerlich ist außerdem, dass das Kreditsicherungsrecht nicht als Ganzes
geregelt werden konnte.[456] Außerdem bleiben die Vorzugsrechte in verschiedenen Gesetzen verstreut. Folglich bleibt die Rechtsunsicherheit gerade bei der Bestimmung der Rangfolge bestehen.

II. Interessenausgleich

1. Dingliche Surrogation

Art. 9 führt die dingliche Surrogation in das allgemeine Mobiliarsicherungsrecht
ein, die in der Rechtsprechung und der Literatur bereits zuvor anerkannt
wurde.[457] Die Surrogationsregeln entsprechen der internationalen Rechtsentwicklung und werden inzwischen vielfach eingeführt.[458]

Wenn der Sicherungsgegenstand veräußert wird oder auf andere Weise abhanden kommt, so geht damit nicht das Sicherungsrecht verloren. Der Gläubiger
wird gestärkt, indem seine gesicherte Position weiter erhalten bleibt. Dies gilt
nicht nur für die Erstreckung auf die Surrogate, sondern auch für die Erhaltung
der Rangstelle.

Die Normierung der dinglichen Surrogation, die nun sowohl den Sicherungsgeber als auch den Verkäufer mit Eigentumsvorbehalt vor einem Verlust seiner
Rechte schützt, ist zu begrüßen. Die Schaffung eines Ausgleichs zwischen den
Sicherungsnehmern wird vor allem dadurch erreicht, dass auch der Eigentumsvorbehalt erweitert und aktualisiert wird.[459]

---

[456] Georges, Revue de la Faculté de droit de l'Université de Liège 2013, 325.
[457] Cattaruzza, Droit bancaire et financier 2013, 186. Die Norm basiert auf Art. 10 des Hypothekengesetzes.
[458] Faber, Entwicklungslinien und Entwicklungsperspektiven, 271.
[459] Loof/Berlee, 20.

2. Verbraucherschutz

Eine Besonderheit stellt die detaillierte Ausgestaltung des Verbraucherschutzes dar, die wesentlich weiter als die Rechtsvorbilder geht. So werden an zahlreichen Stellen gesonderte Form- und Schutzvorschriften eingeführt. Bedauert wird jedoch, dass es keine deutlichen Sanktionen bei Verstößen gegen die Normen gibt.

Für eine gewisse Unübersichtlichkeit sorgen Regeln, die weiterhin im Verbraucherschutzgesetz (Wet Consumentenkrediet) niedergelegt sind und dort gefunden werden müssen und zudem als *leges speciales* Vorrang haben.[460]

III. Funktionaler Ansatz

Teilweise gibt es eine Kritik an den drei Ausnahmen von der Registrierung – beim Faustpfand, Forderungspfand und Eigentumsvorbehalt.

Problematisch ist auch das Nebeneinander von drei verschiedenen Anhaltspunkten zur Drittwirksamkeit. Zunächst müssen das Datum der Benachrichtigung beim Forderungspfand, der Zeitpunkt der Besitzübertragung beim Faustpfand und das Datum der Registrierung herausgefunden werden, um die zeitliche Reihenfolge und somit die Rangverhältnisse zu klären. Es gibt keine Harmonie zwischen Sicherheiten an Forderungen und sonstigen Sicherungsrechten.[461]

Nach einer Ansicht ist die Einführung des besitzlosen Sicherungsrechts gar nicht so neu, weil die fiktive Besitzüberlassung eigentlich schon zu einem besitzlosen Pfand an Forderungen geführt hatte.[462] Allerdings gab es bisher nur ein Unternehmenspfand, das einem begrenzten Personenkreisen offenstand und in seinem Umfang beschränkt war.

---

[460] Steennot, in: Baeck/Kruithof, 77.
[461] Julienne, RDC 2014, 660 f.
[462] Peeters/Nobels, in: Baeck/Kruithof, 114.

Kapitel 3: Rechtsvergleichende Betrachtung von Registern

In unserer immer stärker globalisierten Welt mit vielfach miteinander verknüpften Volkswirtschaften lohnt es sich, die rechtsvergleichende Perspektive einzunehmen und Stärken und Schwächen des eigenen und der ausländischen Rechtssysteme festzustellen und daraus möglicherweise Handlungsbedarf abzuleiten.

Die Rechtsvergleichung kann dabei als Argumentationshilfe bei der Befürwortung oder Ablehnung von Reformen oder als Grundlage einer Rechtsvereinheitlichung dienen. In jedem Fall macht der sich stets intensivierende grenzüberschreitende Wirtschaftsverkehr eine vertiefte Beschäftigung und Kenntnis ausländischer Rechtssysteme nötig.[463]

Im vorangegangenen Teil der Arbeit wurde der Schwerpunkt auf die Auslandsrechtskunde gelegt und ein Länderbericht über das aktuelle belgische Mobiliarsicherungsrecht verfasst. Dieser schwerpunktmäßig normbezogene und deskriptive Teil dient nun als Grundlage für die funktionale Rechtsvergleichung.[464]

Zunächst wäre unter normalen Umständen danach zu fragen, welche Rechtsordnungen für einen Vergleich mit dem belgischen Recht interessant sind.

Hier hat der belgische Gesetzgeber jedoch schon Vorarbeit geleistet: Im Vorschlag der Expertengruppe und im Kommentar zum Gesetzesvorschlag finden sich zahlreiche Bezüge zu anderen Rechtsordnungen. Sowohl spezielle Normen und Empfehlungen als auch allgemeine Lösungsmöglichkeiten werden explizit als Vorbild genannt oder eine Abweichung von ihnen erläutert.

In den Fokus rücken damit Artikel 9 des US-amerikanischen Uniform Commercial Code, das Buch IX des Draft Common Frame of Reference, der UN Legislative Guide on Secured Transactions sowie das französische Mobiliarkreditsicherungsrecht. Zum niederländischen und deutschen Recht sowie zum Modellgesetz der European Bank for Reconstruction and Development (EBRD) findet sich jeweils nur eine Anmerkung im Gesetzeskommentar.

---

[463] Zu den Problemen bei grenzüberschreitenden Geschäften siehe bereits die Erläuterungen in der Einleitung. Hierzu auch das Vorwort von Horst Eidenmüller/Eva-Maria Kieninger (Hg.), The Future of Secured Credit in Europe, 2008. In Bezug auf die Notwendigkeit der Anpassung deutschen Rechts auch Brinkmann, The Peculiar Approach of German Law in the Field of Secured Transactions and Why it has Worked (So Far), in: Gullifer/Akseli (Hg.), Secured Transactions Law Reform, 2016, 352 f.

[464] Dabei wird nach den Gründen für die jeweilige Ausgestaltung und Lösung konkreter Rechtsprobleme gefragt.

Wenngleich das deutsche Recht nicht als Vorbild gedient hat, soll es dennoch in die Untersuchung einbezogen werden.

Zum einen liegt es nahe, das eigene bekannte Recht in den Vergleich mit einzubeziehen, um festzustellen, warum es gerade nicht als Modell für die Reform gedient hat. Zum anderen kann überlegt werden, ob sich das belgische Modell als Vorbild für eine nationale Reform empfiehlt. Schließlich soll die Rechtsvergleichung auch zur praktischen Anwendung kommen, indem Verbesserungs- und Reformbedürftigkeit erkannt und auf bestmöglichen Wege gelöst werden.

Aufgrund der radikalen Neuordnung des belgischen Mobiliarsicherungsrechts sind zahlreiche Bezüge zu unterschiedlichen Aspekten der ausländischen Gesetze und der Modellgesetze vorhanden. Eine umfassende Rechtsvergleichung aller zentralen Vorbilder mit dem belgischen Gesetz würde jedoch den Rahmen dieser Arbeit sprengen. Daher sollen vor allem die Lösungen zur Registerpublizität herausgegriffen und näher untersucht werden, die den Kernpunkt der belgischen Reform, aber auch der internationalen Vorhaben darstellt.

Aus der Perspektive der Makrovergleichung[465] sollen zunächst die Hintergründe für die Schaffung (bzw. Reform) der betrachteten Gesetze und ihre Zielsetzungen dargestellt werden. Es macht schließlich einen Unterschied, ob das Ziel einer transnationalen Rechtsvereinheitlichung oder ein Reformbedürfnis auf nationaler Ebene den Ausgangspunkt für eine Gesetzgebung bilden. Im Anschluss werden im Rahmen einer Mikrovergleichung[466] Besonderheiten der einzelnen Register herausgegriffen, um einen Vergleich der Register zu ermöglichen.

A. Hintergründe der Gesetze/Reformen

Der Darstellung der Hintergründe und Zielsetzungen ist voranzustellen, dass die behandelten (Modell-)Gesetze allesamt das Mobiliarsicherungsrecht regeln und diesbezüglich den funktionalen Ansatz und eine Registerpublizität befürworten. Die Motivation hinter der unterschiedlichen Ausgestaltung der Normtexte ist jedoch in Teilen ausgesprochen unterschiedlich.

---

[465] Hierzu Zweigert/Kötz, 4 f.
[466] Zweigert/Kötz, 4 f.

I. Art. 9 UCC

Der Uniform Commercial Code wurde bereits in den 1950er-Jahren aufgrund der bundesstaatlichen Gesetzgebungskompetenz als Modellgesetz vom US-amerikanischen Gesetzgeber eingeführt und innerhalb kurzer Zeit von allen Bundesstaaten mit geringfügigen Abänderungen in ihren jeweiligen Gesetzeskorpus übernommen.[467] Heutzutage ist der Harmonisierungsgrad erheblich.[468]

Bei der Schaffung des Art. 9 UCC hatte der Gesetzgeber die vorher vorhandenen, einzelnen Sicherungsinstrumente und deren voneinander abweichende Regelung als Rechtstradition, aber auch als Negativbeispiel vor Augen.[469]

Ausgangspunkt für die Entwicklung des UCC war die Schaffung einer möglichst einheitlichen Rechtsordnung im gesamten Land. Sowohl das Handels- als auch das Unternehmens- und Verbraucherrecht sollten eine umfassende Regelung erfahren. Dadurch sollte Rechtssicherheit sollte der Handel zwischen den US-Bundesstaaten erleichtert werden.[470] Im Fokus stand und steht somit vor allem die wirtschaftliche Effizienz.

Hinzu kam der Einfluss des legal realism. Seine Vertreter wollten einen Einklang zwischen Gesetz und tatsächlicher Entscheidung und eine Befreiung von technischen Rechtsbegriffen erreichen.[471] Im Bereich des Mobiliarkreditsicherungsrechts sollte dies durch die einheitliche Behandlung der Vielzahl von Sicherungsrechten geschehen. Demnach verfolgt Art. 9 UCC auch einen pragmatischen Ansatz, der wiederum für wirtschaftliche Effizienz sorgt.

Zuletzt muss bedacht werden, dass der UCC für die nationale Umsetzung in den Bundesstaaten gedacht war und sich erst im Nachhinein zum weltweiten Vorbild entwickelt hat.

In neun Abschnitten, den Artikeln, werden sämtliche Bereiche des Zivil- und Handelsrechts geregelt. Gerade bezüglich des Mobiliarkreditsicherungsrechts, das in Art. 9 UCC geregelt ist, war das alte System durch die Existenz unzähliger

---

[467] White/Summers, Uniform Commercial Code, 6. Auflage 2015, § 30:1, 3. Einen historischen Überblick gibt Winship, An Historical Overview of UCC Article 9, in: Gullifer/Akseli (Hg.), Secured Transactions Law Reform, 2016, 21 ff.

[468] Borkhardt, Registerpublizität und Kollisionsrecht besitzloser Mobiliarsicherheiten nach dem neuen Artikel 9 UCC, 2007, 5 ff.; Brinkmann, 352; Graham-Siegenthaler, 516.

[469] White/Summers, § 30:1, 3.

[470] Borkhardt, 5; Brinkmann, 351, 357.

[471] Brinkmann, 354 f.

Sicherungsinstrumente ineffizient und zudem durch die separaten bundesstaatlichen Regelungen sehr komplex.[472]

In neuerer Zeit sind durch den technischen Fortschritt andere Zielsetzungen hinzugetreten: Art. 9 UCC wurde 1999 mit deutlichen Änderungen reformiert. Die Reform hatte zum Ziel, die Benutzerfreundlichkeit zu verbessern und die elektronische Registrierung einzuführen.[473]

II. UNCITRAL Legislative Guide (und Registry Guide)

Der Legislative Guide und der Registry Guide sind internationale Projekte, die von der Kommission der Vereinten Nationen für internationales Handelsrecht entwickelt wurden.[474] Der Legislative Guide erschien bereits 2007; 2013 folgte dann der Registry Guide.[475]

Im Ergebnis spricht der Legislative Guide 242 Empfehlungen mit Modellgesetzcharakter aus, die in die nationale Gesetzgebung übernommen werden oder nur als Anregung für den nationalen Gesetzgeber dienen können (Empfehlung 4(a), (b)).

Inhaltlich sind die Guides stark von Art. 9 UCC beeinflusst.[476] Auch der Legislative Guide hat einen wirtschaftlichen Fokus: Sein Hauptziel ist gemäß Empfehlung 1(a) die Verbesserung des Zugangs zu günstigen Krediten durch einen breiteren Zugang zu Kreditsicherheiten. Die Verfasser des Guide vertreten demnach die Ansicht, dass die Bereitstellung von mehr Kreditsicherheiten zu mehr Kreditvergabe und so zu einer Entwicklung der Wirtschaft führt.[477]

Während die Zielgruppe des DCFR die Gesetzgeber der europäischen Länder sind und Art. 9 UCC ursprünglich auf die Vereinheitlichung der nationalen, US-amerikanischen Gesetzgebung ausgerichtet war, hat der UNCITRAL Guide den

---

[472] Castellano, (2015) 78 (4) MLR, 630; Graham-Siegenthaler, 514 f.
[473] Graham-Siegenthaler, 517; White/Summers, § 30:1.
[474] Ihr Vorläufer war eine Studie des deutschen Rechtswissenschaftlers Ulrich Drobnig aus 1977; damals gab es aber noch keine Mehrheit bei UNCITRAL für solches Projekt Drobnig, Study on Security Interests (1977) 8 UNCITRAL Yearbook (UN doc A/CN.9/SER.A/1977171) 171.
[475] Texte auf der UNCITRAL Website unter http://www.uncitral.org/uncitral/uncitral_texts/security.html (zuletzt aufgerufen am 24.04.2017).
[476] Bazinas kritisiert die Behauptung, dass der Guide zu sehr vom US-amerikanischen Recht geprägt sei, Bazinas, Key objectives and fundamental policies of UNCITRAL Legislative Guide, in: De Lacy (Hg.), The Reform of UK Personal Property Security Law, 2010, 459 f.
[477] So Legislative Guide, 1. Bazinas, in: Key objectives, 462 f.

Anspruch, international Vorbild für nationale Gesetzesreformen zu sein.[478] Um diese Vorstellung in einer Welt mit heterogenen Rechtssystemen zu verwirklichen, stellt der Guide kein Modellgesetz zur Verfügung (wie es die UN-Kommission bei anderen Projekten durchaus getan hat), sondern spricht Empfehlungen aus.

Die Empfehlungen sind jedoch detailliert ausgearbeitet, sodass eine Übernahme als Gesetz theoretisch möglich wäre.[479] Ihnen gehen rechtsvergleichende Abwägungen der Vor- und Nachteile bisheriger Herangehensweisen der nationalen Gesetzgeber voran, um eine informierte Entscheidung treffen zu können. So soll der Guide mehr Flexibilität als ein Modellgesetz oder Konventionen bieten.[480]

Um eine internationale Akzeptanz und Umsetzbarkeit zu gewährleisten, wurden unterschiedliche Rechtskreise in die Analyse einbezogen.[481]

Als Zielgruppen stehen den Verfassern vor allem kleine Staaten und Entwicklungsländer vor Augen, denen eine eigene vollumfängliche Gesetzgebung schwerfällt. Außerdem soll der Guide entwickelte Länder zur Harmonisierung und Modernisierung ihrer Systeme anregen.[482]

Insgesamt sind die Vorschläge allerdings zur nationalen Umsetzung gedacht. Eine internationale Rechtsvereinheitlichung wird von den Guides nicht angestrebt.[483]

Eine Besonderheit der Guides liegt in der Betonung der Benutzbarkeit: Die Empfehlungen zielen darauf ab, dass das Recht verständlich und ein Register gut bedienbar ist.[484]

III. Buch IX DCFR

Mit den Erweiterungen der Europäischen Union und dem wachsenden grenzüberschreitenden Handel im Binnenmarkt rückten auch die zersplitterten Rechtsordnungen in den Fokus. Rechtsunsicherheit und erhöhtes Streitpotential aufgrund unterschiedlicher Vorschriften erhöhen die Transaktionskosten im

---

[478] Legislative Guide, 1.
[479] Brinkmann, 425.
[480] Bazinas, in: Research Handbook, 27; Legislative Guide, 27 f.
[481] Legislative Guide, 1.
[482] Brinkmann, 425; Legislative Guide, 1.
[483] Legislative Guide, 2.
[484] Legislative Guide, 59.

grenzüberschreitenden Handel und sind eher abschreckend für Verbraucher – so kann die Entwicklung des Binnenmarkts beeinträchtigt werden.

Den Kern des DCFR bildet das Vertragsrecht; Ziel ist schließlich die Sicherheit beim grenzüberschreitenden Handel. Schnell erkannte man jedoch, dass eine Normierung von Teilen des Sachenrechts ebenfalls notwendig sein würde; Vertrags- und Sachenrecht sind teilweise untrennbar, wenngleich die Verbindung in den Ländern unterschiedlich stark ausfällt.[485]

Der DCFR selbst ist in zehn Bücher eingeteilt. Bewegliche Güter werden in Buch VIII und IX behandelt. In diesen Büchern werden zunächst die Grundsätze behandelt, dann werden die Modellregeln mit wissenschaftlicher Aufarbeitung vorgestellt und zuletzt folgen die Definitionen (outline edition).

Seit Oktober 2009 gibt es eine vollständige Ausgabe (full edition) in sechs Bänden, die auch Kommentare und rechtsvergleichende Hinweise enthält.

Das neunte Buch ordnet das gesamte Mobiliarsicherungsrecht einheitlich.

Dabei liegt der Schwerpunkt auf handelsrechtlichen Verträgen. Es gibt kaum Verbrauchervorschriften, weil das Schutzbedürfnis nicht so hoch wie bei persönlichen Sicherheiten eingeschätzt und dieser Schutz im Schuldner-Gläubiger-Verhältnis auf schuldrechtlicher Ebene vermittelt wird.[486]

Der DCFR ist als das erste umfassende Gesetzgebungsunternehmen auf dem Weg zu einem europäischen Zivilgesetzbuch angelegt. Derzeit ist jedoch keine Gesetzgebung in diese Richtung ersichtlich, zu unterschiedlich sind die europäischen Rechtssysteme.[487] Wahrscheinlicher als ein europäisches Gesetzbuch ist ein optionales Instrument, das der Rechtswahl der Parteien unterliegt.[488]

Es ist vorgesehen, dass der DCFR als Grundlage für Gesetzgebungsvorhaben des europäischen Gesetzgebers oder nationaler europäischer Gesetzgeber dienen kann und so zu einer Harmonisierung beiträgt (der DCFR als Werkzeugkasten, „toolbox").[489]

Strebt die Legislative nach einem modernen System und einem einheitlicheren, vereinfachten Gesetz in Bezug auf europäische Nachbarländer, so steht das Ergebnis einer umfassenden rechtsvergleichenden Analyse in Form des DCFR als Inspirationsquelle zur Verfügung. Auch kann der gemeine Rechtsanwender seine Kenntnis der verschiedenen europäischen Vertragsrechtssysteme vertiefen

---

[485] Akkermans, in: The Draft Common Frame of Reference, 265; 267. Ramaekers, ERPL 2015, 440 f.
[486] Veneziano, Security Rights in Movables in the DCFR: General Presentation, in: Sagaert/Strome/ Terryn (Hg.), The Draft Common Frame of Reference, 2012, 306.
[487] Faber, Juridica International 2014, 27.
[488] Wilhelm, 17 ff.
[489] KOM (2003) 68 endgültig.

und können die Gerichte von den Ergebnissen zur Erkenntnisgewinnung Gebrauch machen.[490]

Der DCFR betont vor allem die Bewahrung und Weiterentwicklung europäischer Rechtstraditionen und ist damit dezidiert auf den europäischen Raum und seine Besonderheiten konzentriert. Er soll aber kein abgegrenztes europäisches Modell vor dem Hintergrund guter internationaler Instrumente und Modellgesetze sein, sondern ein System, das europäische Besonderheiten beachtet und den Bedürfnissen der Mitgliedstaaten entspricht.[491]

Abgesehen von der europäischen Harmonisierung ist das Ziel im Hintergrund natürlich ein besseres Funktionieren des Binnenmarktes. Der DCFR hat sogar die Vision, dass sich die Union zur dynamischsten Wirtschaftsregion der Welt entwickelt.[492]

B. Vergleich der Register

Das folgende Kapitel widmet sich dem Herzstück der modernen Kreditsicherungsrechte: dem Register. Als modernes „Ursprungsmodell" gilt das Register des Art. 9 UCC; dementsprechend bezieht sich der belgische Gesetzgeber insbesondere bezüglich des Registersystems auf Art. 9 UCC.[493] Auch aus chronologischer Sicht empfiehlt sich eine Betrachtung an erster Stelle.

Daran anschließend werden die Empfehlungen des UNCITRAL Legislative Guide on Secured Transactions und des UNCITRAL Registry Guide vorgestellt.

Zuletzt wird das Modell des neunten Buchs des Draft Common Frame of Reference dargestellt.

Dabei sollen die Registersysteme nicht alleinstehend und bis ins letzte Detail dargestellt werden. Vielmehr werden die wichtigsten Gemeinsamkeiten und Unterschiede mit dem belgischen Register dargestellt, um aus rechtsvergleichender Perspektive nachzuverfolgen, inwieweit die Modelle tatsächlich Einfluss auf die belgische Reform genommen haben und um beurteilen zu können, welche Lösungen jeweils praktisch und wirtschaftlich am effizientesten sind.

---

[490] Akkermans, in: The Draft Common Frame of Reference, 266.
[491] Veneziano, in: The Future of European Property Law, 127 f.
[492] Akkermans, in: The Draft Common Frame of Reference, 268; KOM (2003) 68 endgültig.
[493] Exposé des Motifs, 16.

Ein Register muss natürlich genutzt werden und vollständig sein, um sowohl Effizienz als auch Rechtssicherheit zu gewährleisten. Es muss Rangkonflikte lösen und die ihm zugedachte Publizitätsfunktion erfüllen können. Hohe Kosten, Zugangshürden und mangelnde Nutzerfreundlichkeit können diesen Zielen entgegenstehen. Daher sollen im Folgenden die Registerverwaltung, die Rechte und Pflichten der Parteien und der Zugang zum Register betrachtet werden. Im Hinblick auf ihre Effizienz sollen ferner die Eintragungserfordernisse dargestellt werden.

I. Registerverwaltung

1. Art. 9 UCC

Der Charakter des UCC als Modellgesetz, das bundesstaatlicher Umsetzung bedarf, zeigt sich beim Registeraufbau. Bei den jeweiligen Umsetzungen der Bundestaaten sind keine bemerkenswerten inhaltlichen Abweichungen festzustellen, weshalb es zu keinem Wettbewerb der bundesstaatlichen Rechtsordnungen kommt.[494] Anders stellt sich die Situation aber bei der praktischen Organisation dar. Die Verwaltung der Register ist zwar „zentral" organisiert, damit ist jedoch gemeint, dass jeder Bundesstaat jeweils eine zentrale Stelle eingerichtet hat.[495]

Interlokales Recht bestimmt, in welchem Bundesstaat das Sicherungsrecht registriert werden muss. Dementsprechend muss man zunächst durch Gesetzeslektüre herausfinden, welches „filing office" örtlich zuständig ist. Es ist nicht stets einfach zu ermitteln, welche Stelle zuständig ist, sodass umsichtige Gläubiger mitunter mehrfach registrieren lassen und somit auch die Gebühren doppelt und dreifach zahlen.[496]

Hierin liegt einer der Problempunkte des UCC-Systems, der sich aufgrund der föderalen Struktur der USA jedoch kaum beheben lässt.

Die Regelungen des UCC zur Nutzungsweise des Registers sind neutral formuliert; eine Registrierung kann sowohl in Papierform als auch elektronisch erfolgen. Durch die Einführung eines Online-Zugangs ist die Nutzung des Registers in anderen Bundesstaaten und aus dem Ausland vereinfacht worden.[497]

---

[494] Brinkmann, 352, 382.
[495] Kieninger, § 18, in: Lwowski, 941.
[496] Helsen, ERPL 2015, 1009; a.A. Brinkmann, 382.
[497] Brinkmann, 386; Sigman/Kieninger, in: Cross-Border Security, 40.

Probleme gibt es vor allem bei der Durchsuchbarkeit eingescannter oder kopierter Dokumente, also den Relikten der Vergangenheit.

Zur Vereinfachung der Benutzung und zur Absicherung greifen Laien häufig auf Dienstleistungsanbieter zurück, die die Registrierung und Suche in einer der über 4.300 Registerstellen gegen Entgelt übernehmen. Die Registrierungsnotiz muss zwar nur wenige Angaben enthalten. Infolge des langjährigen Bestehens des Registers und zahlreicher Änderungen ist jedoch der Detailgrad der Regelungen hoch. Ob eine eigene Durchführung der Eintragung möglich ist, variiert je nach Bundesstaat.[498] Wenngleich die geringen Gebühren stets betont werden, sind diese zusätzlichen Transaktionskosten durch Dienstleistungskosten nicht unbeachtlich.[499]

In Art. 9 UCC wird die passive Rolle der Registerstelle betont. Erfüllt die Registerstelle eine reine Verwaltungsfunktion und führt keine inhaltlichen Prüfungen durch, dann können Personal und Zeit und somit Kosten gespart werden, die wiederum die Gebühren für die Nutzer des Registers gering halten und letztlich günstigeren Kredit bedeuten.

Gemäß § 9-520, 9-516 UCC erfolgt keine inhaltliche Prüfung der registrierten Dokumente.

Je nach Bundesstaat liegen die Kosten zwischen 3 und 100 US-Dollar für Zugang und Suche, wobei die Kosten für die Dienstleister noch hinzugerechnet werden müssen.[500]

2. UNCITRAL Legislative Guide

Empfehlungen 54 (e) und (f) schlagen zwar ein zentrales Register vor, wie es der belgische Gesetzgeber eingerichtet hat.

In anderer Hinsicht macht der UNCITRAL Legislative Guide allerdings meines Erachtens einen Rückschritt: Er spricht sich in Empfehlung 54 nicht klar für ein elektronisches Register aus, wie es in Belgien eingeführt wurde. Der Guide begründet diese Entscheidung unbefriedigend, indem er auf die schwierige Umsetzung verweist und dass man „zunächst" auch andere Möglichkeiten nutzen

---

[498] LoPucki/Warren, 290 f.

[499] Helsen, ERPL 2015, 1009. Bei LoPucki/Warren, 291, finden sich verschiedene Schätzungen der Kosten. Danach kosten die Dienstleistungen wie die Suche eines Namens 50 $, ein Eintrag circa 15 $.

[500] Brinkmann, 349; Kieninger, § 18, in: Lwowski, 944; Sigman/Kieninger, in: Cross-Border Security, 44.

könne.[501] Dies mag den Schwierigkeiten der technischen Umsetzung, gerade in kleineren/ärmeren Ländern[502], die der Guide hauptsächlich ansprechen will[503], geschuldet sein.[504]

Die anfänglichen Anstrengungen und Kosten zahlen sich jedoch langfristig aus, wenn man die Transaktionskosten durch Zeitaufwand und Personal bedenkt, die eine Eintragung/das Scannen schriftlicher Dokumente in das System nach sich ziehen. Daher erscheint die Entscheidung für ein zweispuriges System zu kurz gedacht.

Die Rolle der Registerstelle ist ebenfalls passiv ausgestaltet. Der Verzicht auf eine inhaltliche Kontrolle und die Befürwortung eines Systems mit wenig Formalien wird für notwendig erachtet, um den Registrierungsprozess günstig und unkompliziert zu gestalten.[505]

3. Buch IX DCFR

Der gesamteuropäische Anspruch des DCFR-Registers ist bereits am Aufbau zu erkennen: Vorgesehen ist ein einheitliches „Europäisches Register". Diese ist jedoch erst als Fernziel vorgesehen, zunächst gibt es Übergangsregelugen für nationale Register in Art. IX.-3:333.

Die Drittwirksamkeit der Sicherungsrechte soll letztendlich (erst) durch Registrierung in einem elektronischen international-europäischen Register begründet werden, Art. IX-3:102 I.

Der DCFR sieht ein rein elektronisches Register vor, Art. 3:302(2). Angesichts des hohen technischen Entwicklungsgrades in den europäischen Staaten wäre dies – anders als beim UNCITRAL-Modell mit seinem Zielpublikum in aller Welt – ansonsten auch verwunderlich, weil erst die elektronische Verwaltung zur Vermeidung menschlicher Fehler und einer schnellen Verarbeitung beiträgt.

---

[501] Legislative Guide, 159.
[502] So auch Stacy, Follow the Leader: The Utility of UNCITRAL's Legislative Guide on Secured Transactions for Developing Countries (and Its Call for Harmonization), Texas International Law Journal 2014, 51.
[503] Legislative Guide, 1.
[504] Bemerkenswert ist allerdings, dass auch Staaten, die nicht unbedingt wirtschaftlich stark sind, bereits ein elektronisches System eingeführt haben, wie z.B. Bosnien und Herzegowina, Kambodscha oder Vanuatu, vgl. Campa/Downes/Hennig, Making Security Interests Public: Registration Mechanisms in 35 Jurisdictions, World Bank Working Paper No. 71345 (abrufbar unter: http://documents.worldbank.org/curated/en/821191468340824013/Making-security-interests-public-registration-mechanisms-in-35-jurisdictions), zuletzt abgerufen am 01.05.2017.
[505] Legislative Guide, 152; Empfehlung 54 d.

Die Registerstelle bleibt passiv und gibt nur Hilfestellung bei der Geltendmachung des Rechts zur Löschung des Eintrags, Art. IX.-3:316.

In einem solchen Fall fragt sie beim Gläubiger an, ob er der Löschung zustimmt. Sofern er dies innerhalb von zwei Monaten nicht tut, wird der Eintrag automatisch gelöscht. Bestreitet er das Recht des Schuldners, so wird ein Widerspruch eingetragen. Jedenfalls findet keinerlei inhaltliche Kontrolle statt, wie es Art. IX.-3:301 auch grundsätzlich vorsieht.[506]

Eine Besonderheit stellt die Vorstellung der Schaffung des europaweiten Registers über Sprachgrenzen hinweg dar. Es gibt keine Regelungen bezüglich der zu verwendenden Sprache bei Einträgen, sondern lediglich für die Informationsanfrage in Art. IX.3:319(2), Art. IX.-3:320(2). Grundsätzlich ist der DCFR von der englischen Sprache geprägt.

Kritisiert wird daran, dass sich die Dominanz des Englischen nicht in der Praxis bei grenzüberschreitenden Geschäften widerspiegelt.[507] Diesbezüglich bedarf es demnach noch praktischer Lösungen.

4. Vergleich mit belgischem Recht

Allen Systemen schwebt letztlich dasselbe Ziel vor: Der Verzicht auf teure und aufwändige Formalitäten und Beglaubigungen zugunsten einer schnellen und eigenhändigen Eintragung. Die passive Rolle der Registerstelle hat sich übergreifend durchgesetzt.

Für denjenigen, der in Belgien ein Sicherungsrecht eintragen möchte, herrscht in Bezug auf die örtliche Zuständigkeit Klarheit: Es gibt ein zentrales nationales Register für Mobiliarsicherheiten und den zentralen Hypothekendienst, der das Register verwaltet.

Durch die komplette Neueinführung kann das neue belgische Register ohne den Ballast der Vergangenheit arbeiten: Registrierungsfähige besitzlose Sicherungsrechte existieren erst seit der Reform, sodass keine analogen Daten digitalisiert werden müssen. Zudem wird das Register ausschließlich elektronisch und somit mit geringen Kosten geführt.[508]

---

[506] Von Bar/Clive (Hg.), Principles, Definitions and Model Rules of European Private Law, Draft Common Frame of Reference (DCFR), Full Edition, Volume 6, 2009, 5497.

[507] Rutgers, Registered European Security Instrument in a Multilingual European Union, in: van Erp/Salomons/Akkermans (Hg.), The Future of European Property Law, 2012, 156 f.

[508] Helsen, ERPL 2015, 1008.

Es ist jedoch wiederum nicht auszuschließen, dass Dienstleistungsunternehmen für die Eintragung in Anspruch genommen werden. Zwar sind die belgischen Regelungen aufgrund der Neueinführung weniger detailliert. Anderseits fordert das Gesetz insgesamt die Angabe von mehr Daten als z.B. Art. 9 UCC.

Schließlich deutet die verzögerte Einführung des Registers darauf hin, dass die Schwierigkeiten bei der technischen Umsetzung nicht zu unterschätzen sind.

II. Registereintrag

1. Art. 9 UCC

Im Gegensatz zum transaction filing des belgischen Rechts sehen die anderen hier vorgestellten Systeme ein notice filing-System vor. Dort wird anstelle des Inhalts der Sicherungsvereinbarung lediglich der Hinweis auf ein möglicherweise bestehendes Sicherungsrecht ins Register eingetragen. Deshalb wird bei Art. 9 UCC beispielsweise zwischen dem „security agreement" und dem „financing statement" differenziert, das bei der Registerstelle abgegeben wird (§ 9-310(a) UCC).

Im „financing statement" wird der Sicherungsgegenstand beschrieben und die Namen des Sicherungsschuldners und -gläubigers sowie deren Adressen werden angegeben, § 9-502(a) UCC. Weitere Angaben sind – anders als bei der zugrunde liegenden Sicherungsvereinbarung – nicht notwendig.

Der Name des Sicherungsgebers ist von herausragender Bedeutung, da die Einträge nach dem Namen des Schuldners auffindbar gemacht werden, § 9-519 (c). Zum einen ist diese Sortierung sinnvoll, weil sich der (potentielle) Kreditgeber über die Vermögensverhältnisse des Schuldners informieren will. Zum anderen ist der Name des Sicherungsgebers gerade im US-amerikanischen System, das advance filing und allgemeine Beschreibungen des Sicherungsgegenstands und somit die Möglichkeit wechselnder Sicherungsgegenstände erlaubt, der zuverlässigste Anknüpfungspunkt.[509]

Neben dem Namen des Sicherungsnehmers kann auch der eines Vertreters angegeben werden, § 9-502 UCC. Erstens muss der Sicherungsgläubiger seine Identität nicht aufdecken. Zweitens ist diese Möglichkeit bei wechselnden Konsortien sehr praktisch, da sie wesentlich unkomplizierter als nachträgliche Änderungen über § 9-512 ist. Im UCC-Register erfüllt der Gläubiger vor allem eine

---

[509] Kieninger, § 18, in: Lwowski, 943.

Rolle als Informationsgeber und kann jedenfalls über den von ihm bestimmten Vertreter erreicht werden. Aus diesem Grunde wird die Möglichkeit der Angabe eines Vertreters eingeräumt.[510]

Anders als bei der Sicherungsvereinbarung muss das Sicherungsgut nicht genau beschrieben werden, es reicht eine generische Beschreibung des Guts/des Umfangs, § 9-502(a)(3) UCC. Eine Angabe besicherter Forderungen und Nebenabreden wird nicht gefordert, sodass der Eintrag vielfach für Sicherungsrechte ohne Bezug zu einer bestimmten Forderung „aufladbar" ist.[511] Die allgemeine, weitreichende Umschreibung bietet den Vorteil, dass sich der Umfang des gesicherten Guts verändern kann und nicht jedes Mal eine neue Registrierung notwendig ist.[512] Die generelle Umschreibung ist aus dogmatischer Sicht auch deshalb möglich, weil der Eintrag keine Entstehungsvoraussetzung für das Sicherungsrecht ist.[513]

Bereits vor Abschluss eines Vertrags kann ein Registereintrag vorgenommen werden, selbst wenn ein Sicherungsrecht noch nicht entstanden, also noch kein attachment erfolgt ist. Zweck dieser Regelung ist die frühzeitige Möglichkeit der Rangsicherung für den Gläubiger, § 9-502(d).[514]

2. UNCITRAL Legislative Guide

In Empfehlung 54 (b) votiert der Legislative Guide wie Art. 9 UCC für das notice filing, da eine Notiz aus Sicht der Experten ausreichend ist.

Als Vorteile des notice filing werden verschiedene Kosten- und Zeitfaktoren angeführt. Die knappen Angaben einer Notiz verkürzten den Registrierungsprozess für Registrierende und Registerstelle. In der Folge müsse zudem weniger verwaltet und archiviert werden und die Fehleranfälligkeit sinke. Dementsprechend seien weniger räumliche Kapazitäten und weniger Personal für den Betrieb notwendig, sodass die Kosten insgesamt geringer ausfielen. Ferner wird eine internationale Entwicklung hin zum notice filing festgestellt. [515]

---

[510] Brinkmann, 380.
[511] Brinkmann, 381; Sigman/Kieninger, in: Cross-Border Security, 44.
[512] Kieninger, § 18, in: Lwowski, 943.
[513] Sigman/Kieninger, in: Cross-Border Security, 45.
[514] Kieninger, § 18, in: Lwowski, 943.
[515] Legislative Guide, 151 f.

Die Ablehnung des transaction filings wird mit seiner Ineffizienz begründet.[516] Anstatt die Nachteile des transaction filings näher auszuführen, werden die Vorteile des notice filing hervorgehoben. Als bedeutender Unterschied ist vor allem die positive Beweiskraft des transactions filings im Gegensatz zur reinen Information des notice filings zu nennen. Allerdings bedeutet dies, dass auch stets eine aktive Rolle des Registers bei der Überprüfung der einzutragenden Titel notwendig ist und höhere Kosten für Beglaubigungen anfallen.[517]

In Empfehlung 57 werden die Mindestangaben für den Registereintrag aufgezählt. Er muss danach Name und Adresse des Sicherungsgebers und -nehmers sowie eine Beschreibung der belasteten Güter enthalten. Damit entsprechen die Pflichtangaben denjenigen des UCC-Registers.

Der Guide macht sich ferner über die Angabe des Höchstbetrags der besicherten Forderungen Gedanken. Allerdings überlässt er die Entscheidung darüber den einzelnen Staaten. Dabei weist er auf die Möglichkeit von fehlerhaften Angaben der Höchstsumme und ihre Folgen hin.[518] Dies kann man so interpretieren, dass er letztlich indirekt doch von der Angabe abrät.

Bezüglich der Beschreibung der Gegenstände schlägt der Legislative Guide in Empfehlung 63 einen Mittelweg ein: Er spricht sich für eine flexible Beschreibung der Sicherungsgegenstände aus, die mal mehr, mal weniger detailliert erfolgen soll.

An diesem Punkt wäre es begrüßenswert gewesen, wenn der Legislative Guide eine eindeutige Position bezogen hätte. Obwohl er sich zum notice filing bekennt, wird dieses System hier nicht konsequent umgesetzt. Stattdessen werden die konkreten Anforderungen unklar zwischen transaction und notice filing festgesetzt.

Auch der Guide sieht die Möglichkeit der Vertretung des Gläubigers vor, Empfehlung 54 (h). Als Vorteile führt der Guide den Datenschutz und die Flexibilität bei Syndikaten an. Zudem entstünden keine Nachteile für Dritte, wenn der Vertreter berechtigt und Kontakt zum Gläubiger herstellbar sei.[519]

---

[516] Bazinas, in: Research handbook, 41.
[517] Legislative Guide, 149, 151.
[518] Legislative Guide, 173.
[519] Legislative Guide, 156.

Der Legislative Guide spricht sich für das advance filing aus, weil so frühzeitige Rangsicherung möglich sei. Zudem gebe es kein Problem, wenn die Sicherungsvereinbarung nicht wirksam sei, dann könne einfach ohne Änderungseintrag eine neue Vereinbarung geschlossen werden.[520]

3. Buch IX DCFR

Der DCFR räumt der Festlegung der Rangverhältnisse und dem Überblick darüber Priorität ein. Ein umfassender Überblick über die Finanzen des Schuldners soll hingegen nicht gewährt werden.[521]

Die Verfasser des DCFR merken an, dass die Hauptrolle des Registers die Regelung der Priorität sei, sodass knappe Informationen ausreichten. Gerade das Erfordernis weniger Angaben komme dem räumlich großen und heterogenen europäischen Raum entgegen und sei besser als komplexe nationale Regelungen. So seien auch Sicherungsrechte aus EU-Drittstaaten leichter anzuerkennen.[522]

Die Entscheidung für das notice filing spiegelt sich in den Mindestangaben wider. Gemäß Art. IX.-3:38(a)–(d) müssen nur Name und Kontaktdaten des Sicherungsgebers und -nehmers, Datum der Registrierung sowie Kategorie und Minimalbeschreibung des Sicherungsgegenstands angegeben werden.

Zudem wird mit der Beschränkung auf die ausgeprägten Datenschutzbedenken in Europa reagiert. Bestimmbare Gegenstände und eine Benennung der Forderungen könnten nämlich Rückschlüsse auf Produktionskapazitäten, -methoden, Stand der Technik, Schuldenstand und Kreditbedingungen zulassen.[523]

Eine Haftungserklärung kann im Vertrag festgehalten werden und muss nicht im Register eingetragen werden.

Eine Auskunft über die Forderungshöhe muss nicht gegeben werden, weil diese Schwankungen unterworfen ist, wenn der Betrag beispielsweise in Raten zurückgezahlt wird.

Die Angabe des Haftungshöchstbetrags ist gemäß Art. IX.-3:307(c) fakultativ. Der Nutzen ist allerdings praktisch gering, weil die eigentliche Forderungshöhe niedriger sein kann.

Deshalb ist es wenig sinnvoll, dass das belgische Recht hier eine zwingende Angabe vorsieht. Der DCFR ist insofern flexibel; dort gibt es stattdessen in

---

[520] Empfehlungen 67, 174 f.
[521] Veneziano, in: The Draft Common Frame of Reference, 307.
[522] Veneziano, in: The Future of European Property Law, 131 f.
[523] Faber, Juridica International 2014, 33.

Art. IX.-5:401 eine Informationspflicht bezüglich des aktuell besicherten Forderungsbetrags.

Der DCFR sieht in Art. IX.-3:305(2) die Möglichkeit des advance filing vor.
Dies ist wiederum mangels des Erfordernisses einer genauen Umschreibung und wegen des Verzichts auf das Vorliegen einer Sicherungsvereinbarung möglich. Die Gefahr eines Missbrauchs wird als gering eingeschätzt. Zwar erscheine es möglich, dass man einen neuen Sicherungsvertrag rückdatiert und so „nachschiebt" und unbelastete Gegenstände nachträglich belastet. Aufgrund des offenen Zugangs seien solche Vorgänge jedoch auch für die betroffenen Gläubiger im Register sichtbar und kontrollierbar, sodass der Schuldner wenig Anreiz dazu habe.[524]

4. Vergleich mit belgischem Recht

Die Regelungen des Art. 9 UCC, des UNCITRAL Legislative Guide, des Buch IX DCFR und des belgischen Rechts auf der anderen Seite unterscheiden sich bezüglich des Registereintrags deutlich und folgenreich.

a) Notice filing vs transaction filing

Das notice filing bietet die Betonung der Parteibeziehungen als Vorteil; hier entscheiden die Beteiligten persönlich über den Informationsgrad und bleiben so flexibel, wohingegen beim transaction filing starr die Information über eine spezifische Transaktion registriert wird.

Der belgische Gesetzgeber entscheidet sich dennoch gegen das notice filing, das von seinen Vorbildern vorgeschlagen wird.

Anders als das belgische Recht und ebenso wie Art. 9 UCC fordert der DCFR nur eine generelle Beschreibung der besicherten Gegenstände, wodurch Sachgesamtheiten und wechselnde Lagerbestände einfach registriert werden können, ohne einen Eintrag ändern und neu durchführen zu müssen.

Teilweise wird die Empfehlung für ein notice filing-System als Befürwortung der US-amerikanischen Lösung gewertet. Das englische Recht, das nicht als unbedeutend abgetan werden kann, führe immerhin transaction filing durch.[525] Allerdings wiegt dieses Argument nicht besonders schwer, da das transaction filing-System im englischen Recht historisch bedingt verwendet wird.

---

[524] Wilhelm, Die Regelung der Geld- und Warenkreditsicherheiten, 57.
[525] McCormack, Amercian Private Law Writ Large, ICLQ 2011, 614.

Tatsächlich zeigen gerade die Übernahme in europaweiten und transnationalen Modellgesetzen und der Vergleich mit dem transaction filing, dass sich das notice filing aufgrund seiner Effizienz und Flexibilität und nicht aufgrund einer US-amerikanischen Dominanz durchsetzt.

Die Parteien können flexibel bestimmen, ob sie mehrere Sicherungsrechte vereinbaren oder Güter ausgewechselt werden. Zugleich wird das Register aber nicht unzuverlässiger als beim transaction filing. Da die Formerfordernisse und somit der Aufwand für den Eintrag gering sind, ist eine verstärkte Nutzung des Registers zu erwarten, sodass die Daten recht vollständig sein werden.[526]

Hinzu kommt, dass der Eintrag durch den Sicherungsnehmer veranlasst und vom Sicherungsgeber genehmigt wird. Der Sicherungsnehmer wird einen korrekten Eintrag wollen, damit er Drittwirksamkeit seines Sicherungsrechts erlangt. Der Sicherungsgeber wird ebenfalls einen korrekten Eintrag wollen, um gegenüber Dritten kreditwürdig zu erscheinen. Demnach wird durch die doppelte Kontrolle den Bedenken der Unzuverlässigkeit der knappen Angaben beim notice filing entgegengewirkt. Falsche Angaben können allein zwischen Registrierung und Genehmigung im Register erscheinen; da aber sowieso der Kontakt mit den Parteien die Informationen verifiziert und im Detail deutlich macht, ist diese Fehlerquelle zu vernachlässigen. Zudem erwarten die Parteien keine vollständige Angabe und lassen daher im Zweifel sowieso mehr Vorsicht walten.[527]

Da die Notiz nur eine Warnfunktion hat, wird eine genaue Angabe erst bei der Kontaktaufnahme außerhalb des Registers nötig.

Eine allgemeine Beschreibung ist hinsichtlich wechselnder und zukünftiger Güter besonders flexibel. Eine gute Übertragbarkeit ist dennoch gewährleistet, ergeben sich doch die Wirksamkeit und der konkrete Umfang der belasteten Güter aus der Sicherungsvereinbarung.[528]

Dem kann man jedoch entgegenhalten, dass aufgrund der technischen Möglichkeiten stets eine zügige Änderung elektronisch möglich ist, sodass man lieber auf zuverlässige, ausführlichere Informationen setzen sollte.[529]

---

[526] Castellano, (2015) MLR, 635.
[527] Castellano, (2015) MLR, 635.
[528] Legislative Guide, 170 f.
[529] McCormack, ICLQ 2011, 615.

Weiterhin wird vorgeschlagen, dass ein Eintrag für mehrere Sicherungsrechte dienen kann.[530] Diese Option ist wiederum nur durch die knappen Angaben bei der Notiz möglich, die keinen guten Glauben vermitteln.[531]

Auch ist das transaction filing nicht gänzlich vor Fehlern gefeit: So kann die einzutragende Sicherungsvereinbarung gefälscht sein.[532] Auch kann eine zugrunde liegende Sicherungsvereinbarung möglicherweise gar nicht existieren.

Im belgischen Recht müssen zusätzlich Höchstbetrag und bestimmte Forderung angegeben werden. Diese Regelung schafft auf den ersten Blick mehr Rechtssicherheit; der interessierte Dritte und betroffene Gläubiger erhalten auf den ersten Blick mehr Informationen. Außerdem gibt es eventuell Kredit von Gläubigern, die sich festgelegten Summen unterordnen. Andererseits schafft der erstrangige Gläubiger so eine Monopolsituation auf den ersten Rang. Außerdem ist die Regelung ineffizient. Ändern sich Forderung oder Höchstsumme, dann muss der Eintrag geändert werden, was zu Verwaltungsaufwand und Mehrkosten führt.[533]

Die fakultative Angabe des Höchstbetrags wie im DCFR ist zu befürworten. Der Nutzen ist nämlich praktisch gering, weil die eigentliche Forderungshöhe niedriger sein kann.

Deshalb ist es wenig sinnvoll, dass das belgische Recht hier eine zwingende Angabe vorsieht. Der DCFR ist insofern flexibel; dort gibt es stattdessen in Art. IX.-5:401 eine Informationspflicht bezüglich des aktuell besicherten Forderungsbetrags.

Die Haftungserklärung muss im belgischen Recht registriert werden. Im DCFR muss die Erklärung nicht im Register eingetragen, sondern kann auch im Vertrag festgehalten werden. Fraglich ist, welche Lösung die bessere ist. Einerseits ist die Haftungserklärung in Belgien für jedermann sichtbar und könnte möglicherweise Laien rückversichern. Der dafür vorgesehene Standardtext schafft zusätzliche Transparenz.

Im DCFR sind Methode und Text nicht vorgeschrieben, sodass es zu Sprachproblemen und weniger Rückversicherung mangels offensichtlicher Erklärung kommen kann.[534] Andererseits trägt ein weiteres, nicht unbedingt erforderliches

---

[530] Registry Guide Empfehlung 14.
[531] Castellano, (2015) MLR, 635.
[532] Castellano, (2015) MLR, 635.
[533] Sigman/Kieninger, in: Cross-Border Security, 46 f.
[534] Faber, Entwicklungslinien und Entwicklungsperspektiven, 417.

Merkmal zur Unübersichtlichkeit des Eintrags bei. Zudem ist vom Vorliegen der Erklärung auszugehen, weil die Vereinbarung selbst nicht wirksam ist, wenn sie fehlt.

Insgesamt ist die Vielzahl der zwingenden Angaben im belgischen Register also im Vergleich mit den anderen Registern nicht durch besondere Vorteile zu begründen.

b) advance filing

Wie bereits im nationalen Teil dargestellt wurde, steht der Wortlaut des Art. 29 I belg. C.c. dem advance filing entgegen, das von den Vorbildmodellen befürwortet wird. Dennoch wird das Für und Wider dieser Möglichkeit auch auf internationaler Ebene diskutiert.[535]

Es bestehen Bedenken für den Fall, dass ein Sicherungsrecht im Voraus eingetragen, aber letztlich nicht wirksam vereinbart wird. Die Trennung von spezifischen Transaktionen und Registereintrag könne zu einer geringeren Zuverlässigkeit des Registers führen. Es sei nicht auf den ersten Blick ersichtlich, ob die Sachen jemals belastet waren oder sind.[536]

Diese sind jedoch zu vernachlässigen. Der Sicherungsgeber hat schließlich ein rasches Auskunftsinteresse gegenüber einem potenziellen Kreditgeber. Sofern das Sicherungsrecht nicht besteht, möchte er den Gegenstand im Zweifel neu besichern und Kredit erlangen. Eine Nichtbelastung kann durch Auskunft des vermeintlichen Gläubigers schnell herausgefunden werden.[537]

Zudem wird eingewandt, dass das advance filing in Zeiten des elektronischen Registers und der damit möglichen sofortigen Eintragung nicht notwendig sei.[538] Diese Ansicht verkennt jedoch aus meiner Sicht die Bedeutung der praktisch ausgesprochen wichtigen Rangsicherungsfunktion im Vorfeld einer Vereinbarung.

Advance filing erhöhe außerdem die Gefahr von missbräuchlichen Einträgen (sogenannten bogus filings) und stärke den Gläubiger zu sehr, sodass das Verbot in Belgien besser sei.[539]

---

[535] Hierzu beispielsweise Gullifer, Conclusions and Recommendations, in: Gullifer/Akseli (Hg.), Secured Transactions Law Reform, 2016, 521 f.
[536] McCormack, ICLQ 2011, 615.
[537] Faber, Entwicklungslinien und Entwicklungsperspektiven, 429 f.
[538] McCormack, ICLQ 2011, 615.
[539] Helsen, ERPL 2015, 1011.

Die langjährigen Erfahrungen in den USA mit dem advance filing zeigen jedoch, dass Schadensersatzdrohungen ausreichen, um missbräuchliche Einträge weitgehend zu verhindern.[540]

Wenngleich der Schuldner auf den ersten Blick mit nicht genutzten, aber bestehenden Registereintragen belastet erscheint, falls der Gläubiger dies verlangt, darf nicht übersehen werden, dass die Rangsicherungsmöglichkeit auch ein Angebot des Schuldners an den Gläubiger im Zuge der Verhandlungen darstellen kann. Es ist nicht ersichtlich, dass der Gläubiger eine Position erlangt, die ihn übermäßig stärkt.

Die Möglichkeit des advance filing ist auch nicht automatisch durch die Entscheidung für ein Transaktionssystem verbaut:

Auch bei transaction filing-Systemen ist advance filing möglich[541], wenngleich diese Möglichkeit insbesondere dadurch erleichtert wird, dass es an einer Verbindung zwischen Notiz und Sicherungsvereinbarung fehlt.[542]

Ein Vorabeintrag im Verhandlungsstadium – der allerdings schon recht bestimmt sein muss – erscheint vorstellbar. Transaction filing kann flexibles advance filing ermöglichen, indem der Vorabeintrag nach einer bestimmten Zeit automatisch gelöscht wird, sofern kein bestätigender Eintrag erfolgt.[543] Dadurch wird die Vollständigkeit des Registers sichergestellt.

Letztlich hätte sich der belgische Gesetzgeber also dennoch für ein advance filing entscheiden können, das sich insgesamt als vorteilhaft für den Handelsverkehr erweist.

III. Rechte und Pflichten der Parteien

Die Rechten und Pflichten der Parteien in den jeweiligen Registern unterscheiden sich nur in einzelnen, spezifischen Punkten, dafür aber folgenreich. Dementsprechend wird an dieser Stelle jeweils der direkte Vergleich mit dem belgischen Recht vorgenommen.

---

[540] Von Bar/Clive, Commentary, 5509; Brinkmann, 440 ff.; Faber, Entwicklungslinien und Entwicklungsperspektiven, 417 ff.
[541] McCormack, ICLQ 2011, 615.
[542] Legislative Guide, 174 f.
[543] McCormack, ICLQ 2011, 615.

1. Art. 9 UCC

Nach dem belgischen Gesetz obliegt der Registereintrag dem Sicherungsnehmer, wohingegen im UCC-Register der Eintrag sowohl durch Sicherungsgeber und -nehmer als auch durch einen beliebigen Dritten vorgenommen werden kann.

Da der Eintrag vor allem im Interesse des Sicherungsnehmers erfolgt, der seinen Rang durch Vervollkommnung sichern will, erscheint die belgische Lösung grundsätzlich einfacher.

Zudem kann die Möglichkeit der Eintragung durch beliebige Dritte zu missbräuchlichen Eintragungen, sogenannten „bogus filings", führen. Solche Einträge sind zwar nicht materiell wirksam. Im Register selbst ist dies aber nicht erkennbar, sodass sie über die wahre Vermögenslage des Betroffenen täuschen können, solange sie nicht gelöscht werden.

Es herrscht keine Einigkeit darüber, wie häufig bogus filings vorkommen. Dass sie zum Streitgegenstand werden können, zeigt jedoch die vorhandene bundesstaatliche Gesetzgebung, die missbräuchlichen Einträgen entgegenwirken soll.[544] Der Betroffene kann gemäß § 9-518 einen Widerspruch eintragen lassen, hat gemäß § 9-513 einen Anspruch auf Abgabe einer Beendigungsnotiz gegen den angeblichen Sicherungsnehmer und Schadensersatzansprüche aus § 9-625(e).

Belgien hat zunächst mit der Überprüfung durch den Hypothekendienst eine vermeintlich einfachere Lösung für bogus filings vorgesehen.[545] Art. 33 II wurde jedoch im Nachhinein gestrichen, weil er eine Durchbrechung der passiven Rolle der Registerstelle vorsah. Nun besitzt der Schuldner zwar einen Anspruch auf Löschung oder Änderung, die konkrete Durchsetzung ist jedoch nicht normiert. Letztlich ist wohl die Einschaltung eines Richters vonnöten und somit der Schutz gegen missbräuchliche Einträge eher weniger ausgeprägt, da keine Widerspruchseintragung vorgesehen ist.

2. UNCITRAL Legislative Guide

Der Guide trifft keine Entscheidung darüber, ob der Gläubiger zur Beantwortung von Anfragen durch Dritte verpflichtet werden sollte.[546]

---

[544] Brinkmann, 384, meint, dass bogus filings selten seien. Helsen, ERPL 2015, 1010, Fn. 236, mit einem Fall aus der Rechtsprechung.
[545] Helsen, ERPL 2015, 1011.
[546] Legislative Guide, 153.

Den Gläubiger trifft allerdings die Pflicht, den Schuldner über den Registereintrag zu informieren, um die Registerstelle zu entlasten. Andererseits erhält der Gläubiger die Information über die Änderung oder Löschung elektronisch vom Register, da dies ein automatischer Vorgang ohne Verwaltungsaufwand für die Registerstelle ist.[547]

Zudem befürwortet der Guide die Einholung des Einverständnisses des Schuldners für die Eintragung. Dieses Einverständnis muss aber nicht schriftlich abgegeben werden, da es bereits konkludent in der Sicherungsvereinbarung enthalten ist.[548]

Diese Lösung ist insgesamt praktischer als das Erfordernis der schriftlichen Benachrichtigung im belgischen Recht (Art. 29 III, 32 III).

3. Buch IX DCFR

Auf europäischer Ebene stehen missbräuchliche Einträge im Zentrum der Diskussion. Daraus resultiert eine Besonderheit, die sich sonst weder im belgischen Recht noch im Legislative Guide oder in Art. 9 UCC finden lässt: Bei der Registrierung ist gemäß Art. IX.-3:306(1)(d) eine formelle Zustimmung des Schuldners erforderlich.[549] Eine materielle Zustimmung, wie sie durch das Vorliegen der Sicherungsvereinbarung bereits gegeben wäre, ist nicht möglich. Stattdessen muss die Zustimmungserklärung nach Art. IX.-3:309, Art. IX.-3:306(1)(d) registriert werden; erst dann kann der Eintrag durch den Gläubiger vorgenommen werden, Art. IX.-3:305(1).

Dieses zunächst belastend wirkende Erfordernis wird dadurch in seiner Wirkung eingegrenzt, dass die Zustimmung auch für fünf Jahre im Voraus bezüglich eines bestimmten Gläubigers abgegeben werden kann, wie dies bei langfristigen Geschäftsbeziehungen einschlägig sein wird, Art. IX.-3:305.

Liegt die Erklärung nicht vor, dann ist der Eintrag wirkungslos.

Der Registerstelle wird so die Überprüfung der Zustimmung abgenommen und zugleich können keine missbräuchlichen Einträge getätigt werden, die nicht offensichtlich unwirksam sind. Außerdem wird der Schuldner dazu angehalten, die Richtigkeit des Eintrags zu prüfen, was für alle Beteiligten von Vorteil ist.

Missbräuchliche Einträge entfalten zwar keine Wirksamkeit, aber können, wenn sie lediglich materieller Zustimmung außerhalb des Registers bedürfen, alleinstehend eine falsche Belastung von Gegenständen vorspiegeln.

---

[547] Empfehlung 55 c, d. Erläuterungen hierzu Legislative Guide, 162.
[548] Legislative Guide, 176.
[549] Wilhelm, Die Regelung der Geld- und Warenkreditsicherheiten, 59.

Ob der Aufwand für die formelle Zustimmung in einem angemessenen Verhältnis zur tatsächlichen Anzahl missbräuchlicher Einträge steht, bleibt jedoch unklar. Immerhin ist der Nutzen einer solchen Eintragung gering; sie erfolgt höchstens in Schädigungsabsicht. Der DCFR will hier präventiv abschrecken, da Sanktionen nicht in allen europäischen Staaten gleich schnell und effektiv wirken. Allerdings wird die Identität des Missbrauchenden aufgrund der notwendigen Identifizierung leicht festzustellen sein, selbst wenn eine andere Person als Vertreter genannt wird.

Bezüglich des Zustimmungserfordernisses im DCFR herrscht Uneinigkeit darüber, ob es sinnvoll ist.

Nach Ansicht Fabers ist es gerade als Gegenpart zum advance filing gut. Er nennt das belgischen Recht als Negativbeispiel: Hier ist kein advance filing möglich, weil der Sicherungsvertrag bestehen muss. Ob der Vertrag tatsächlich existiert, wird nicht durch Sicherungsnehmer oder Registerstelle kontrolliert. Hier wäre eine formelle Zustimmung durchaus sinnvoll, weil Fehler erst im Nachhinein korrigierbar sind.[550]

Wie bei Art. 9 UCC wird dem gesicherten Gläubiger die Informationspflicht gegenüber Dritten auferlegt, Art. IX.-3:319. Jedermann kann Auskünfte anfordern, erhält sie aber lediglich bei einer Zustimmung des Schuldners.

Beantwortet der Gläubiger die Anfrage bei Zustimmung nicht innerhalb von 14 Tagen, dann haben sowohl der Schuldner als auch die anfragende Partei einen Schadensersatzanspruch gemäß Art. IX.-3:319(4) DCFR. Gleiches gilt für fehlerhafte Auskünfte, Art. IX.-3:322, Art. IX.-3:323 DCFR.

Wird die Information nämlich nicht mitgeteilt, so kann dies zu Misstrauen beim Dritten führen und dem Sicherungsgeber wie dem Dritten kann ein günstiges Kreditgeschäft entgehen.

Bei falscher Information über eine Nichtbelastung wird der Dritte insoweit geschützt, dass der Gegenstand ihm gegenüber drei Monate ab Auskunft als unbelastet gilt. Bei einer falschen Information über eine bestehende Belastung hat der Sicherungsgeber einen Anspruch auf Schadensersatz. Bei einer verspäteten Antwort gilt der Gegenstand bis zu einer Antwort oder dem Ablauf einer Drei-Monats-Frist als unbelastet.

Dieses Sanktionssystem ist zwar sehr detailliert, aber der Schaden kann recht genau beziffert werden. Zudem gibt es einen Anreiz, Anfragen richtig und rechtzeitig zu beantworten.[551]

---

[550]   Faber, Entwicklungslinien und Entwicklungsperspektiven, 420.
[551]   Faber, Entwicklungslinien und Entwicklungsperspektiven, 432.

Im UCC gilt der Vertrauensschutz nicht, sondern bei fehlenden Eintragungen gibt es Möglichkeiten des gutgläubigen Erwerbs.

Der UCC setzt also *ex ante* den Anreiz für Gläubiger, Anfragen zu beantworten, wohingegen der DCFR *ex post* Anreize setzt. Der Gutglaubenserwerb kommt anders als ein Schadensersatzanspruch ohne die Inanspruchnahme der Gerichte aus, was in Ländern mit ineffektiver Rechtsdurchsetzung von Vorteil ist.[552]

Die fristgebundene Auskunftsobliegenheit gemäß Art. IX.-3:319 ist eine Besonderheit, die in Art. 9 UCC und im UNCITRAL Guide nicht vorgesehen ist. Dementsprechend ist hier auch ein Gutglaubenserwerb möglich, wohingegen dieser beim UCC ausgeschlossen ist.[553]

Die Rolle des Gläubigers als Informationsgeber ist sinnvoll. Er gibt zuverlässiger Auskunft als ein Sicherungsgeber, der (um jeden Preis) Kredit möchte. Zudem besitzt der Sicherungsnehmer häufig genauere Informationen über den Schuldenstand. Letztlich entscheidet jedoch der Sicherungsgeber durch seine Zustimmung über den Umfang der Auskunft, sodass beide Parteien ausgeglichen Rechte und Pflichten haben und so ein guter Kompromiss bei der Datenpreisgabe erzielt wird.[554]

Während der Gläubiger den Schuldner im belgischen Recht schriftlich über die Eintragung informieren muss, erhält der Schuldner gemäß Art. IX.-3:313 DCFR eine elektronische Information.

Um den Schuldner zu schützen, muss der Gläubiger stets eine Haftungserklärung für Schäden beim Sicherungsgeber oder Dritten durch falsche Eintragung abgeben, Art. IX.-3:306 (1)(e).

Auch der belgische Gesetzgeber schreibt eine verschuldensunabhängige Haftung des Sicherungsgebers vor; die Haftungserklärung muss registriert werden.

Im DCFR muss die Erklärung nicht im Register eingetragen werden, sondern kann auch im Vertrag festgehalten werden.

Über die bessere Lösung ist zu diskutieren. Einerseits ist die Haftungserklärung in Belgien sichtbar und kann gerade Laien rückversichern. Der dafür vorgesehene Standardtext schafft zusätzliche Transparenz. Im DCFR sind Methode und Text nicht vorgeschrieben, sodass es zu Sprachproblemen und weniger

---

[552] Brinkmann, 447.
[553] Wilhelm, Die Regelung der Geld- und Warenkreditsicherheiten, 54 f.
[554] Faber, Juridica International 2014, 34.

Rückversicherung mangels offensichtlicher Erklärung kommen kann.[555] Gleichzeitig macht ein weiteres, nicht unbedingt erforderliches Eintragungsmerkmal den Eintrag unübersichtlicher. Zudem ist die Vereinbarung nicht wirksam, wenn die Erklärung fehlt, sodass stets von ihr auszugehen ist.

IV. Zugang zum Register

Durch die letzte Änderung des Reformgesetzes hat sich der belgische Gesetzgeber nun doch noch dem Standpunkt sämtlicher Vorbilder angeschlossen: Alle befürworten einen offenen Zugang.

Art. 9 UCC sieht ein öffentlich zugängliches Register vor. Gemäß § 9-519(c) (3) UCC wird die Abfrage jedermann ohne besonderen Nachweis eines berechtigten Interesses gewährt.

Die rudimentären Informationen über die Vermögenslage, die sich beim notice filing aus dem Register ergeben, werden als datenschutzmäßig unbedenklich angesehen. Ein umfassender Überblick über die Vermögensverhältnisse des Schuldners lässt sich so nicht gewinnen, sodass weder seine Reputation noch seine Geschäftsgeheimnisse betroffen sind.[556]

Weiterhin muss man bedenken, dass der Datenschutz in den USA einen geringeren Stellenwert als in europäischen Ländern hat. Das kommt darin zum Ausdruck, dass auch der Gesetzgeber diesen Aspekt kaum berücksichtigt.[557]

Zudem würde die Prüfung von Abfrageanträgen zu erhöhtem Verwaltungsaufwand und somit höheren Kosten führen.[558] Das widerspricht jedoch dem Leitbild des kostengünstigen, effizienten und leicht zugänglichen Systems, wie es Art. 9 UCC vorsieht.

Der interessierte Dritte kann den Gläubiger der Sicherheit um detaillierte Informationen bitten (§ 9-210).

Der Legislative Guide plädiert ebenfalls für einen offenen Zugang. Nur wenige Staaten würden einen selektiven Zugang bereitstellen. Ein gewichtiges Argument gegen den selektiven Zugang sei nämlich die Kostenverursachung durch das Überprüfen eines legitimen Interesses, die zu wirtschaftlicher Ineffizienz

---

[555] Faber, Entwicklungslinien und Entwicklungsperspektiven, 417.
[556] Brinkmann, 385.
[557] Helsen, ERPL 2015, 1008.
[558] Brinkmann, 385.

führe.[559] Eine inhaltliche Überprüfung würde außerdem nicht zur passiven Rolle der Registerstelle passen.

Im Register ist der Name des Sicherungsgebers als das einzige mögliche Suchmerkmal vorgesehen. Damit soll Bedenken entgegengetreten werden, dass ansonsten eine Ausforschung durch Wettbewerber möglich wäre.[560]

Auch Art. IX.-3:317 DCFR sieht ein öffentliches Register vor.

Der DCFR lässt neben der Suche nach dem Sicherungsgeber eine Suche nach einem bestimmten Sicherungsgegenstand zu, Art. IX.-3:308.

Es ist zweifelhaft, ob dies aufgrund der generellen Beschreibung des Gegenstands sinnvoll ist. Möchte sich ein potenzieller Kreditgeber einen Überblick verschaffen, dann wäre eine Übersicht nach Kategorien sinnvoller, zumal die Sprachbarriere auf europäischer Ebene dann leichter zu überwinden ist. [561]

Allerdings könnte sich ein Suchender auf diese Art einen umfassenden Überblick über die Belastung der Gegenstände des Schuldners verschaffen, die durch die geringen Angaben des notice filing ansonsten gerade vermieden werden soll.

Wenngleich es zu begrüßen ist, dass der belgische Gesetzgeber ebenfalls einen offenen Zugang gewährt, stellt sich die Situation aufgrund der Entscheidung für ein Transaktionssystem etwas anders dar. Der Nutzer kann deutlich mehr Informationen einsehen, was aufgrund der vormaligen Besorgnis bezüglich des Datenschutzes zu Kritik anregt. Zwar führt der belgische Gesetzgeber an, dass man durch die Erhebung von Kosten den Zugang in gewisser Weise kontrollieren könne, sodass nur tatsächlich interessierte Personen das Register einsehen würden.[562] Zu hohe Gebühren schrecken jedoch wiederum insgesamt potenzielle Nutzer ab.

Insoweit erscheint die belgische Lösung nicht als widerspruchsfrei.

V. Durchbrechung der Registerpublizität

In welchem Umfang die Registerpublizität tatsächlich verlässlich die Rangverhältnisse abbildet, hängt vor allem davon ab, inwieweit der funktionale Ansatz, also die einheitliche rechtliche Behandlung aller Instrumente, die der Sicherung dienen, tatsächlich angewandt wird.

---

[559] Legislative Guide, 155.
[560] Legislative Guide, 156.
[561] Faber, Juridica International 2014, 33.
[562] Exposé des Motifs II, 14.

Auch bezüglich der Entstehung und Vereinbarung des Sicherungsrechts, der Lösung von Prioritätskonflikten und der Vollstreckung soll grundsätzlich eine Gleichbehandlung stattfinden.

Dadurch wird ein flexibles Regelwerk geschaffen, in das neue Sicherungsrechte unproblematisch eingeordnet werden können. Zudem ist bei einer flächendeckenden Einführung eine leichtere internationale Kooperation trotz eines unterschiedlichen Bestands an Sicherungsrechten möglich und sogar ein gemeinsames Register denkbar, wenn kompatible nationale Systeme bestehen.[563]

1. Art. 9 UCC

Die große Neuerung des Art. 9 UCC in der Version von 1962 war das einheitliche Sicherungsinstrument – die Vielfalt der Sicherungsrechte wurde auf ein allgemeines Sicherungsrecht reduziert und dafür ein Grundstock an Definitionen und Begriffen eingeführt.[564] Die „Security Interest" wird in § 1-201 (37) UCC definiert. Danach ist die äußere Form irrelevant; bei der Einordnung als Sicherungsrecht wird objektiv auf die wirtschaftliche Funktion abgestellt.[565]

Dafür wurde die Abgrenzung nach Finanzierungsarten aufgegeben.[566] Es ist unerheblich, ob das jeweilige Instrument der Sicherung von Waren- oder Geldkredit dient, § 1-201(37) UCC.

Weiterhin werden auch Instrumente einbezogen, die nicht der Bestellung einer Sicherheit dienen, wie z.B. „echte" Forderungsabtretungen (im Gegensatz zur Sicherungsabtretung) und Kommissionsgeschäfte. Dabei spielt wiederum die pragmatische Überlegung eine Rolle, dass so Abgrenzungsschwierigkeiten zwischen echter oder sicherungshalber Forderungsabtretung entfallen, und dass eine umfassende Registrierungspflicht für mehr Sicherheit insgesamt sorgt.[567]

Der Eigentumsvorbehalt fällt ganz klar unter Art. 9 UCC. Dies ergibt sich aus § 2-401 (1) UCC: „Any retention or reservation by the seller of the title (property) by the goods shipped or delivered to the buyer is limited in effect to a reservation of a security interest."

Wenngleich der Vorbehaltsverkäufer eine Eigentümerstellung innehat, bekommt er grundsätzlich keine andere Behandlung als derjenige Sicherungsneh-

---

[563] Faber, Juridica International 2014, 30.
[564] White/Summers, § 30:1, 4.
[565] Borkhardt, 16.
[566] Brinkmann, 356.
[567] Brinkmann, 358.

mer, der Kredit (für die Anschaffung eines Gegenstandes) im Gegenzug für ein Sicherungsrecht an einem Gegenstand gewährt.[568]

In der Folge wird dem Vorbehaltsverkäufer ein Befriedigungsrecht, nicht aber ein Rückholrecht gewährt; seine Eigentümerstellung ist mithin irrelevant.[569]

Obwohl die Registrierung des Eigentumsvorbehalts in den USA unbestritten ist, erfährt er aber dennoch eine Sonderbehandlung bei der Vorrangregelung. Der Inhaber der sogenannten „purchase money security interest" hat gemäß § 9-324(a) UCC Vorrang vor den Gläubigern anderer Sicherungsrechte.[570] Unter diese Sicherungsrechte, die aufgrund von Anschaffungskrediten gewährt werden, fällt auch der Eigentumsvorbehalt.

2. UNCITRAL Legislative Guide

Der UNCITRAL Legislative setzt sich ebenfalls zum Ziel, eine Gleichbehandlung verschiedener Sicherungsrechte und Kreditquellen zu erreichen.[571]

Grundsätzlich empfiehlt der Guide in Empfehlung 8 den einheitlichen Ansatz und lehnt die Beibehaltung individueller Sicherungsrechte ab.

In Empfehlung 9 diskutiert er aber dennoch die Wahl zwischen „unitary" und „non-unitary approach" und schlägt vor, dass es bei Anschaffungssicherheiten eine zweite Option geben solle. Zwar sei ein einheitliches Konzept leicht einzuführen, aber aufgrund der unterschiedlichen Rechtstraditionen solle es diesen Kompromiss geben.[572]

Der Legislative Guide stellt sowohl die Vor- als auch die Nachteile des funktionalen Ansatzes dar:

Ein einheitlicher Satz an Regeln für alle Sicherungsrechte sorge zum einen für Transparenz und Verständlichkeit und biete außerdem die Möglichkeit, dass auch neue Sicherungsrechte umfassend und unproblematisch darunter gefasst werden könnten. Die Gesetzgebung werde insgesamt vereinfacht, aber auch die Anwendbarkeit der Regeln für die Nutzer.[573] Sofern eine umfassende Gleichbe-

---

[568] Brinkmann, 357.
[569] Brinkmann, 417.
[570] Graham-Siegenthaler, 521.
[571] Legislative Guide, 20.
[572] Legislative Guide, 58.
[573] Legislative Guide, 56 f.

handlung stattfinde und alle Sicherungsinstrumente der Publizität unterfielen, führe die Entscheidung für ein bestimmtes Instrument zu keinem Nachteil.[574]

Wenn auch Vorbehaltsrechte gleichbehandelt würden, gebe es insgesamt eine übersichtliche Besicherung und eine bessere Vergleichsmöglichkeit der Sicherungsoptionen für die Parteien. Dies führe zum Wettbewerb zwischen den Kreditgebern, der in günstigeren Krediten resultieren werde. Zudem müssten sich die Parteien wenig Gedanken darüber machen, welches Sicherungsrecht in ihrem Fall anwendbar sei. Auch aus grenzüberschreitender Perspektive sei eine Gleichbehandlung einfacher und eine Anerkennung in den ausländischen Rechtssystemen erleichtert.[575]

Andererseits müssten manche Rechtssysteme eine ihnen komplett fremde, neue Rechtsdogmatik einführen. Die Neucharakterisierung mancher Instrumente wäre unumgänglich.[576]

Die Wahlmöglichkeit biete vor dem Hintergrund der internationalen Anwendung des Legislative Guide einen Ansatz, der Konflikte mit bestehenden nationalen Kategorien vermeide und deren Sicherungsinstrumente beibehalte.[577]

Durch diesen Pluralismus könne die Akzeptanz bei Praktikern und Gesetzgebern möglicherweise höher sein.[578]

Die Abschaffung nationaler Instrumente beziehungsweise die Neueinführung unbekannter Institute sei ansonsten nicht unbedingt durchsetzbar. Gegen den uneinheitlichen Ansatz spreche nichts, solange funktional gleiche Transaktionen denselben Prioritäts- und Publizitätsregeln unterworfen würden.[579]

Der non-unitary approach des Legislative Guide betrifft unter anderem den Eigentumsvorbehalt. Spezialregeln werden sowohl für Vorbehaltsrechte als auch das Finanzierungsleasing vorgeschlagen.

Viele Staaten sehen im Eigentumsvorbehalt kein echtes Sicherungsrecht, weil er über die AGB eingeführt wird und lediglich ein Zusatz zu einem Kauf- oder Leasingvertrag ist. Außerdem erfährt er wegen der Anpassung an die Bedürfnisse der Verkäufer oft eine insolvenzrechtliche Spezialbehandlung.

Empfehlung 192 sieht aber dennoch vor, dass auch Leasinggeber und Vorbehaltsverkäufer ihre Rechte registrieren müssen. Zwar soll die Eigentümerstellung berücksichtigt, aber nichtsdestotrotz eine Gleichbehandlung angestrebt wer-

---

[574] Castellano (2015) MLR, 634.
[575] Legislative Guide, 56 f, 334.
[576] Legislative Guide, 57.
[577] Castellano, (2015) MLR, 614, 636, 640.
[578] Castellano (2015) MLR, 634.
[579] Castellano (2015) MLR, 639.

den.[580] Zum Schutz des Verkäufers sieht der Legislative Guide kein Aussonderungs-, sondern ein Rückholrecht vor.

Der Legislative Guide benennt günstige Kosten beim Eigentumsvorbehalt als Vorteil, wenn keine Publizität notwendig ist.[581]

Der Eigentumsvorbehalt erhält allerdings die oberste Priorität, wenn er innerhalb von 30 Tagen nach Lieferung registriert wird. Diese Regelung sei akzeptabel, weil alle interessierten Parteien das Vorbehaltsrecht recherchieren, die Lieferung überwachen und 30 Tage mit der Entscheidung über die Kreditvergabe warten können, bis ein Eintrag erfolgt.[582]

Als Nachteile nennt der Guide aber ebenfalls die mangelnde Publizität: Der Verkäufer und der Gläubiger sind benachteiligt; sie müssen auf den Käufer vertrauen. Eine Prüfung der Registrierung kostet Zeit und Geld. Auch ist die Vollstreckung ohne Zustimmung des Vorbehaltsverkäufers für ungesicherte Gläubiger schwierig.[583]

3. Buch IX DCFR

Entgegen der Rechtstradition in der Mehrheit der EU-Mitgliedstaaten verfolgt Buch IX DCFR einen einheitlichen Ansatz wie Art. 9 UCC.

Dabei gibt es einen besonderen Vorteil aus europäischer Perspektive: Durch die Einführung des funktionalen Ansatzes können die Mitgliedstaaten ihre jeweiligen Sicherungsinstrumente beibehalten und diese werden anerkannt, allerdings im Rahmen des einheitlichen Sicherungsrechts gleichbehandelt. Somit wird auch der *numerus clausus*-Grundsatz nicht berührt.[584] Hier zeigt sich, dass der DCFR die europäischen Besonderheiten im Blick behält.

Gerade beim DCFR gibt es die Perspektive eines unionsweiten Registers, weshalb dem funktionalen Ansatz eine besonders bedeutende Rolle zukommt.

Art. IX.-1:102 DCFR umschreibt das Sicherungsrecht: Darunter fallen sowohl beschränkte dingliche Sicherungsrechte als auch die Übertragung des Eigentumsrechts wie bei Sicherungsübereignung und Sicherungsabtretung. Hauptfaktor für die Einordnung als Sicherungsrecht ist wiederum, dass die Vereinbarung der Sicherung dient.

---

[580] Brinkmann, 430 f.
[581] Legislative Guide, 54.
[582] Bazinas, in: Research handbook, 35.
[583] Legislative Guide, 54 f.
[584] Akkermans, in: The Draft Common Frame of Reference, 278 f.

Art. IX-2:201 stellt die Grundregel für die europäische Ebene auf: Danach wird ein europäisches Sicherungsrecht vereinbart, wenn dem Gläubiger ein Sicherungsrecht gewährt werden kann. Dazu muss der Gegenstand des Sicherungsrechts bestehen oder zukünftig zur Entstehung gelangen, übertragbar sein und im nationalen Recht zur Entstehung gelangen.

Ein Sicherungsrecht gelangt zur Entstehung, wenn die Parteien den Gegenstand bestimmen, der Übertragende die Befugnis zur Gewährung des Sicherungsrechts innehat und der Übertragung ein Sicherheitsvertrag zugrunde liegt, Art. IX-2:105, 106.

Gemäß Art. IX-3:102 wird das Sicherungsrecht Dritten gegenüber durch Registrierung, Besitzübertragung oder contrôle bei unkörperlichen Gegenständen wirksam.

Besitzlose Sicherungsrechte werden ausdrücklich und generell akzeptiert, Art. IX.-2:103. Sofern sich die Regelungen des DCFR durchsetzen, wird ein stärkerer Druck auf Länder ohne besitzlose Sicherungsrechte ausgeübt, weil eine Anerkennung in den anderen Ländern vereinfacht wird.

Dieser Druck zur Konvergenz ist allerdings zu begrüßen. Wenn EU-Recht Vorrang erlangt, dann gibt es nach einer Einführungsphase mehr Vereinheitlichung und letztlich weniger Anerkennungsprobleme.

Wird der DCFR jedoch lediglich als optionales Instrument eingesetzt, dann entsteht eine Konkurrenzsituation zwischen europaweitem Sicherungsrecht und den daneben bestehenden nationalen Instrumenten. Auch die Existenz zweier Register ist nicht unproblematisch.[585]

Insgesamt ist eine Tendenz zu einer funktionalen und weniger formalen Betrachtung von Sicherungsrechten festzustellen.[586] Die minimalen Formvorgaben ermöglichen Globalsicherheiten bezüglich aller Arten von Gegenständen.[587] Hier weicht der DCFR von den Regelungen vieler europäischer Länder ab, die besitzlose Sicherheiten stark beschränken.[588]

---

[585] De Groot, Three questions in relation to the scope of Book IX DCFR, in: van Erp/Salomons/Akkermans (Hg.), The Future of European Property Law, 2012, 141 f.
[586] Akkermans, in: The Draft Common Frame of Reference, 279.
[587] Veneziano, in: The Draft Common Frame of Reference, 307.
[588] Veneziano, in: The Draft Common Frame of Reference, 306.

Eine Registrierung wird gemäß Art. IX.-3:107(1) auch bei Anschaffungssicherheiten gefordert. Diese Empfehlung wird kritisiert, da sie vom System in der Mehrheit der europäischen Länder abweicht.[589]

Allerdings sind die Auswirkungen dieser Pflicht nicht zu groß. Die Registrierung kann innerhalb einer Frist von 35 Tagen ab Lieferung erfolgen (Art. IX.-3:107(2) DCFR) und der erfolgte Eintrag kann zukünftige Lieferungen bei langfristiger Geschäftsbeziehung umfassen.[590]

Der DCFR betrachtet die Einordnung des Eigentumsvorbehalts in das System der Sicherungsrechte von drei Seiten.

Zum einen sei eine Ausklammerung vom einheitlichen Ansatz denkbar, da Verkäufer und Verleiher formell weiterhin Eigentümer blieben. Da Vorbehaltsrechte in den nationalen Rechtssystemen bereits verschiedenen schuldrechtlichen Vorschriften unterlägen und systematisch anderweitig als andere Sicherungsrechte geregelt seien, gebe es kein Bedürfnis für besondere Publizitätsanforderungen. Andererseits müsse man jedoch auch eine unterschiedliche Behandlung der unterschiedlichen Vorbehaltsrechte feststellen, so z.B. zwischen Leasing oder Eigentumsvorbehalt. Ferner gebe es viele Ausnahmen bei der Behandlung in der Insolvenz, bei der Zulässigkeit von verlängertem oder erweitertem Eigentumsvorbehalt und teilweise würde den Vorbehaltsgläubigern weniger Schutz als einem Eigentümer eingeräumt.[591]

Der gegenteilige Ansatz bestehe in der vollständigen Eingliederung der Vorbehaltsrechte in das einheitliche System der Sicherungsvereinbarungen. Als Hintergrund und Begründung für diese Option könne man dieselbe wirtschaftliche Funktion von Vorbehalts- und anderen Sicherungsinstrumenten anführen. Dieses Modell finde man bei Art. 9 UCC und seinen Nachfolgern sowie im Modellgesetz der EBRD. Allerdings gebe es zumindest bei den Prioritätsregeln wieder Ausnahmen.[592]

Der DCFR versucht, einen Mittelweg einzuschlagen, indem Vorbehaltsrechte grundsätzlich in ein einheitliches System der Sicherungsrechte eingegliedert werden, gleichzeitig aber Ausnahmeregelungen in einschlägigen Bereichen bestehen bleiben sollen.[593] Dies kommt zuvorderst in Art. IX.-1:101 zum Ausdruck.

---

[589] Faber, Juridica International, 35. Faber, Entwicklungslinien und Entwicklungsperspektiven, 339, z.B.: „aus österreichischer Perspektive radikaler Schritt."

[590] Faber, Juridica International, 35.

[591] Veneziano, in: The Draft Common Frame of Reference, 310.

[592] Veneziano, in: The Draft Common Frame of Reference, 310.

[593] Légrádi, Mobiliarsicherheiten in Europa, 2012, 367 ff.; Veneziano, in: The Draft Common Frame of Refercence, 310.

Gleich in Art. IX.-1:101 (1) wird zwischen Sicherheitsrechten und Vorbehaltsrechten unterschieden. Der DCFR sieht eine Ausnahme bezüglich des Eigentumsvorbehalts vor. Zwar gilt dennoch der Grundsatz der Gleichbehandlung, aber nur bei einer dementsprechenden Norm.[594] In dieser Hinsicht lehnt sich der DCFR beim non-unitary approach des UNCITRAL Legislative Guide an.[595]

Dennoch wirken sich die Unterschiede praktisch nicht stark aus.[596]

Der zweispurige Ansatz wird mit der besonderen sachenrechtlichen Konstruktion begründet, die zu einer Anerkennung als Vollrecht führt.[597]

In der Sonderbehandlung von Vorbehaltsrechten gegenüber anderen Anschaffungssicherheiten liegt die stärkste Abweichung von Art. 9 UCC.[598] Diese „Sollbruchstelle" durch die Wahlmöglichkeit bei der Herangehensweise ist vor allem dem politischen Kompromiss geschuldet.[599] Zugleich wird aber eine Registrierung vorgesehen, die wiederum nationalen Bedenken wegen der Publizitätslosigkeit entgegenkommt.[600]

Die Verfasser des Referenzrahmens analysieren die Einordnung der Vorbehaltsrechte in den europäischen Rechtssystemen. Sie stellen fest, dass der Eigentumsvorbehalt und verwandte Instrumente in ihrer Reichweite und Behandlung in vielen europäischen Ländern umstritten sind.[601] Der Ausschluss der Gleichbehandlung erfolgt aufgrund der Eigentümerstellung.[602] Traditionell wird keine Publizität gefordert und systematisch sind die Vorbehaltsrechte an anderer Stelle als die Sicherungsrechte geregelt.[603] Außerdem kommt es selbst beim funktionalen Ansatz nie zu einer vollständigen Eingliederung des Eigentumsvorbehalts, da immer Ausnahmen hinsichtlich des Vorrangs normiert werden.[604]

Eine Registrierung ist wie bei den anderen besitzlosen Sicherungsrechten notwendig, weil das Register die Sicherheiten möglichst umfassend abbilden will. Allerdings sieht der DCFR Ausnahmeregelungen für diese Pflicht vor: Art. IX.-3:107 legt für die Registrierung von Liefergütern eine Frist von 35 Tagen fest, der

---

[594] Wilhelm, Die Regelung der Geld- und Warenkreditsicherheiten, 31.
[595] Wilhelm, Die Regelung der Geld- und Warenkreditsicherheiten, 32.
[596] Vgl. Art. IX.-1:104 DCFR. Faber, Juridica International 2014, 30.
[597] Brinkmann, 453.
[598] Brinkmann, 453; Faber, Entwicklungslinien und Entwicklungsperspektiven, 339.
[599] Faber, Entwicklungslinien und Entwicklungsperspektiven, 340, 355.
[600] Faber, Entwicklungslinien und Entwicklungsperspektiven, 354.
[601] Veneziano, in: The Draft Common Frame of Reference, 309.
[602] Veneziano, in: The Future of Secured Credit, 132.
[603] Veneziano, in: The Future of Secured Credit, 132 f.
[604] Veneziano, in: The Future of Secured Credit, 133.

Vorbehalt wird dann rückwirkend ab Entstehungsdatum wirksam. So werden kurzfristige, niedrigwertige Verkäufe von der Notwendigkeit der Registrierung ausgenommen. Eine weitere Ausnahme bildet die Superpriorität von Vorbehaltsrechten über andere Sicherungsrechte, selbst wenn diese früher registriert wurden, Art. IX.-4:102.[605]

Dabei wird die Superpriorität allen Instrumenten, die Warenkreditsicherheiten behandeln, unabhängig von der Form gewährt. Es kommt dem Gesetzgeber also auf den Schutz dieser für die Wirtschaft förderlichen Instrumente an.[606]

Im Ergebnis führt die Einräumung der Superpriorität dazu, dass der Eigentümer ein Vorrecht gegenüber dem Sicherungsgläubiger hat, der eine Globalsicherheit an allen gegenwärtigen und zukünftigen Sachen des Sicherungsgebers hat und ansonsten immer zeitlich vorrangig wäre – hier wird das stärkere Recht des Eigentümers mit formalen Argumenten bekräftigt, ähnlich wie im deutschen Recht.[607]

Der DCFR erkennt einerseits den „echten" Eigentumsvorbehalt mit Vertragsrücktritt und Rückgabe der Sache an, erlaubt jedoch auch die Behandlung als Sicherungsrecht, wo kein Rücktritt, sondern die Einlösung der Forderung und bevorzugte Befriedigung gewünscht ist.[608]

Anders als bei anderen Sicherungsrechten kann derjenige mit Vorbehaltsrecht eine Aussonderung verlangen, wohingegen die anderen lediglich ein Recht auf Absonderung haben.[609]

Der Umfang der Vorbehaltsrechte wird in Art. IX.-1:103 (2) DCFR festgelegt. Einerseits sind gemäß Art. IX.-1:104 die allgemeinen Vorschriften für Sicherungsrechte anwendbar. Auch ist eine Registrierung zur Vervollkommnung nötig wie bei anderen Anschaffungssicherheiten mit einer Frist von 35 Tagen notwendig. Der Unterschied liegt jedoch im Recht des Vorbehaltsverkäufers, auch Zugriff auf die Sache selbst zu erhalten zu, Art. IX.-7:301, 2.

Diese Sonderstellung wäre nicht unbedingt nötig. Wenn man auf das Eigentum abstellte, bzw. Vorrang aus Art. IX.-4:102, dann gäbe es kein Problem der vollstreckungs- und insolvenzrechtlichen Durchsetzung.[610]

---

[605] Veneziano, in: The Draft Common Frame of Reference, 311.
[606] Veneziano, in: The Draft Common Frame of Reference, 311.
[607] Veneziano, in: The Draft Common Frame of Reference, 311.
[608] Faber, Juridica International, 35.
[609] Faber, Juridica International 2014, 30.
[610] Brinkmann, 456.

Vor allem der vorgesehene Mehrerlös für den Verkäufer ist nicht nachvollziehbar, weil bei der Annahme einer Sicherungsfunktion wirtschaftlich nur Absonderung zuzubilligen ist.[611]

Die Argumentation des DCFR zur gesonderten Beibehaltung des Eigentumsvorbehalts als Sicherungsmittel ist dogmatisch schwach, soweit sie sich auf die gescheiterten Einführungsversuche stützt und daraus ableitet, dass keine Harmonisierung gewünscht sei.[612]

Berücksichtigt man jedoch die tatsächlichen Gegebenheiten, so wäre der Widerstand gegen den allumfassenden funktionalen Ansatz in der EU wohl zu groß. Der DCFR vermeidet hier den Konflikt mit den besonderen nationalen sachenrechtlichen Prinzipien.[613]

4. Vergleich mit dem belgischen Recht

Als Besonderheit des belgischen Rechts ist zu berücksichtigen, dass es erstmals überhaupt zur umfassenden Kodifizierung des Eigentumsvorbehalts kommt. Daher hatte die Legislative bei der Ausgestaltung einen großen Spielraum und hat sich immerhin klar für die Ausgestaltung als Sicherungsrecht ausgesprochen.

Auch hat sie eine bewusste Entscheidung gegen das Modell des UCC und DCFR und UNCITRAL bei der Registrierungspflicht getroffen.[614]

Im belgischem Recht findet eine Sonderbehandlung des Eigentumsvorbehalts in dem Sinne statt, dass keine Registrierung notwendig ist. Ansonsten ist jedoch eine Ausgestaltung als Sicherungsrecht vorgesehen. Das ist vor allem daran zu erkennen, dass für die Geltendmachung des Eigentumsvorbehalts kein Rücktritt vom Vertrag nötig ist, der Wert der zurückgenommenen Sache auf die Kaufpreisforderung angerechnet wird und der Saldo zurückgezahlt werden muss. Wägt man die Sonderbehandlung im DCFR und im belgischen Recht ab, so kommt die belgische Regelung den modernen Gegebenheiten mehr entgegen, ist doch die Gleichbehandlung insgesamt bedeutsamer.[615]

---

[611] Brinkmann, 456.
[612] Wilhelm, Die Regelung der Geld- und Warenkreditsicherheiten, 299.
[613] Brinkmann, 456 f.
[614] Faber, Entwicklungslinien und Entwicklungsperspektiven, 261.
[615] Faber, Entwicklungslinien und Entwicklungsperspektiven, 261.

VI. Fazit: Funktionen und Ziele der unterschiedlichen Register

Wie im belgischen Recht dient der Eintrag in allen hier besprochenen Registern in erster Linie dazu, das Sicherungsrecht publik zu machen und den Vorrang unter den Gläubigern nach dem Prioritätsprinzip („first to file") zu regeln. Das Sicherungsrecht entsteht nicht durch die Eintragung. Allein die Durchsetzbarkeit und Vorrangigkeit im Insolvenzfall wird durch den Zeitpunkt des Eintrags festgelegt.[616] Der Registereintrag führt zur Vervollkommnung und ist keine Entstehungsvoraussetzung für das Sicherungsrecht. Für diese Option hat sich auch der belgische Gesetzgeber entschieden.

1. Art. 9 UCC

Genauso wie im belgischen Mobiliarkreditsicherungsrecht kann nach Art. 9 UCC die Wirksamkeit des Sicherungsrechts *erga omnes* auf mehreren Wegen erreicht werden. „Perfection" erlangt das besitzlose Mobiliarsicherungsrecht aber typischerweise durch Registrierung (§ 9-310-312).[617]

Anders als das belgische System ist das UCC-Register nicht mit positiver Publizität ausgestattet. Dennoch genügt die Publizität des notice filing der Prioritäts- und Beweisfunktion.[618]

Rechtssicherheit und Verkehrsschutz stehen miteinander im Einklang. Wenn das Sicherungsrecht eingetragen wird, dann ist kein gutgläubiger Erwerb mehr möglich. Anders ist dies nur bei der Veräußerung im ordentlichen Geschäftsgang, weil hier zur Vereinfachung keine Nachforschungspflicht besteht.[619]

Über allem steht die wirtschaftliche Effizienz: Diese soll gerade durch ein einfach bedienbares notice filing-System erreicht werden.[620] Der US-amerikanische Gesetzgeber akzentuiert die Prioritätsfunktion. Es gilt die Prämisse, dass der Kreditgeber Rechtssicherheit bezüglich seiner Position erhält und auf dieser Basis Kreditvergabe und -preis anpassen kann.[621]

---

[616] Brinkmann, 378.
[617] White/Summers, § 30:2, 6; § 31:27, 249.
[618] Brinkmann, 387 ff.
[619] Brinkmann, 371.
[620] Brinkmann, 349; Sigman/Kieninger, in: Cross-Border Security, 44.
[621] Sigman/Kieninger, in: Cross-Border Security, 38.

Im belgischen System liegt der Fokus auf der Rechtssicherheit durch Publizität, wohingegen beim UCC-System die Vereinfachung der Verhandlungen zwischen Parteien betont wird, um mehr Zugang zu Kredit zu erlangen.[622]

2. UNCITRAL Legislative Guide

Empfehlungen 54–75 enthalten Details zum Registersystem. Die Vorschläge können und sollen Vorbild für nationale Gesetzgeber sein. Der Einfluss des Art. 9 UCC ist klar erkennbar, aber aufgrund der Neueinführung sind die Empfehlungen weniger komplex und daher besser verständlich. Auch werden die technischen Möglichkeiten der heutigen Zeit berücksichtigt.[623]

Der Legislative Guide sieht die Regelung des Vorrangs und die Möglichkeit zur Herstellung von Drittwirksamkeit als Hauptfunktionen des Registers. Außerdem fungiert das Register als Informationsquelle für Dritte bezüglich der Vermögenssituation des Sicherungsgebers.[624]

Aufgrund der Entscheidung für ein notice filing-System ist das Register nicht mit positiver Publizität ausgestattet. Allerdings führt die Registrierung des Sicherungsrechts dazu, dass kein gutgläubiger (lastenfreier) Erwerb des Vorrangs möglich ist, weil vermutet wird, dass der potenzielle Sicherungsnehmer das Register konsultiert und Kenntnis hat.

An dieser Stelle gleicht das UNCITRAL-System dem UCC-System, wohingegen das belgische Register positive Publizität besitzt und somit gutgläubigen Erwerb möglich macht.

Der Legislative Guide betont insbesondere die Benutzerfreundlichkeit – Ziel ist die möglichst umfängliche Nutzung des Registers. Positive Publizität und eine genaue Abbildung der Vermögensverhältnisse im Register werden zugunsten geringerer Formerfordernisse aufgegeben.[625]

3. Buch IX DCFR

Im DCFR-Kommentar werden die Ziele des Registers konkret aufgezählt: Es soll die Priorität zwischen den Gläubigern regeln. Auch soll es Beweiszwecken die-

---

[622] Castellano, (2015) 78 (4) MLR, 622.
[623] Brinkmann, 424.
[624] Legislative Guide, 149, 24.
[625] Castellano, (2015) MLR, 636.

nen, indem Betrug durch die genaue Bestimmung des Eintragungszeitpunktes verhindert wird. Außerdem stellt es ein Publizitätsmittel dar, mithilfe dessen sich zukünftige und bestehende Gläubiger über möglicherweise bestehende Sicherungsrechte und deren Rangverhältnis informieren können.[626]

Aufgrund der Entscheidung für ein notice filing-System mit knappen Informationen ist die Hauptfunktion des Registers die der Regelung des Vorrangs.[627]

Anders als im UCC gilt grundsätzlich die unwiderlegliche Vermutung der Kenntnis Dritter, sodass grundsätzlich kein Gutglaubenserwerb möglich ist. Ein gutgläubiger Erwerb des Vollrechts vom Nichtberechtigten und ein gutgläubiger lastenfreier Erwerb sind aber ausnahmsweise gem. Art. VIII.-3:101 und Art. VIII.-3:102 i.V.m. Art. IX.-6:102(2) möglich, weil die Option der Veräußerung im Rahmen des gewöhnlichen Geschäftsverkehrs besteht.

Das Kriterium des Verkaufs „in the ordinary course of business" ist rechtspolitisch motiviert; es soll keine hemmenden Nachforschungsobliegenheiten für Erwerbsinteressenten geben.[628]

Guter Glaube ist außerdem bei der Veräußerung des Sicherungsrechts möglich, wenn der neue Sicherheitsgeber nicht mit dem Recht registriert ist.[629] Der neue Gläubiger muss lediglich prüfen, ob Eintragungen gegen den potentiellen Sicherungsgeber vorliegen.[630]

Das Register des DCFR zielt auf die Schaffung einer europäischen Gesamtlösung. Die Vorschläge des Buch IX versuchen deshalb, nationale Besonderheiten und Rechtstraditionen berücksichtigen. Dabei wird seine Funktion als „toolbox" und akademisches Projekt betont.[631]

Laut offiziellem Kommentar ist die Vision der Einführung eines Registers eine Reaktion auf die europäische Entwicklung des Kreditsicherungsrechts. Die Mehrheit der Gesetzgeber wolle zwar besitzlose Sicherheiten aus Gründen der Effizienz einführen, zugleich lehne sie aber die Geheimhaltung wie im deutschen Recht ab. Die anerkannt wichtige Rolle der Publizität werde vielmehr durch die Einführung von Registern verwirklicht.[632]

---

[626] Von Bar/Clive, Comment, Art. IX.-3:301.
[627] Faber, Entwicklungslinien und Entwicklungsperspektiven, 413.
[628] Faber, Entwicklungslinien und Entwicklungsperspektiven, 396.
[629] Brinkmann, 443; Faber, Entwicklungslinien und Entwicklungsperspektiven, 394; Art. IX.-6:102(2)(b).
[630] Brinkmann, 444.
[631] Von Bar/Clive, Comment, 4. Légradi, 357 f.
[632] Veneziano, in: The Future of European Property Law, 127; von Bar/Clive, Comment, 5495.

Besonders erwähnenswert ist das Ziel des DCFR, die nationalen europäischen Sicherungsrechte und -register einer Konvergenz zuzuführen. Der DCFR verfolgt anders als UCC, Legislative Guide und belgisches Recht eine transnationale Perspektive.

C. Fazit zur Registerpublizität

Allen hier vorgestellten Systemen ist gemein, dass der Registereintrag allein zur Vervollkommnung dient. Insoweit bleibt Spielraum für die Parteiautonomie, da das Sicherungsrecht schon durch Vereinbarung *inter partes* wirksam ist. Auch soll der Registereintrag nicht die Besitzaufgabe ersetzen, sondern die Verringerung der Transaktionskosten vorantreiben und gegen Informationsasymmetrie wirken. Alternative Publizitätsmodi bleiben weiterhin bestehen.[633]

Ist nur ein erschwerter und aufwändiger Zugang möglich, so verzichten interessierte Dritte auf die Abfrage, und das wirkt der Funktion entgegen.[634] Für den Abfragenden, der sehr viel Kredit vergibt, ist der Aufwand zu hoch. Für denjenigen, der selbst als Kreditgeber in einer schwachen (finanziellen) Situation ist, sind die Kosten zu hoch. Außerdem gibt es Wirtschaftszweige, in denen schnell gehandelt werden muss.

Das notice filing ist wegen seiner Minimalangaben schnell und einfach. Allerdings darf nicht vergessen werden, dass Mehrkosten durch die Nachforschung beim Gläubiger nachgelagert durchaus anfallen können.[635]

Problematisch ist auch mangelndes Wissen der Laien von Existenz und inhaltlichen Erfordernissen der Register.[636]

Je mehr Daten angegeben müssen, desto mehr Fehler können gemacht werden. Vieles hängt dann auch von technischen Details wie einem guten Suchalgorithmus ab. Festzuhalten bleibt, dass das filing stets unpräzise ist und in der Praxis viele Schwierigkeiten bei der Suche auftauchen.[637]

Auch die tatsächliche Warnfunktion eines Registers ist nicht unumstritten. Tatsächlich führt seine Existenz aber zu weniger Nachforschungsmühen als bei

---

[633] Castellano, (2015) 78 (4) MLR, 636.
[634] Helsen, ERPL 2015, 1008.
[635] Wilhelm, Die Regelung der Geld- und Warenkreditsicherheiten, 53.
[636] LoPucki/Warren, 181; Stacy, Texas International Law Journal 2014, 51.
[637] LoPucki/Warren, 181.

publizitätslosen Systemen – der Kreditgeber kann auf Namen und Adressen zugreifen und muss nicht von vornherein mit der Überlegung operieren, dass das gesamte Vermögen belastet ist.[638]

Letztlich spielt es eine große Rolle, ob noch weitere Länder Register einführen werden. Dann wird die grenzüberschreitende Kreditvergabe erleichtert, da Anerkennungsprobleme wegfallen.[639]

D. Deutschland und Frankreich als Negativbeispiele

Zum Abschluss des rechtsvergleichenden Teils soll der Vollständigkeit halber noch beleuchtet werden, warum die französische Reform nur in geringem Umfang als Vorbild gedient hat. Immerhin haben entstammen sowohl belgisches als auch französisches Recht dem romanischen Rechtskreis und litten bis zu den jeweiligen Reformen unter ähnlichen Problemen im Bereich des Mobiliarsicherungsrechts.

Außerdem soll erläutert werden, warum das deutsche Recht nicht als Vorbild gedient hat, was aufgrund der deutschen Sonderrolle bei der Registerpublizität nicht nur für deutsche, sondern auch ausländische Juristen von Interesse ist.

I. Warum die französische Einführung eines Registers kein Vorbild war

Sowohl belgisches als auch französisches Recht lehnten vor der Reform besitzlose Mobiliarsicherungsrechte grundsätzlich ab; es galt allein das Faustpfandprinzip. Die Systematik der Mobiliarsicherungsrechte beruhte noch auf den Regeln des 1804 eingeführten Code Civil und war nicht an die modernen Gegebenheiten angepasst.[640] Die Pfandrechte waren in verschiedenen Gesetzen normiert und es existierte außerdem uneinheitliches Richterrecht. Diese fragmentierte Rechtsentwicklung ging mit Rechtsunsicherheit einher und wurde aufgrund der eingeschränkten Kreditbasis den modernen Wirtschaftsprozessen nicht gerecht.[641]

---

[638] Brinkmann, 388; Sigman/Kieninger, in: Cross-Border Security, 49.
[639] Faber, Entwicklungslinien und Entwicklungsperspektiven, 3.
[640] Dirix, ZEuP 2015, 274.
[641] Wilhelm, Französisches Kreditsicherungsrecht, ZEuP 2009, 153.

Das französische Kreditsicherungssystem wurde 2007 reformiert[642] und ist vor der belgischen Reform das jüngste Reformvorhaben eines europäischen Landes in diesem Bereich.

Während einige Neuregelungen zu besitzlosen Sicherungsrechten übernommen wurden, ist Belgien insbesondere bei der Registerpublizität von der französischen Lösung abgewichen.

Im Folgenden soll in Bezug auf die drei größten Problembereiche beider Länder ein Vergleich unternommen werden. Es bietet sich an, von den in beiden Ländern gleichsam durch die Code civil-Tradition hervorgerufenen Problemen auszugehen, um die unterschiedlichen und gleichartigen Lösungen zu untersuchen.

1. Einführung besitzloser Sicherungsrechte und der Registerpublizität

Ebenso wie in Belgien war es dem Gesetzgeber ein Anliegen, die vorher stark verstreuten und spezialisierten Sicherungsrechte im Code Civil zu bündeln. Außerdem sollten die vorhandenen lokalen Register zentralisiert werden.[643] So wurde im Zuge der Reform ein allgemeines besitzloses Pfandrecht geschaffen.[644] Drittwirksamkeit wird im Regelfall durch die Registrierung in einem örtlich verwalteten Register hergestellt, Art. 2338 franz. C.c., das online eingesehen werden kann. [645]

Obwohl die Einführung zu begrüßen ist, wurde keine Vereinfachung des Systems erreicht: Ein einheitlicher Ansatz wurde gerade nicht verfolgt, sondern nach Vorrechten, Vorbehaltsrechten, Pfandrechten und nantissement (Forderungen und unkörperliche Gegenstände) unterschieden.[646] Dadurch wird eine Konkurrenz zwischen den verschiedenen Systemen hergestellt, die zur Unübersichtlichkeit führt.[647]

---

[642] Ordonnance n. 2006-346 v. 23.03.2006, JO v. 24.03.2006, 4475–4487.

[643] Aynès/Crocq, Droit des sûretés, 10. Auflage 2016, 262.

[644] Cabrillac/Mouly, Droit des sûretés, 10. Auflage 2015, 552.

[645] Kieninger, § 18, in: Lwowski, 926; Riffard, The Still Uncompleted Evolution oft the French Law on Secured Transactions towards Modernity, in: Gullifer/Akseli (Hg.), Secured Transactions Law Reform, 2016, 377.

[646] Riffard, 376.

[647] Riffard, 382.

Hinzu kommt die notwendige Beachtung vielfältiger Konkurrenzen.[648] Die unzähligen Vorzugsrechte bleiben weiter bestehen und gehen gage und nantissement vor.[649] Bereits vor der Reform gab es ähnlich wie im alten belgischen Recht spezialgesetzliche besitzlose Registerpfandrechte an Wirtschaftsgütern, die das ansonsten geltende Faustpfandprinzip nicht beachten mussten.[650]

Anders als in Belgien wurden diese speziellen besitzlosen Pfandrechte jedoch weitgehend beibehalten. [651] So gibt es weiterhin das Pfandrecht an Kraftfahrzeugen (Art. 2351–2353 CC), verschiedene Pfandscheine (warrants), Registerpfandrechte an Betriebsausrüstungs- und Investitionsgütern (le nantissement du matériel et d'outillage d'équipment) sowie das Handelspfand (le gage commercial, Art. L521-1ff.) Das Pfandrecht an Warenlagern (le gage des stocks) wurde sogar erst durch die Reform 2007 eingeführt, Art. L527-1-527-11.[652]

Hierbei ist zusätzlich zu beachten, dass es ein gesondertes Register für das Pfandrecht gibt.[653]

Allerdings sind auch drei bedeutende Ähnlichkeiten auszumachen:
2009 wurde eine Treuhand zu Sicherungszwecken, die fiducie, eingeführt. Im Unterschied zum belgischen Recht erfordert ihre Vereinbarung jedoch viele Formvorschriften und hat einen beschränkten Kreis von Anwendern.[654]

Lange stand der französische Gesetzgeber auch dem Eigentumsvorbehalt kritisch gegenüber.[655] Im Zuge der Reform wurde dieser jedoch wie in Belgien durch die Eingliederung ins Vierte Buch des Code civil als Kreditsicherungsrecht ausdrücklich anerkannt.[656] In Frankreich ist die Registrierung ebenfalls fakultativ.

Zudem wurde das Retentionsrecht in beiden Ländern erstmals normiert.[657]

---

[648] Man werfe nur einen Blick auf die umfangreichen Ausführungen zu den Verhältnissen verschiedener Privilegien untereinander, vgl. Cabrillac/Mouly, 483 ff.

[649] Biller, Die neuen besitzlosen Mobiliarsicherheiten des französischen Rechts im Vergleich zum deutschen Mobiliarsicherungsrecht, 2012, 161.

[650] Kieninger, § 18, in: Lwowski, 925.

[651] Kieninger, § 18, in: Lwowski, 925.

[652] Biller, 171.

[653] Riffard, 382 f.

[654] Dazu näher Fix, Die fiducie-sûreté, 2014; Szempjonneck, Die fiducie im französischen Code Civil, ZEuP 2010, 562.

[655] Kieninger, § 18, in: Lwowski, 930.

[656] Kieninger, § 18, in: Lwowski, 931; Riffard, 385.

[657] Julienne, RDC 2014, 662.

2. Vergleich mit belgischem Recht

Beide Rechtsordnungen betonen mit der Schaffung eines eigenen Buches beziehungsweise eines gesonderten Titels mit eigenständiger Artikelnummerierung die grundlegende Neuordnung des Mobiliarsicherungsrechts. Insgesamt gehen die Belgier dabei jedoch wesentlich konsequenter vor. Sie bündeln tatsächlich alle Sicherungsrechte im Zivilgesetzbuch, wohingegen im französischen Recht das wichtige Handelspfand und Pfand an Warenlagern weiterhin im Handelsbuch geregelt werden und lediglich einen Verweis auf die allgemeinen Regeln enthalten.

Der Gesetzgeber hat auf die weitgehende Abschaffung von Spezialpfandrechten verzichtet und nicht den funktionalen Ansatz eingeführt.

Das Fehlen eines zentralen Registers macht auch deutlich, dass die Funktion der Registereintragung eine andere als in Belgien ist: In Frankreich dient der Eintrag vor allem der Herstellung von Publizität für das besitzlose Pfandrecht. Aufgrund des Eintrags kann ein gutgläubiger Dritter den Gegenstand nicht mehr lastenfrei erwerben.[658] Eine Information über die Rangverhältnisse kann aufgrund der dezentralen Register, die sogar noch nach verschiedenen Pfandrechten aufgeteilt sind, aber nicht erreicht werden.

Die französische Reform ist also längst nicht so weitgehend wie die belgische. Aufgrund dieser weiterhin bestehenden Probleme wird sogar angeregt, sich bei einer weiteren Reform am belgischen Modell zu orientieren.[659]

II. Deutschland: Keine Publizität besitzloser Sicherungsrechte

Im deutschen Recht ist die Vereinbarung besitzloser Sicherungsrechte bereits seit langem möglich. Sie sind grundsätzlich außergesetzliche Konstruktionen und nur rudimentär im Gesetz geregelt, werden aber von der Rechtsprechung anerkannt und sind auch von den Verfassern des BGB vorgesehen gewesen.[660]

---

[658] Wilhelm, ZEuP 2009, 161.
[659] Riffard, 389.
[660] Baur/Stürner, § 56 Rn. 4; Brinkmann, in: Secured Transactions Law Reform, 340, 344; Morell/Helsen, ERPL 2014, 398.

1. Sicherungsübereignung

Die Weiternutzung des Sicherungsgegenstandes durch den Sicherungsgeber unter Verzicht auf die Besitzübertragung wird durch die Sicherungsübereignung erreicht.[661]

Auf dinglicher Ebene erfolgt eine Einigung von Sicherungsgeber und -nehmer über den Eigentumsübergang (§ 929 Satz 1 BGB) und die Vereinbarung eines Besitzkonstituts gemäß § 930 BGB, wonach der Sicherungsgeber den unmittelbaren Besitz behält und dem Sicherungsnehmer den Besitz mittelt (§ 868 BGB).[662] Auf schuldrechtlicher Ebene werden ein Sicherungsvertrag geschlossen oder eine Sicherungsabrede vereinbart, die die Rechte und Pflichten der Vertragsparteien im Innenverhältnis regeln.[663] Dies ist insbesondere notwendig, weil der Gläubiger im Außenverhältnis (Sicherungs-)Eigentum erwirbt und über die Sache verfügen könnte.[664]

Diese schuld- und sachenrechtlichen Vorgänge finden nur zwischen den Parteien statt – bei einer Sicherungsabrede sogar formlos.

Obwohl die Vereinbarung publizitätslos verläuft, ist die Sicherungsübereignung dennoch gegenüber Dritten vollwirksam. Gemäß § 51 Nr. 1 InsO ist der Sicherungsnehmer zur Absonderung berechtigt. Seine Sicherheit ist demnach insolvenzfest.[665]

2. Eigentumsvorbehalt

Im deutschen Recht ist der einfache Eigentumsvorbehalt seit langem anerkannt und wird aus verschiedenen Normen des BGB konstruiert.[666]

Der Vorbehaltsverkäufer sichert sich das Eigentum an der Ware dadurch, dass die dingliche Übereignung gemäß § 929 BGB unter der aufschiebenden Bedingung (§ 158 I BGB) der Kaufpreiszahlung erfolgt. Diese Annahme des Eigentumsvorbehalts wird in § 449 I BGB normiert. Bis zur vollständigen Kaufpreiszahlung ist der Käufer lediglich Besitzer der Sache und erwirbt ein Anwartschaftsrecht; der Verkäufer bleibt zunächst Eigentümer.[667]

---

[661] Wilhelm, Sachenrecht, Rn. 2403.
[662] Baur/Stürner, § 57 Rn. 9.
[663] Prütting, Rn. 410.
[664] Bülow, Rn. 1278.
[665] Baur/Stürner, § 57 Rn. 31.
[666] Baur/Stürner, § 59 Rn. 1 ff.
[667] Prütting, Rn. 388 ff.

Der Eigentumsvorbehalt ist ebenfalls allein für die Parteien erkennbar; von außen betrachtet ist der Käufer im Besitz und es kann vermutet werden, dass er Eigentümer ist. Bei Vertragsrücktritt oder Anfechtung erlischt jedoch das Anwartschaftsrecht.[668]

Wenngleich auch alle anderen europäischen Länder den publizitätslosen Eigentumsvorbehalt[669] vorsehen, so werden im deutschen Recht zudem noch Sonderformen anerkannt. Beim verlängerten Eigentumsvorbehalt kauft der Zwischenhändler Waren ein, die er im Rahmen einer Vereinbarung mit dem Vorbehaltsverkäufer weiterveräußern darf (§§ 929 ff. iVm. § 185 BGB). Im Gegenzug lässt sich der Eigentumsvorbehaltsverkäufer die aus dem Weiterverkauf entstehenden Forderungen abtreten (§ 398 BGB).[670] Insbesondere die Verlängerungsformen bergen Konfliktpotential, wie im Folgenden noch zu sehen sein wird.

3. Folgen der Publizitätslosigkeit

Besitzlose Mobiliarsicherungsrechte ermöglichen, dass ein Schuldner mehreren Sicherungsgebern denselben Gegenstand als Sicherheit anbietet. Das ist nicht unbedingt negativ zu bewerten. In Verbindung mit einer großzügigen Interpretation des Bestimmtheitsgrundsatzes ist in Deutschland eine breite Kreditgrundlage vorhanden.[671]

Die Möglichkeit der Vereinbarung publizitätsloser besitzloser Sicherungsrechte führt allerdings zu einer Reihe von Konflikten zwischen verschiedenen Sicherungsnehmern, die ein herausragendes Problem des deutschen Mobiliarkreditsicherungsrechts sind.[672]

Da weder Sicherungsübereignung noch Eigentumsvorbehalt und ihre Verlängerungsformen für Dritte erkennbar sind, kann der Sicherungsgeber verschleiern, inwieweit sein Vermögen belastet ist.[673] In Verbindung mit der Möglichkeit, umfassend besitzlose Sicherheiten zu vereinbaren, kann das gesamte Vermögen bereits belastet sein.

Das Vorrangverhältnis bestimmt sich nach dem Zeitpunkt der Vereinbarung der Sicherheit, der aber wiederum für Dritte mangels Publizität nur schwer zu

---

[668] Bülow, Rn. 750 ff.
[669] Hier beschreitet der Draft Common Frame of Reference z.B. einen anderen Weg, IX.-4:102 DCFR.
[670] Prütting, Rn. 399 f.
[671] Bülow, Rn. 1291.
[672] Ausführlich hierzu Bülow, Rn. 1647 ff.
[673] Baur/Stürner, § 57 Rn. 35 ff.

ermitteln ist.[674] Gerade zwischen Geld- und Warenkreditgebern kann es zu Konflikten kommen, die insbesondere durch die verlängerten Sicherungsformen entstehen. Exemplarisch für die daraus resultierenden Probleme ist das Aufeinandertreffen von Globalzession und verlängertem Eigentumsvorbehalt zu nennen.

Besitzlose Sicherungsrechte machen es möglich, dass sich ein Unternehmen von einer Bank finanzieren lässt, indem eine Globalzession vereinbart wird. Hierbei werden alle gegenwärtigen und zukünftigen Forderungen des Unternehmens, die ihm gegen die eigenen Schuldner zustehen, vom Zeitpunkt ihrer Entstehung an sogleich als Sicherheit an die Bank abgetreten. Im Normalfall wird eine Globalzession zeitlich zuerst vereinbart, sodass ein Vorbehaltsverkäufer beim Aufeinandertreffen des später vereinbarten Eigentumsvorbehalts mit der Globalzession nach dem Prioritätsprinzip das Nachsehen hätte.[675] Dieses Ergebnis wird als unbefriedigend empfunden, weil der Erwerb des Vorbehaltseigentums letztlich das Vermögen des Schuldners mehrt und dieser Umstand nicht dem alten Gläubiger zum Vorteil gereichen soll.[676]

Der Konflikt wird durch die Rechtsprechung mit der sogenannten Vertragsbruchtheorie zugunsten des Warenkreditgebers gelöst:

Die Globalzession wird als sittenwidrig im Sinne des § 138 BGB beurteilt, sofern sie auch solche Forderungen umfasst, bei denen es klar ist, dass der Schuldner sie an einen Lieferanten im Rahmen eines verlängerten Eigentumsvorbehalts abtreten muss. Ansonsten wäre der Globalzessionar gezwungen, seinen Lieferanten über die bestehende Globalzession zu täuschen. Er müsste ständig Vertragsbruch begehen, damit er trotzdem noch Ware erhält.[677]

Die Vereinbarung einer Freigabeklausel kann Abhilfe schaffen. Wenn sie unwirksam ist, führt dies jedoch zur Gesamtnichtigkeit. Die Nichtigkeit der gesamten Globalzession ist aber nicht im Interesse des Schuldners, wenn die Bank sein Hauptkreditgeber ist und er Sicherungsmittel anbieten muss und möchte.[678]

Auch die Begründung über subjektive Wertungsmaßstäbe wie die Sittenwidrigkeit vermag nicht zu überzeugen.[679]

Transparenz- und Rangzuweisungsfunktion werden also nicht zufriedenstellend erfüllt. Zudem ist eine Manipulation des Zeitpunktes der Verfügung zum

---

[674] Morell/Helsen, ERPL 2014, 398.
[675] Bülow, Rn. 1107, 1649 ff.
[676] Kieninger, RNotZ 2013, 221.
[677] Seit BGHZ 30, 149 ff. Ausführlich zur Vertragsbruchlehrer Bülow, Rn. 1653 ff.
[678] Bülow, Rn. 1659 ff.
[679] Kritisch und mit weiteren Nachweisen Brinkmann, 206 ff.

Nachteil von Dritten möglich, wenn allein die an der Sicherungsvereinbarung beteiligten Parteien über den Zeitpunkt der Verfügung Kenntnis haben.[680]

4. Warum sich der belgische Gesetzgeber kein Vorbild am deutschen Mobiliarsicherungsrecht genommen hat

Die Publizitätslosigkeit führt zu einer Täuschungsmöglichkeit des Sicherungsgebers über seine Vermögensverhältnisse und kann in Prioritätskonflikten und Beweismanipulationen resultieren. Der belgische Gesetzgeber ist ohnehin bereits traditionell skeptisch gegenüber publizitätslosen Sicherungsrechten und die Probleme, die in der deutschen Praxis auftreten und die Gerichte beschäftigen, sind keine Empfehlung für das deutsche Recht und publizitätslose Sicherungsrechte.

Der Bundesgerichtshof hat die aufgetretenen Probleme zwar größtenteils durch Rechtsfortbildung korrigiert. Der belgische Gesetzgeber will jedoch gerade weg vom Richterrecht und durch eine normative Regelung hin zur Rechtssicherheit.[681]

Gegen eine Übernahme deutscher Sicherungsinstrumente spricht zudem ihre zwar existente, aber nur rudimentäre Regelung im Gesetz. Hier will der belgische Gesetzgeber abweichend davon eine übersichtliche rechtssichere Regelung.

Hinzu kommt die internationale und europäische Perspektive: Eine Registerpublizität wird nicht nur in akademischen Kreisen befürwortet[682], sondern tatsächlich in Europa und weltweit in den letzten Jahren in Gesetzgebung und Praxis übernommen. Die Publizität der Sicherungsrechte entwickelt sich gar zum gesamteuropäischen Prinzip, wenn man von Deutschland und den Niederlanden absieht.[683] England hat bereits seit 1900 ein Registersystem.[684] Frankreich hat

---

[680] Kieninger, AcP 2008, 215.

[681] Insofern mutet es beinahe komisch an und wirkt wie ein Paradebeispiel für Lobbyarbeit, wenn für den Fall einer Einführung eines Registers in Deutschland mit Verweis auf die große Bedeutung der Rechtssicherheit in Deutschland für eine Beteiligung von Notaren als „gatekeeper" geworben wird, Böttcher, Vorsorgende Rechtspflege durch Notare bei der Registrierung von Mobiliarsicherheiten, RNotZ 2013, 292.

[682] Faber, Entwicklungslinien und Entwicklungsperspektiven, 3. Hamwijk, EPLJ 2012, 299, Fn. 3 m.w.N.

[683] Exposé des Motifs, 15.

[684] Castellano, (2015) 78 (4) MLR, 626.

2006 ein Register eingeführt, in Schottland und Österreich wird die Möglichkeit ernsthaft diskutiert, um nur einige Beispiele zu nennen.[685]

Mit Blick auf die zahlreichen grenzüberschreitenden Verbindungen, die es gerade im Europäischen Binnenmarkt gibt, ist eine Harmonisierung der unterschiedlichen Rechtssysteme durch die Einführung einer Registerpublizität erstrebenswert.[686]

Das deutsche System mit seinen publizitätslosen besitzlosen Mobiliarsicherungsrechten geht einen Sonderweg[687], der von keinem anderen europäischen Mitgliedstaat beschritten wird und somit auch für Belgien in seinem Streben nach einer Vorbildrolle durch ein modernes, ausgleichendes System nicht attraktiv ist.

Aus diesen Gründen ist es nachvollziehbar, warum sich der belgische Gesetzgeber kein Vorbild am deutschen Mobiliarkreditsicherungsrecht genommen hat.

---

[685] Brinkmann, 462 ff. zu den österreichischen Diskussionen. Die Scottish Law Commission hat im Juni 2011 ein „Discussion Paper on Moveable Transactions" veröffentlicht, abrufbar unter www.scotlawcom.gov.uk.

[686] Hamwijk, EPLJ 2012, 299 f. Mit Beispielen Kieninger, AcP 2008, 187 ff.

[687] So z.B. Brinkmann, in: Secured Transactions Law Reform, 339.

Kapitel 4: Abschließende Bewertung

Zuletzt soll die Frage beantwortet werden, ob der belgische Gesetzgeber seinem eigenen, öffentlich zum Ausdruck gebrachten Anspruch gerecht geworden ist, ein Mobiliarkreditsicherungsrecht mit Vorbildfunktion zu schaffen. Dabei geht es einmal um das Sicherungssystem an sich, vor allem aber natürlich um das neue Registersystem, das in diesem Umfang erstmalig in Europa eingeführt wird.

A. Vorbildfunktion des belgischen Rechts?

Grundsätzlich weist die Entwicklung des belgischen Mobiliarkreditsicherungs-rechtes zwei Reformrichtungen auf: Zunächst einmal werden die Möglichkeiten der Bestellung besitzloser Sicherungsrechte eröffnet und erweitert. Hinzu kommt die Registrierung als Publizitätsfunktion und zur Regelung der Rangfolge.

Anders als bei der französischen Reform 2006 hat der belgische Gesetzgeber eine grundlegende, modernisierende Reform eingeleitet, die größtenteils veralte-tes, ineffizientes Recht ablöst.[688] Bedauerlich ist allerdings, dass es zu keiner umfassenderen Reform des Sicherheitsrechts auch bezüglich Immobilien und Personalsicherheiten kommt.[689] Der Vorschlag der Expertengruppe wurde an ei-nigen Stellen abgemildert, sodass das Gesetz im Ergebnis weniger ambitioniert ist.[690] Die größte Differenz zum Vorentwurf ist die Beibehaltung der Vielzahl von Vorrechten.[691] Zudem soll besonders der Verbraucher als Sicherungsschuldner geschützt werden, wofür eigens Regeln in bestimmten Belangen geschaffen wur-den.[692] Diese Abweichungen sind eher zu kompliziert geraten.

Die vorangegangenen Ausführungen zeigen vor allem, dass die Einführung einer Registerpublizität generell einer Überlegung wert ist. Der belgischen Aus-gestaltung des Registers haften jedoch Probleme an, die nicht übernommen wer-den sollten.[693]

---

[688] Derijcke, RDC 2013, 696. Faber, Entwicklungslinien und Entwicklungsperspektiven, 3.

[689] Derijcke, RDC 2013, 722.

[690] Georges, Revue de la Faculté de droit de l'Université de Liège 2013, 326.

[691] Cattaruzza, Droit bancaire et financier 2013, 183; Dirix, De hervorming, 6.

[692] Cattaruzza, Droit bancaire et financier 2013, 184; Julienne, RDC 2014, 657. Steennot, in: Baeck/Kruithof, 29.

[693] Ein ganz eigenes Thema wäre dabei sowieso, wie sich die Zweiteilung von Entstehung und Dritt-wirksamkeit durch Registereintrag auf Deutschland übertragen ließe.

Der Ansicht, dass das belgische Register „noch nicht völlig ausgereift" sei, ist zuzustimmen.[694] Gerade das Registersystem bildet jedoch das Herzstück der Modernisierung; es ist für eine Übernahme durch andere Rechtssysteme besonders geeignet und relevant. Auch sehr gute Gesetze sind zwar oftmals nicht völlig ausgereift. Sofern die Reifemängel schwer wiegen, ist jedoch von einer Übernahme abzuraten.

Die genaueren Angaben eines transaktionellen Systems ermöglichen zwar einen genaueren Überblick über die Vermögensverhältnisse eines Schuldners. Dabei wird der Datenschutz nun jedoch nicht gewahrt, sondern die Vielzahl der Informationen steht der Öffentlichkeit zur Verfügung. Das Eintragen einer Notiz ist wesentlich weniger aufwendig und somit effizienter. Zudem ermöglicht das „notice filing" einen öffentlichen, gleichberechtigten Zugang, weil die Daten weniger vertraulich sind.

Neben der Ausgestaltung des Registers ist vor allem die Ausnahme des Eigentumsvorbehaltes vom Registrierungserfordernis zu bemängeln, durch die die Publizitätswirkung lückenhaft wird.

Auch die Vorrangkonflikte werden nicht überzeugend gelöst, da das Ziel der Reduzierung von Vorzugsrechten nicht erreicht wird.[695] Die Bevorzugung des Warenkreditgebers vor anderen Anschaffungsfinanciers ist unbefriedigend.

Durch die weitgreifende Möglichkeit der Drittwirksamkeit mittels „contrôle", die ebenfalls außerhalb des Registers erfolgt, ist der Registereintrag nicht unbedingt zuverlässig.[696]

Damit sind sowohl bei der Erfüllung der Transparenz- als auch der Rangzuweisungsfunktion Defizite festzustellen.

Wegen des ausstehenden königlichen Erlasses bezüglich der detaillierten Ausgestaltung des Registers hängt außerdem noch ein „Damoklesschwert" über den Regelungen – die tatsächliche Effektivität hängt vor allem davon ab.[697]

Rechtspolitisches Ziel eines Reformgesetzgebers wird es stets sein, durch einen rechtlichen Rahmen die Wirtschaft zu stärken. Hierfür bieten jedoch andere

---

[694] Faber, Entwicklungslinien und Entwicklungsperspektiven, 267.
[695] Cattaruzza, Droit bancaire et financier 2013, 184.
[696] Faber, Entwicklungslinien und Entwicklungsperspektiven, 263.
[697] Cattaruzza, Droit bancaire et financier 2013, 194. Einen Anhaltspunkt zu den Kosten und der Einführung eines zentralen elektronischen Registers bietet das Pfändungsregister, das Anfang 2011 in Betrieb genommen wurde. Hierzu Delwiche/Helsen, Het eerste jaarverslag van het Beheers- en toezichtscomite over het centraal beslagregister, R.W. 2012, 596–599. Dennoch stehen insgesamt neun arrêtés royaux zum Register aus, Caeymaex/Cavenaile, Manuel des sûretés mobilières, 2016, 153.

Registersysteme mehr Möglichkeiten. Wenngleich die Reform und auch das Register insgesamt begrüßt werden, so gehen die Modellgesetze weiter und sind insgesamt ausgereifter als das belgische Ergebnis ihrer Umsetzung.[698] Dem Vorbild Belgiens ist also letzten Endes nicht zu folgen.

B. Quo vadis?

Nicht immer war Registrierung der optimale Weg – ein papierbasiertes System erforderte mehr Verwaltungsaufwand, resultierte in hohen Kosten und war nicht leicht zugänglich. Heutzutage ist ein rein elektronisch geführtes System jedoch möglich, grundsätzlich jederzeit und überall verfügbar und verursacht geringere Verwaltungskosten. Fest steht, dass die Übernahme von Mobiliarsicherheitenregistern in weiteren europäischen Ländern zu einer Verbesserung der wirtschaftlichen Effizienz im Binnenmarkt führen würde.[699]

Wie das belgische Beispiel zeigt, sind bei einer weitreichenden Neuregelung besitzloser Mobiliarsicherungsrechte zusammen mit der Einführung einer Registerpublizität allerdings große Umstrukturierungen der nationalen Systeme nötig. Dies spiegelt sich auch vielfach im Reformstau in europäischen Staaten wieder.[700]

Wünschenswert ist deshalb der Versuch einer international oder europaweit harmonisierten Registrierung, die die nationalen Systeme an sich unberührt lässt und übergreifend organisiert.[701] Als Beispiel für diese Entwicklungsrichtung ist das Modell des DCFR zu nennen. Es folgt eindeutig dem Vorbild des US-amerikanischen Art. 9 UCC, ist aber auch von internationalen Vorschlägen wie dem UNCITRAL Legislative Guide on Secured Transactions inspiriert und sieht ein europäisches Register vor.

Wird ein übergreifendes Register eingeführt, so besteht keine Notwendigkeit, die existierenden nationalen Instrumente zu verändern. Das könnte es den beteiligten Staaten erleichtern, sich auf ein solches Register zu einigen.[702]

Zum einen ist jedoch fraglich, ob die sichtbare Beeinflussung durch US-amerikanisches Recht ein Hindernis ist, das System entgegen möglicher antiameri-

---

[698] Derijke, RDC 2013, 697; Georges, Revue de la Faculté de droit de l'Université de Liège 2013, 366; Loof/Berlee, 20.

[699] Faber, Entwicklungslinien und Entwicklungsperspektiven, 3.

[700] Castellano, (2015) 78 (4) MLR, 613.

[701] Castellano, (2015) 78 (4) MLR, 614.

[702] Castellano, (2015) 78 (4) MLR, 637.

kanischer Ressentiments einzuführen.[703] Ferner zeichnet sich die Tendenz ab, dass sich Staaten an den (Miss-)Erfolgen anderer nationaler Reformen orientieren, anstatt Modellgesetzen zu folgen.[704]

Zum anderen hat nicht jedes Land ein zweistufiges Publizitätssystem. So wirkt in Deutschland das *inter partes* vereinbarte Sicherungsrecht sogleich absolut, was mit einer *erga omnes*-Wirksamkeit, die erst durch Registereintrag hergestellt, systematisch nicht vereinbar ist. Hier müssten also national vorhandene Traditionen weitreichend verändert werden, sodass letztlich doch ein folgenreicher Eingriff in das nationale Recht vonnöten wäre, der momentan nicht realistisch umsetzbar ist.

Als Alternative sind schrittweise Anpassungen vorstellbar. Hierdurch wird jedoch eine Unübersichtlichkeit geschaffen, die tendenziell zum Auseinanderdriften verschiedener Systeme und somit zu weniger Kreditvergabe über Grenzen hinweg führt.[705]

Ob sich die Registerpublizität tatsächlich europaweit durchsetzen wird, wird derzeit abweichend beurteilt. Nach einer Ansicht sei das „notice filing" in Europa unüblich und keine civil law-Tradition und übe daher wenig Reiz aus.[706] Nach anderer Ansicht sei die Registerpublizität traditionell im europäischen Mobiliarsachenrecht für besitzlose Sicherheiten festgelegt und somit liege hier nur eine Modernisierung des alten europäischen Systems vor.[707]

Ein europaweites, gemeinsames Vorhaben ist jedenfalls derzeit nicht absehbar[708], obwohl es aus Effizienzgründen durchaus erstrebenswert wäre.

---

[703] McCormack, ICLQ 2011, 602 f. Stürner, Das Zivilrecht der Moderne und die Rechtsdogmatik, JZ 2012, 22.
[704] Dahan, The EBRD's Expericence in Secured Transactions Reform: How Can Outsiders Help?, in: Gullifer/Akseli (Hg.), Secured Transactions Law Reform, 2016, 448. In dieser Richtung auch Riffard, Revue de droit bancaire et financier 2016, 95.
[705] Castellano, (2015) 78 (4) MLR, 614.
[706] A.A.: McCormack, ICLQ 2011, 614.
[707] Veneziano, in: The Draft Common Frame of Reference, 307.
[708] So die Einschätzung von Faber, Juridica International 2014, 27.

Literaturverzeichnis

Akkermans, Bram; The role of the (D)CFR in the making of European property law, in: Vincent Sagaert/Matthias E. Storme/Evelyne Terryn (Hg.), The Draft Common Frame of Reference: national and comparative perspectives, 2012, 265–288.

Zitiert als: Akkermans, in: The Draft Common Frame of Reference

Armour, John; The Law and Economics Debate About Secured Lending, in: Horst Eidenmüller/Eva-Maria Kieninger (Hg.), The Future of Secured Credit in Europe, 2008, 1–35.

Zitiert als: Armour, in: The Future of Secured Credit in Europe

Aynès, Laurent/Crocq, Pierre; Droit des sûretés, 10. Auflage 2016.

Baeck, Joke; Achtergrond en krachtlijnen van de hervorming, in: Joke Baeck/Marc Kruithof (Hg.), Het nieuwe zekerheidsrecht, 2014, 1–25.

Zitiert als: Baeck, in: Baeck/Kruithof

Von Bar, Christian/Clive, Eric (Hg.); Principles, Definitions and Model Rules of European Private Law, Draft Common Frame of Reference (DCFR), Full Edition, Volume 6, 2009.

Zitiert als: Von Bar/Clive, Comment

Baur, Jürgen/Stürner, Rolf; Sachenrecht, 18. Auflage 2009.

Bazinas, Spyridon V.; Key objectives and fundamental policies of the UN-CITRAL Legislative Guide on Secured Transactions, in: John de Lacy (Hg.), The Reform of UK Personal Property Security Law, 2010, 456–475.

Zitiert als: Bazinas, in: The Reform of UK Personal Property Security Law

Bazinas, Spyridon V.; The influence of the UNCITRAL Legislative Guide on secured transactions, in: Frederique Dahan (Hg.), Research handbook on secured financing in commercial transactions, 2015, 26–61.

Zitiert als: Bazinas, in: Research handbook

Bazinas, Spyridon V.; The UNCITRAL Legislative Guide on Secured Transactions and the Draft UNCITRAL Model Law on Secured Transactions compared, in: Louise Gullifer/Orkun Akseli (Hg.), Secured Transactions Law Reform, 2016, 481–504.

Zitiert als: Bazinas, in: Secured Transactions Law Reform

Beale, Hugh, An Outline of a Typical PPSA Scheme, in: Louise Gullifer/Orkun Akseli (Hg.), Secured Transactions Law Reform, 2016, 7–20.

Zitiert als: Beale, in: Secured Transactions Law Reform

Becue, Paul; De wet an 11 juli 2013 met betrekking tot de hervorming van de zakelijke zekerheden op roerende goederen (nieuwe pandwet), Bulletin des assurances 2014, 352–386.

Biller, Patricia; Die neuen besitzlosen Mobiliarsicherheiten des französischen Rechts im Vergleich zum deutschen Mobiliarsicherungsrecht, 2012.

Böttcher, Leif; Vorsorgende Rechtspflege durch Notare bei der Registrierung von Mobiliarsicherheiten; Rheinische Notarzeitung (RNotZ) 2013, 285–292.

Borkhardt, Oliver; Registerpublizität und Kollisionsrecht besitzloser Mobiliarsicherheiten nach dem neuen Artikel 9 UCC, 2007.

Brinkmann, Moritz; Kreditsicherheiten an beweglichen Sachen und Forderungen, 2011.

Zitiert als: Brinkmann

Brinkmann, Moritz; The Peculiar Approach of German Law in the Field of Secured Transactions and Why it has worked (So Far), in: Louise Gullifer/Orkun Akseli (Hg.), Secured Transactions Law Reform, 2016, 339–354.

Zitiert als: Brinkmann, in: Secured Transactions Law Reform

Broeckx, Karen, Uitwinning van pandrechten, in: Joke Baeck/Marc Kruithof (Hg.), Het nieuwe zekerheidsrecht, 2014, 93–109.

Zitiert als: Broeckx, in: Baeck/Kruithof

Brünink, Jan-Hendrik; § 3 Sicherungsvertrag und Sicherstellungsvertrag, in: Hans-Jürgen Lwowski/Gero Fischer /Katja Langenbucher (Hg.), Das Recht der Kreditsicherung, 9. Auflage 2011, 61–102.

Zitiert als: Brünink, § 3 Sicherungsvertrag und Sicherstellungsvertrag, in: Lwowski

Bülow, Peter; Recht der Kreditsicherheiten, 8. Auflage 2012.

Cabrillac, Michel/Mouly, Christan/Cabrillac, Séverine/Pétel, Phillipe; Droit des sûretés, 10. Auflage 2015.

Caeymaex, Jean/Cavenaile, Thierry; Manuel des sûretés mobilières, 2016.

Campa, Alejandro Alvarez De La /Downes, Santiago Croci/Hennig, Betina Tirelli; Making Security Interests Public: Registration Mechanisms in 35 Jurisdictions, World Bank Working Paper No. 71345 (abrufbar unter: http://documents.worldbank.org/curated/en/821191468340824013/ Making-security-interests-public-registration-mechanisms-in-35-jurisdictions).

Castellano, Giuliano; Reforming Non-Possessory Secured Transactions Laws: A New Strategy?, (2015) 78 (4) Modern Law Review (MLR) 611–640.

Cattaruzza, Jean; Les grands axes de la réforme des sûretés mobilières, Droit bancaire et financier 2013, 183–194.

Cauffman, Caroline/Sagaert, Vincent; National Report on the Transfer of Movables in Belgium, in: Wolfgang Faber/Brigitta Lurger (Hg.), National Reports on the Transfer of Movables in Europe, Vol. 4: France, Belgium, Bulgaria, Poland, Portugal, 2011, 199–351.

Zitiert als: Cauffman/Sagaert, in: National Reports

Dageförde, Carsten; Inkrafttreten der UNIDROIT-Konvention von Ottawa vom 28.5.1988 über Internationales Finanzierungsleasing, Recht der Internationalen Wirtschaft (RIW) 1995, 265–268.

Dahan, Frederique; The EBRD's Experience in Secured Transactions Reform: How Can Outsiders Help?, in: Louise Gullifer/Orkun Akseli (Hg.), Secured Transactions Law Reform, 2016, 445–463.

Zitiert als: Dahan, in: Secured Transactions Law Reform

De Groot, Selma; Three questions in relation to the scope of Book IX DCFR, in: Sjef van Erp/Arthur Salomons/Bram Akkermans (Hg.), The Future of European Property Law, 2012, 137–151.

Zitiert als: De Groot, in: The Future of European Property Law

Delwiche, Tom/Helsen, Frederic; Het eerste jaarverslag van het Beheers- en toezichtscomite over het centraal beslagregister, Rechtskundig Weekblad (R.W.) 2012, 596–599.

Derijcke, Werner; La réforme des sûretés réelles mobilières, Revue de droit commercial belge (RDC) 2013, 691–722.

Dirix, Eric; De hervorming van de roerende zakelijke zekerheden, 2013.

Zitiert als: Dirix, De hervorming

Dirix, Eric; Mobiliarsicherheiten in Belgien, Zeitschrift für Europäisches Privatrecht (ZEuP) 2015, 273–287.

Zitiert als: Dirix, ZEuP 2015

Dirix, Eric; Security Rights in the DCFR from a Belgian Perspective, in: Vincent Sagaert/Matthias E. Storme/Evelyne Terryn (Hg.), The Draft Common Frame of Reference: national and comparative perspectives, 2012, 313–320.

Zitiert als: Dirix, in: The Draft Common Frame of Reference

Dirix, Eric; The Belgian Reform on Security Interests in Movable Property, in: Louise Gullifer/Orkun Akseli (Hg.), Secured Transactions Law Reform, 2016, 391–404.

Zitiert als: Dirix, in: Secured Transactions Law Reform

Dirix, Eric/Sagaert, Vincent; The New Belgian Act on security rights in movable property, European Property Law Journal (EPLJ) 2014, 231–255.

Drobnig, Ulrich; Basic issues of European rules on security in movables, in: John de Lacy (Hg.), The Reform of UK Personal Property Security Law, 2010, 444–455.

Zitiert als: Drobnig, in: The Reform of UK Personal Property Security Law

Drobnig, Ulrich; Present and Future of Real and Personal Security, European Review of Private Law (ERPL) 2003, 623–660.

Zitiert als Drobnig, ERPL 2003

Drobnig, Ulrich; Study on Security Interests (1977) 8 UNCITRAL Yearbook (UN doc A/CN.9/SER.A/1977171).

Zitiert als: Drobnig, Study on Security Interests

Faber, Wolfgang; Entwicklungslinien und Entwicklungsperspektiven im Mobiliarsicherungsrecht (im Erscheinen, als Habilitationsschrift im November 2014 vorgelegt).

Zitiert als Faber, Entwicklungslinien und Entwicklungsperspektiven

Faber, Wolfgang; Proprietary Security Rights in Movables – European Developments: A Spotlight Approach To Book IX DCFR, Juridica International 2014, 27–36.

Zitiert als Faber, Juridica International 2014

Ferrari, Franco/Kieninger, Eva-Maria/Mankowski, Peter/Otte, Karsten/Saenger, Ingo/Schulze, Götz/Staudinger, Ansgar; Internationales Vertragsrecht, 2. Auflage 2011.

Fix, Christian; Die fiducie-sûreté, 2014.

Gedye, Mike; The New Zealand Perspective, in: Louise Gullifer/Orkun Akseli (Hg.), Secured Transactions Law Reform, 2016, 115–144.

Zitiert als: Gedye, in: Secured Transactions Law Reform

Georges, Frédéric; La réforme des sûretés moblières, Revue de la Faculté de droit de l'Université de Liège 2013, 319–368.

Goode, Roy; Convention on International Interests in Mobile Equipment and Luxembourg Protocol Thereto on Matters Specific to Railway Rolling Stock, Official Commentary, 2. Auflage 2014.

Goode, Roy; Convention on International Interests in Mobile Equipment and Protocol Thereto on Matters Specific to Aircraft Equipment, Official Commentary, 3. Auflage 2014.

Graham-Siegenthaler, Barbara; Kreditsicherungsrechte im internationalen Rechtsverkehr, Eine rechtsvergleichende und international-privatrechtliche Untersuchung, 2005.

Grégoire, Michèle; Droit belge: «Perspectives de droit des sûretés: vers une nouvelle maîtrise du risque», Revue de droit bancaire et financier 2016, 82–90.

Gullifer, Louise; Conclusions and Recommendations, in: Louise Gullifer/Orkun Akseli (Hg.), Secured Transactions Law Reform, 2016, 505–526.

Zitiert als Gullifer, in: Secured Transactions Law Reform

Hamwijk, Dewi; The puzzling concepts of publicity and possession: to the heart of property law, European Property Law Journal (EPLJ) 2012, 299–316.

Heilbron, M.A.; Bezitloze zekerheidsrechten op roerende zaken naar Nederlands, Duits en Amerikaans recht, Is het mogelijk en wenselijk op roerende zaken te creeren?, Vermogensrechtelijke Analyses 2011, 41–71.

Helsen, Frederic; Security in Movables Revisited: Belgium's Rethinking of the Article 9 UCC System, European Review of Private Law (ERPL) 2015, 959–1025.

Huber, Stefan; Transnationales Kreditsicherungsrecht, Rabels Zeitschrift für ausländisches und internationales Privatrecht (RabelsZ) 81 (2017), 77–166.

Jansen, Ruud; Eigendomsvoorbehoud, in: Joke Baeck/Marc Kruithof (Hg.), Het nieuwe zekerheidsrecht, 2014, 139–166.

Zitiert als: Jansen, in: Baeck/Kruithof

Julienne, Maxime; La réforme des sûretés réelles mobilières en Belgique, Revue des contrats (RDC) 2014, 656–662.

Kieninger, Eva-Maria; Das Abtretungsrecht des DCFR, Zeitschrift für Europäisches Privatrecht (ZEuP) 2010, 724–746.

Zitiert als: Kieninger, ZEuP 2010

Kieninger, Eva-Maria; Die Zukunft des deutschen und europäischen Moblili-arkreditsicherungsrechts, Archiv für die civilistische Praxis (AcP) 208 (2008), 182–226.

Zitiert als: Kieninger, AcP 208 (2008)

Kieninger, Eva-Maria; Gestalt und Funktion einer „Registrierung" von Mobili-arsicherungsrechten, Rheinische Notar-Zeitschrift (RNotZ) 2013, 216–225.

Zitiert als: Kieninger, RNotZ 2013

Kieninger, Eva-Maria, § 18 Kreditsicherheiten im grenzüberschreitenden Verkehr, Rechtsangleichung und Harmonisierung, in: Hans-Jürgen Lwowski/Gero Fischer /Katja Langenbucher (Hg.), Das Recht der Kred-itsicherung, 9. Auflage 2011, 910–991.

Zitiert als: Kieninger, § 18, in: Lwowski

Kieninger, Eva-Maria/Storme, Matthias E.; Das neue Recht des Eigentumsvorbe-halts, Recht der internationalen Wirtschaft (RIW) 1999, 94–105.

Krüger, Ulrich; Kreditsicherungsrecht, 2011.

Légrádi, Katalin; Mobiliarsicherheiten in Europa, 2012.

Loof, Willem/Berlee, Anna; Case Study: Harmonizing Security Rights, Maas-tricht European Private Law Institute Working Paper No. 2014/15 (abruf-bar unter http://ssrn.com/abstract=2462137).

LoPucki, Lynn/Warren, Elizabeth; Secured Credit: A Systems Approach, 7. Auflage 2011.

Love, Inessa/Pería; Mariá Soledad Martínez/Singh, Sandeep; Collateral Registries for Movable Assets: Does Their Introduction Spur Firms' Access to Bank Finance?, World Bank Policy Research Working Paper Series No. 6477, 2013 (abrufbar unter: http://www-wds.worldbank.org/external/default/ WDSContentServer/WDSP/IB/2013/06/11/000158349_ 20130611133541/ Rendered/PDF/WPS6477.pdf).

Lwowski, Hans-Jürgen; § 1 Allgemeine Grundlagen, in: Hans-Jürgen Lwowski/Gero Fischer /Katja Langenbucher (Hg.), Das Recht der Kreditsicherung, 9. Auflage 2011, 1–21.

Zitiert als: Lwowski, § 1 Allgemeine Grundlagen, in: Lwowski

Lwowski, Hans-Jürgen; § 2 Sicherungsmittel, in: Hans-Jürgen Lwowski/Gero Fischer /Katja Langenbucher (Hg.), Das Recht der Kreditsicherung, 9. Auflage 2011, 22–60.

Zitiert als: Lwowski, § 2 Sicherungsmittel, in: Lwowski

McCormack, Gerard; American Private Law Writ Large? The UNCITRAL Secured Transactions Guide, International and Comparative Law Quarterly (ICLQ) 2011, 597–625.

Morell, Alexander/Helsen, Frederic; The Interrelation of Transparency and Availability of Collateral: German and Belgian Laws of Non-possessory Security Interests, European Review of Private Law (ERPL) 2014, 393–438.

Peeters, Ivan/Nobels, Pieter; Pand op geldsommen en schuldvorderingen, in: Joke Baeck/Marc Kruithof (Hg.), Het nieuwe zekerheidsrecht, 2014, 111–137.

Zitiert als Peeters/Nobels, in: Baeck/Kruithof

Pieters, Johan, Het pandregister, in: Joke Baeck/Marc Kruithof (Hg.), Het nieuwe zekerheidsrecht, 2014, 79–92.

Zitiert als Pieters, in: Baeck/Kruithof

Prütting, Hans; Sachenrecht, 36. Auflage 2017.

Ramaekers, Evelyne; The Development of EU Property Law, European Review of Private Law (ERPL) 2015, 437–458.

Riffard, Jean-François; L'harmonsiation internationale des droits des sûretés mobilières: ne ratons pas le train!, Revue de droit bancaire et financier 2016, 91–95.

Zitiert als: Riffard, Revue de droit bancaire et financier 2016

Riffard, Jean-François; The Still Uncompleted Evolution of the French Law on Secured Transactions towards Modernity, in: Louise Gullifer/Orkun Akseli (Hg.), Secured Transactions Law Reform, 2016, 369–389.

Zitiert als Riffard, in: Secured Transactions Law Reform

Roth, Wulf-Henning; Secured Credit and the Internal Market: The Fundamental Freedoms and the EU's Mandate for Legislation, in: Horst Eidenmüller/Eva-Maria Kieninger (Hg.), The Future of Secured Credit in Europe, 2008, 36–67.

Zitiert als: Roth, in: The Future of Secured Credit in Europe

Rutgers, Jacobien; Commentary, in: Horst Eidenmüller/Eva-Maria Kieninger (Hg.), The Future of Secured Credit in Europe, 2008, 68–82.

Zitiert als: Rutgers, in: The Future of Secured Credit in Europe

Rutgers, Jacobien; Registered European Security Instrument in a Multilingual European Union, in: Sjef van Erp/Arthur Salomons/Bram Akkermans (Hg.), The Future of European Property Law, 2012, 153–163.

Zitiert als: Rutgers, in: The Future of European Property Law

Sagaert, Vincent; Le droit belge: vers une espace de sûretés flexibles et efficaces?, in: Jérôme Attard/Michel Dupuis/Maxence Laugier/Vincent Sagaert/Denis Voinot (Hg.), Un recouvrement de créances sans frontières?, 2013, 153–172.

Zitiert als Sagaert, in: Un recouvrement de créances

Sagaert, Vincent; Zakelijke subrogatie, 2003.

Zitiert als: Sagaert, Zakelijke subrogatie, 2003

Sagaert, Vincent/Dirix, Eric; The New Belgian Act on security rights in movable property, European Property Law Journal (EPLJ) 2014, 231–255.

Schäfer, Hans-Bernd/Ott, Claus; Lehrbuch der ökonomischen Analyse des Zivilrechts, 5. Auflage 2012.

Sigman, Harry; Security in movables in the United States – Uniform Commercial Code Article 9: a basis for comparison, in: Eva-Maria Kieninger (Hg.), Security Rights in Movable Property in European Private Law, 2004, 54–80.

Zitiert als: Sigman, in: Security Rights in Movable Property

Sigman, Harry; Perfection and Priority of Security Rights, in: Horst Eidenmüller/Eva-Maria Kieninger (Hg.), The Future of Secured Credit in Europe, 2008, 143–165.

Zitiert als: Sigman, in: The Future of Secured Credit in Europe

Sigman, Harry/Kieninger, Eva-Maria; Introduction, in: Harry Sigman/Eva-Maria Kieninger (Hg.), Cross-Border Security over Tangibles, 2007, 1–56.

Zitiert als: Sigman/Kieninger, in: Cross-Border Security

Stacy, Sean P.; Follow the Leader: The Utility of UNCITRAL's Legislative Guide on Secured Transactions for Developing Countries (and Its Call for Harmonization), Texas International Law Journal 2014, 35–81.

Steennot, Reinhard; Algemene regeling van het pand, in: Joke Baeck/Marc Kruithof (Hg.), Het nieuwe zekerheidsrecht, 2014, 27–77.

Zitiert als: Steennot, in: Baeck/Kruithof

Stürner, Rolf; Das Zivilrecht der Moderne und die Bedeutung der Rechtsdogmatik, JuristenZeitung (JZ) 2012, 10–24.

Szempjonneck, Jan; Die fiducie im französischen Code Civil, Zeitschrift für Europäisches Privatrecht (ZEuP) 2010, 562-587.

Veneziano, Anna; A Secured Transactions' Regime for Europe: Treatment of Acquisition Finance Devices and Creditor's Enforcement Rights, Juridica International 2008, 89–95.

Zitiert als: Veneziano, Juridica International 2008

Veneziano, Anna; Security Rights in Movables in the DCFR: General Presentation, in: Vincent Sagaert/Matthias E. Storme/Evelyne Terryn (Hg.), The Draft Common Frame of Reference: national and comparative perspectives, 2012, 305–312.

Zitiert als: Veneziano, in: The Draft Common Frame of Reference

Veneziano, Anna; The DCFR Book on Secured Transactions: Some Policy Choices made by the Working Group, in: Sjef van Erp/Arthur Salomons/Bram Akkermans (Hg.), The Future of European Property Law, 2012, 123–135.

Zitiert als: Veneziano, in: The Future of European Property Law

Verougstraete, Ivan; Retentierecht, in: Joke Baeck/Marc Kruithof (Hg.), Het nieuwe zekerheidsrecht, 2014, 167–177.

Zitiert als: Verougstraete, in: Baeck/Kruithof

White, James J./Summers, Robert S./Hillman, Robert A.; Uniform Commercial Code, Volume 4, Chapters 30–34, 6. Auflage 2015.

Zitiert als: White/Summers

Wilhelm, Charlotte; Die Regelung der Geld- und Warenkreditsicherheiten nach dem deutschen Recht im Vergleich zum Draft Common Frame of Reference (DCFR), 2013.

Zitiert als: Wilhelm, Die Regelung der Geld- und Warenkreditsicherheiten

Wilhelm, Christopher; Französisches Kreditsicherungsrecht, Zeitschrift für Europäisches Privatrecht (ZEuP) 2009, 152–171.

Zitiert als: Wilhelm, ZEuP 2009

Wilhelm, Jan; Sachenrecht, 5. Auflage 2016.

Zitiert als: Wilhelm, Sachenrecht

Winship, Peter; An Historical Overview of UCC Article 9, in: Louise Gullifer/Orkun Akseli (Hg.), Secured Transactions Law Reform, 2016, 21–48.

Zitiert als: Winship, in: Secured Transactions Law Reform

Zweigert, Konrad/Kötz, Hein; Einführung in die Rechtsvergleichung, 3. Auflage 1996.